IMA MANAGEMENT ACCOUNTING COMPETENCY SERIES

·管理会计能力提升与企业高质量发展系列·

U0740741

数字化运营

全景运营策略与业务增长实践

李建维◎著

人 民 邮 电 出 版 社

北 京

图书在版编目（CIP）数据

数字化运营 ：全景运营策略与业务增长实践 / 李建
维著. -- 北京 ：人民邮电出版社，2025. -- （管理会
计能力提升与企业高质量发展系列）. -- ISBN 978-7
-115-64897-6

Ⅰ. F273-39

中国国家版本馆 CIP 数据核字第 2024XW1594 号

内 容 提 要

在当前数字化转型的大背景下，企业应该如何更好地运用数字化创新技术、基于数据赋能经营
的数字化运营思路来提升企业的经营业绩？本书对此进行了解答。

本书分为9章。第1章主要讨论数字化运营的战略意义和数字化运营体系的顶层设计；第2章到第
4章主要讨论基于客户运营的数字化创新方法、工具和实践案例；第5章到第7章主要讨论渠道运营，
包括物理渠道和远程渠道，以及客户体验管理体系的建设；第8章和第9章主要讨论业务运营的提升，
包括建设、创新运营模式和加速战略性成本转型等管理举措。

本书适合企业领导层和经营层，也适合银行等金融机构的领导层和经营层中负责运营战略、运
营组织架构转型、客群运营、渠道运营、活动运营和客户体验运营等数字化运营的专业团队阅读。

◆ 著　　　　李建维
　　责任编辑　刘 姿
　　责任印制　周昇亮

◆ 人民邮电出版社出版发行　　北京市丰台区成寿寺路 11 号
　　邮编　100164　电子邮件　315@ptpress.com.cn
　　网址　https://www.ptpress.com.cn
　　天津千鹤文化传播有限公司印刷

◆ 开本：700×1000　1/16
　　印张：16.75　　　　　　　　2025 年 7 月第 1 版
　　字数：266 千字　　　　　　 2025 年 7 月天津第 1 次印刷

定价：89.80 元

读者服务热线：（010）81055296　印装质量热线：（010）81055316
反盗版热线：（010）81055315

管理会计能力提升与企业高质量发展系列图书
编委会

丛书总主编

王立彦　李　刚

编委（按姓氏音序排列）

孔令戟　李建维　李宁宁　李　霞　宋　慧　王文兵

袁　敏　张春强　赵东升　郑登津

实务界编委（按姓氏音序排列）

邓国攀　刘庆华　路　遥　王　逸　徐　昊　杨继红　于　滟　祝　箐

序

▼
▼

　　管理会计师对于企业的财务健康至关重要，他们不仅是价值的守护者，更是价值的创造者。随着企业可持续发展管理实践的深入推进，企业无论处于哪一行业、无论规模大小，都应把关注重点放在企业宗旨、环境保护和经营利润上，以期为各方利益相关者创造更大的价值。与此同时，在不断发展的数字化时代，企业要求管理会计师在战略规划、创新、可持续发展和风险管理等方面发挥的作用越来越大。因此，管理会计师亟须提升自身的能力素质，为未来发展做好准备。

　　《IMA 管理会计能力素质框架》是 IMA 管理会计师协会基于市场和行业趋势变化，经过深入研究和全面分析管理会计行业所面临的挑战，围绕管理会计师所必备的能力素质提出的指导性实用体系，不仅有助于个人提升职业竞争力，还能帮助组织全面评估、培养和管理财会人员队伍。IMA管理会计师协会此次与人民邮电出版社合作，正是基于这一框架且结合中国本土实践，开发了管理会计能力提升与企业高质量发展系列图书，对数字化时代下管理会计师所需的知识与技能进行了详细讲解。管理会计能力提升与企业高质量发展系列图书截至目前共策划了两期，第一期出版后受到业界的广泛认可，第二期在总结第一期图书出版经验的基础上，在内容方面，更侧重于企事业单位实务案例分析和实务操作指引。各类企业，无论是国有企业、民营企业还是跨国企业，其管理者和财会人员都能从管理会计能力提升与企业高质量发展系列图书中直接获益。

　　管理会计能力提升与企业高质量发展系列图书的作者既包括在管理会计领域深耕多年的高校财会专业教授，又包括实战经验丰富的企业财务负责人与机构精英。同时，IMA 管理会计师协会还诚邀多位知名企业财务高管担任实务界编委，为图书策划和写作提供真知灼见。在此，我谨代表 IMA 向本系列图书的作者、实务界编委、人民邮电出版社的编辑以及 IMA 项目团队的成员表示感谢！我们希望通过本系列图书的出版及相关宣传活动，大力推动中国管理会计实践的发展，助力中国经济高质量发展！

IMA 前总裁兼首席执行官

迈克·德普里斯科

在学习和实践中提升管理会计能力

中国管理会计理论和实践自 2014 年以来进入快速发展时期，各种管理会计工具、方法在微观层面（企事业单位）的应用，正在日益加速、拓宽和深入，在企业数字化转型升级、全社会高质量发展进程中发挥着重要作用。

当今社会信息技术迅猛发展，会计职业在互联网、大数据、人工智能等新技术业态的推动和加持下，在信息采集、核算循环、数据存储、整合表达等方面持续发生变革，这些变革也让管理会计在企业被广泛运用和助力企业价值创造上奠定了更坚实的基础，提供了更有效的管理和决策支持。

随着《财政部关于全面推进管理会计体系建设的指导意见》及《管理会计应用指引》等一系列规范指南的陆续出台，管理会计人才培养体系的建设和管理会计的应用推广受到了各界高度重视。从目前中国管理会计发展情况来看，管理会计师作为会计领域的中高端人才，在企事业单位仍存在巨大缺口，庞大的会计人员队伍面临关键职能转型压力——从核算型会计转向管理型会计。

IMA 管理会计师协会于 2016 年发布的《IMA 管理会计能力素质框架》，在管理会计领域广受认可与好评，被视为权威、科学、完整的技能评估、职业发展和人才管理标准，为中国及其他国家管理会计能力培养体系的构建提供了重要参考。

为促进中国管理会计体系建设，加强管理会计国际交流与合作，实现取长补短、融会贯通，IMA 管理会计师协会与人民邮电出版社共同策划、启动管理会计能力提升与企业高质量发展系列图书项目。该系列图书以《IMA 管理会计能力素质框架》为基础，结合中国管理会计实际发展需求，以管理会计队伍能力提升为目标，以企业管理需求为导向，同时兼顾会计专业教育和研究。

该系列图书分为两期建设，内容涉及管理会计从业人员工作中需要的各项能力，力求理论与实务兼备，既有经典的理论知识阐述，也有实务工作中常见问题的解决方法，可帮助管理会计从业人员学习和提升自身各项能力，为积极转型的财务人员提供科学的学习路径。

在作者遴选方面，该系列图书充分体现了学术界和实务界合作的特点。该系列图书的作者均在管理会计领域深耕多年，既有理论知识深厚、指导经验丰富的高校资深导师，又有紧贴一线前沿、实战经验丰富的企事业单位负责人。他们合力打造出体系完整、贴近实务的管理会计能力提升新形态图书，以期推动企业管理会计人才建设，促进企业提质增效。

作为管理会计能力提升新形态专业读物，该系列图书具备以下三大特点。

第一，理论与实务兼备。该系列图书将经典的管理会计理论与企业财务管理、经营发展相结合，内容均从实践中来，又回归到实践中去，力求让读者对自身工作有所得、有所悟，从而提升工作水平。

第二，体系完备。该系列图书均提炼自《IMA 管理会计能力素质框架》，每本图书的内容都对应着管理会计必备的专项能力，可以让读者体系化地学习管理会计各项知识、培养各项能力，科学地实现自我提升。

第三，形态新颖。该系列图书中大部分内容都配有微视频课程，这些课程均由作者精心制作，有助于读者获得立体化的阅读体验，更好地理解图书中的重难点内容。

天下之事，虑之贵详，行之贵力。管理会计具有极强的实践性，既要求广大财务人员学习掌握理论知识，又要求他们积极转变传统财务思维，将理论运用于实践，进一步推动财务与业务融合，更好地助力企业高质量、可持续发展。该系列图书不仅凝结了一系列优质、有影响力的内容，而且为会计行业的发展及人才培养提供了智力支持和战略助力。我们希望与广大读者共同努力，系统、全面地构建符合中国本土特色的管理会计知识体系，大力促进中国管理会计行业发展，为企业高质量发展和中国经济转型作出积极贡献。

北京大学光华管理学院教授 王立彦
IMA 副总裁、IMA 中国区首席代表 李刚

前 言

▼
▼

　　管理会计的初心不应该只是解决财务或者会计上的问题，还应该协助管理层解决管理或者经营的问题，这才是管理会计的价值所在。因此，在 IMA 与人民邮电出版社策划本系列图书后，笔者选择了数字化运营这个选题，而不是传统意义上管理会计范畴的其他选题。

　　笔者在我国服务的大中型企业，特别是银行等金融机构的咨询项目中，观察到众多管理层已经意识到，在新的市场环境下，企业更应该采用业务、科技和数据的融合思维，综合运用管理会计等工具，积极用新的思路来提升企业价值。传统的基于经验直觉、粗放式的经营方式已经不能适应当前企业所面临的经营挑战。在需求快速变化、竞争加剧的市场环境下，金融机构的管理层应该认识到基于数据洞察进行精细化的客群、渠道、产品的数字化运营，将是企业在严峻的市场环境下成功生存、提升核心竞争力的必然选择。

　　数字化运营是董事长、行长和总经理等领导层级需要关注的课题，如何运用数据赋能业务、支持战略决策、提升客户经营、优化渠道建设、加快产品设计迭代，让数字化手段真正支持管理和经营才是数字化运营的关键点。在本书关于企业管理各领域的数字化运营章节中，笔者探讨了企业特别是银行等金融机构如何运用数据分析手段、管理会计等理念和工具，协助管理层完成相关企业战略转型决策、运营模式创新、客户精细化经营、客户体验提升和绩效管理科学化等主要课题，并辅以案例以说明数字化运营如何不断促进企业发展，使企业获得新的动力。

本书总结了笔者在国内的客户咨询项目经验，主要是银行等金融机构数字化运营项目案例的经验，以金融机构管理者的视角，从理论框架、管理举措、数字化手段等多个方面，讨论了数字化运营领域的相关子课题，体现了数字化运营创造价值的思想。第 1 章主要论述了数字化运营的战略意义和数字化运营体系的顶层设计；第 2 章则主要着眼于建立数据驱动的客户标签、客户洞察、客户分层分类、客群渠道触达、对客差异化定价等客户运营策略规划及执行；第 3 章主要讨论了客户运营中的客户旅程分析方法及实践，以及提升客户旅程体验的方法和工具；第 4 章主要介绍在客户运营中如何打造多维度客户成长体系；第 5 章主要介绍渠道运营中如何利用数据手段，在远程渠道进行客户触达、场景运营、客户服务、客户经营和管理赋能；第 6 章主要介绍渠道运营如何在物理网点渠道，通过数字化工具提升网点运营效能，借助网点场景化、商圈化运营，"一点一策"差异化管理，激发网点经营活力；第 7 章主要介绍金融机构如何建立企业级的客户体验管理体系，包括组织转型、客户体验管理团队搭建、客户体验体系设计、客户体验数字化平台建设和如何开启客户体验转型之旅；第 8 章主要介绍业务运营的发展趋势——运营共享模式，运营服务的中台化、微服务化、智能化；第 9 章主要论述如何采用战略性成本管理进行运营转型和成本优化。

编写本书的部分动力来自笔者的孩子元元和宸宸，笔者希望孩子们能够认识到写作不是一件那么难的事，只要积极思考，将所学所思有条理地写出来，坚持修改和订正，就可以有所收获。虽然笔者在写作过程中遇到了很多困难，但最终完成了本书的写作，而且收获颇多。做任何一件有意义的事都没有那么容易，但我们不能轻言放弃，要"坚持做难而正确的事，学会做时间的朋友"。

由于笔者的水平有限，本书的内容和表述难免有欠妥之处，希望各位读者多包涵。同时，笔者也希望本书能抛砖引玉，触发更多业界人士探索与思考，促进同业人员的思想碰撞。

目 录

▼
▼

1 第1章
数字化运营：构建未来核心竞争力新高地

2 第2章

客户运营：精耕细作，建立数据驱动的客户运营

3 第 3 章
客户运营：塑造卓越体验的客户旅程

4 第4章
客户运营：打造多维度客户成长体系

5 第5章
渠道运营：开启"无接触式服务"的远程运营模式

6 第6章

渠道运营：破解网点困局，提升网点竞争力

7 第7章

渠道运营：敏捷洞察客户心声，建立企业级客户体验管理体系

8 第 8 章

运营模式：从作业集中到能力共享，运营共享 4.0 的建设

9 第9章
运营成本：加速战略性成本转型

1

数字化运营：构建未来核心竞争力新高地

你的工作将占据你生活的很大部分，真正满意的方法就是做你认为伟大的工作。

——史蒂夫·乔布斯

谈论运营时，我们应关注什么

与互联网企业不同，大部分传统金融机构的数字化转型正在经历"大象转身"的阵痛，在数字化转型路径和成效上都面临着不少挑战。在转型前期，金融机构往往将重点放在购买先进的数字技术产品上，投入大、见效慢、易于被竞争对手模仿。数字化运营是管理层在思考如何将数字化创新更加深度地融入金融机构的经营和管理、构建差异化持久竞争力的重要探索。运营体系是金融机构的长期经营、客户服务和管理能力的沉淀，是企业未来核心竞争力的重要支柱之一。数字化运营将协助金融机构在客群经营、产品创新、渠道服务、集约化运营等诸多经营和管理领域实现指数级的跃升，以更好地应对同业和互联网企业的竞争，加速数据赋能，夯实核心竞争力，提升企业竞争优势，实现运营创造价值。

不同行业数字化运营的范畴和内容不尽相同，具有较强的行业特性。本书主要以金融机构，特别是银行的视角来阐述数字化运营这个课题。

数字化运营的框架

1. 广义和狭义的数字化运营

当业界在谈论金融机构数字化运营的时候，笔者认为至少包括图 1–1 所示的数字化运营框架的相关内容，涵盖金融机构前、中和后台。数字化运营在前台主要是零售基础客群经营团队等业务条线的用户运营、产品运营、客群运营、活动运营，中台主要是网络金融等渠道管理部门负责的内容运营、网点运营，后台则是运营部或者金融服务中心负责的运营集中和共享、服务交付和服务管理，以及贯穿前、中、后台的客户体验管理平台等课题，侧重效率提升和管理改善。用户运营侧重通过用户的识别，提高用户活跃度，促成用户转化为客户；产品运营侧重通过渠道服务创新应用场景，优化渠道页面布局和渠道业务流程等；客群运营的重点是通过客群分层分类分级，落实获客、活客、转化、提升和留存运营策略，提升客群价值；活动运营包含活动策划、营销预算管理、权益资源管理等，提升活动管理精细化程度、强化活动回报管理。内容运营的重点是内容的制作、发送，公域流量沉淀为粉丝，站外投放，渠道推广获客，目标是实现内容的全周期管理，进一步提升运营效果；网点运营侧重于银行等金融机构物理渠道的优化，包括柜面流程再造、厅堂流程改革、厅堂一体化、网点效能提升等举措，注重降低渠道成本，提升渠道运营效能。后台集中运营/作业层强调通过集约化运营，实现集中作业和运营共享，构建金融机构大运营体系，并通过服务交付和服务管理优化，实现端到端客户旅程优化，管控运营风险等；同时，通过数据分析和数据运营等创新举措，实现业务和运营数据深度挖掘，协助决策支持、业务赋能和效率提升。此外，贯穿金融机构前、中、后台的客户体验则强调通过客户体验体系建设、客户旅程体验优化以及客户体验管理平台建设等多项举措来主动优化运营成效，促进体验管理赋能业务发展，促进运营的数字化转型。

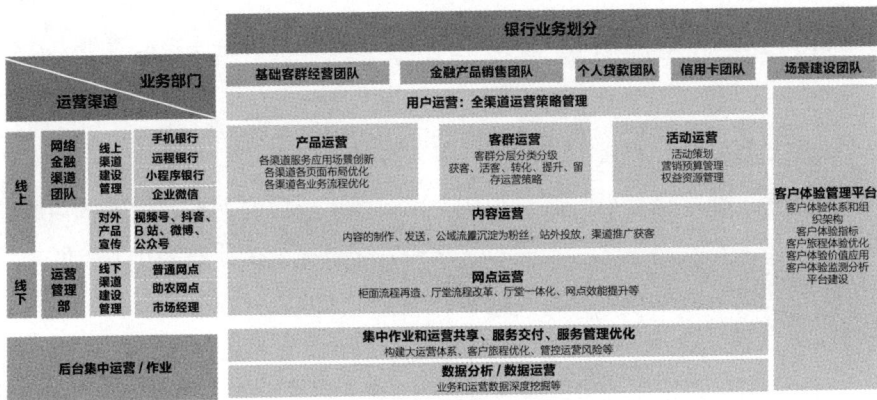

图 1-1 数字化运营框架

对于数字化运营，业界的理论至少有两层含义：一是狭义的定义，数字化运营主要是金融机构的中后台集约化运营的数字化，在这一层定义中，本书关注的是整体的运营板块价值定位、运营组织架构和职责、运营模式（集中和共享）、运营的数字化和智能化、运营资源的最优配置、运营的业务赋能等因素；二是广义的定义，除了狭义定义中的集约化运营，数字化运营还包括面向整个客户生命周期的用户运营、产品运营、客群运营、活动运营、内容运营和网点运营等领域。在本书中，笔者根据数字化运营的广义定义来讨论这个课题。

2. 数字化运营的内容

本书讨论的数字化运营分为前、中、后台三个层次的内容。在前台，以数据分析的方法，通过客户画像和标签进行客户洞察，推荐差异化的产品、服务和权益，在客户生命周期的不同阶段和时点实施用户运营、产品运营、客群运营、活动运营等运营策略，获得有效的客户转化和价值提升；以数据驱动的方式识别端到端客户旅程的痛点，有针对性地推动客户体验提升。在中台，以数据分析的方式对全渠道进行分析、优化渠道布局、降低渠道成本、整合渠道资源，推动线上线下全渠道协同运营，对线上客户建立全生命周期的客户运营策略，对线下客户建立一体化的厅堂服务机制来优化网点运营。在后台，通过大运营体系的建立实现运营资源集中和共享，以数字化的手段实现运营的线上化、数字化、智能化，有效降低运营成本，实现运营资源的有效配置。

数字化运营的合适时机

截至 2023 年，增量市场成长有限，存量市场竞争异常激烈，在存量市场的竞争中，数字化运营是必然趋势。在数字化转型的前期，金融机构通过投入大量资源购买科技平台产品、技术和数据来提升企业数字化的硬能力，现在则是金融机构沉淀关键业务经验，通过数据赋能在运营领域进行创新的合适时机。数字化运营的目标是提升金融机构经营业绩，改善客户服务能力。例如，通过以下方式可以改善客户服务能力。

（1）建立数字化客群运营分析平台，提升客户活跃度。通过精细化渠道触达、活动运营，提高客户访问频率、增加使用时长，有效增强客户对产品的价值认同与内容依赖。比如为客户提供更加有吸引力的内容，以提升客户活跃度、增加使用时长等。

（2）建立数字化渠道运营体系，优化客户渠道体验。通过诊断渠道产品可用性与易用性，改善产品在渠道的感官体验与交互体验，提升渠道的效率和效益。

（3）加快客户的价值成长。通过建立客户分层体系，细分客户需求、了解客户业务偏好与消费习惯，并对业务流程、客户产品体验进行诊断，有效提升业务各环节的转化能力，加速提升客户价值。

（4）驱动产品创新。基于数据分析，进行整体性的客户需求、产品价值的需求度评估，识别产品运营机遇，推动产品创新与提升产品竞争力。

另外，为什么现在对金融机构来说，数字化运营是一个比较迫切的课题？因为现在不少金融机构已经在数字化建设上进行了大量的投资，但所获得的业务价值提升的效果却不尽如人意。例如，从银行的角度来说，经过过去几年在数字化建设上的大量投入，大部分银行已经具备较完善的数字化渠道和业务线上服务能力，但是业务决策和业务流程仍比较复杂和冗长，对客户数据洞察的可视性仍然存在提升空间，客户普遍希望能够得到更高效、快速、有针对性的金融服务；从产品的角度来说，银行提供的产品和服务很丰富，但是大部分产品是基于标准化模式设计的，缺乏差异化需求的洞察，与客户的生活场景结合得不够紧密，更新迭代的频率不高，难以满足客户个性化、差异化的需求。在当前激烈的市场竞争环境下，金融机构希望通过数字化运营理念的落地实施，对标业界领先的数字化企业，以极致客户体验为目标，从客户运营、渠道运营和产品运营等多个角度，大幅度地提升金融机构的精细化经营决策和客户服务水平，更好地进行存量客户价值提升、增量客户争夺、运营成本集约，提升业务价值，改善客户体验。

数据驱动是数字化运营的关键

笔者认为数字化运营与传统数字化转型思路存在差别，其主要差别是数字化运营强调运用数据分析运营的思路来洞察业务、制订策略、指导策略落地、量化评估并提升转化能力。

以客户运营为例，当前金融机构都在强调以数据分析驱动客户运营。一方面，银行等金融机构需要通过数据来分析客户全生命周期，了解处在生命周期每一个阶段的客户的数量、结构和价值分布；另一方面，在客户运营的每个阶段，银行通过数据分析进行客户的价值评估，通过一些关键运营指标进行评估，比如新客期的"激活率"、成长期的"留存率"等。同时，金融机构还可以在每个阶段建立更细分的场景，并进行更深入的数据分析。例如，在潜客阶段，银行需要进行渠道价值分析，了解各渠道带来的客流和客单价有多少，以及是否能被合适的产品承接流量，承接之后流量是否能够进入下一阶段。再如，新客期的"激活"是所有产品都重视的分析场景，那么"激活"怎么定义，客户需要完成哪个步骤才算是激活；在激活的过程中，注册、登录、实名认证等基础功能流程是否顺畅，新手引导策略是否奏效等。这些关键运营环节都需要通过数据来进行分析，最终才能真正支撑客户运营决策。

另外一个例子是渠道运营，全渠道整体规划和协同是当前金融机构关注的热点之一，领先金融机构开始采用数据分析的方法和工具来制订全渠道运营策略，根据银行 App、微信银行、网站和线下渠道数据收集和分析获得的各个渠道的特性和价值，设计符合渠道特性、渠道成本、受众、承载功能等各渠道特点的运营策略。如果不以全渠道数据分析视角来审视，银行的各渠道之间会缺乏有效协同和配合，无法获得更加精细化的渠道数据，无法为客户提供一致和连续的服务体验。采用数据分析的方法，金融机构可以更准确地了解各个渠道的运营资源投入、分渠道的预算实际对比、分渠道的营销预算完成率、分渠道的转化效率和投入产出比等，从而让决策者可以更加及时地调整不同渠道的资源投入，实现更加精细化的渠道绩效评价。

数字化运营的发展，已呈现出新趋势

　　运营在金融机构中有着不可替代的地位。在新的数字化转型背景下，"不出错，保证系统稳定、成本节省"的运营管理理念已经不能很好地适应外部经济环境的变化。未来，运营的目标将是"面向客户、价值创造、成本更低、效率更高、体验更好、风险可控"，卓越运营将会成为优秀金融机构的核心竞争力之一，运营的数字化转型势在必行。

　　金融机构，特别是银行已经认识到运营是构建自身竞争优势、实现战略落地的关键领域之一。例如，传统线下客群在向线上进行迁移，银行通过数字化运营，加快客户迁移成功的速度，实现客户渠道资源配置最优化，数字化运营成为银行的全渠道战略落地的重要抓手。此外，银行通过集约化、集中化的数字化共享运营来实现整体成本的节省、帮助柜员减负、支持网点营销转型，是银行运营转型的重要举措。银行通过数字化客群运营来促进客户转化，提高客户体验、提升客户价值，是当前银行数字化转型的重要思路。此外，银行还通过运营的中台化、微服务化，来支持开放银行和生态银行的战略转型。综上所述，更高水平的数字化运营已经成为银行战略转型的重要支柱。

从顶层设计到数字化方案落地，规划数字化运营体系

规划数字化运营体系的思路

2022 年 1 月银保监会发布的《关于银行业保险业数字化转型的指导意见》中，对金融机构数字化运营体系的描述是"建立线上运营管理机制，以提升客户价值为核心，加大数据分析、互联网运营等专业化资源配置，提升服务内容运营、市场活动运营和产品运营水平。促进场景开发、客户服务与业务流程适配融合，加强业务流程标准化建设，持续提高数字化经营服务能力。统筹线上、线下服务渠道，推动场景运营与前端开发有机融合"。

金融机构，特别是银行在规划未来的数字化运营体系时，笔者认为至少需要考虑以下方面。

1. 数字化运营体系顶层设计

在顶层设计中，领导层需要思考如何突破现有运营板块的定位局限，借鉴 BAT 公司（指百度、阿里巴巴、腾讯三家公司）的运营模式优点，实现组织职责创新，打破传统金融机构部门之间的隔阂，优化运营与业务条线的融合，增强运营团队的数字化创新能力和数据分析挖掘能力，提升运营对产品创新、渠道协同、客户经营的业务赋能。

2. 数字化运营体系组织架构和职能

金融机构需要重新梳理适合自身特点的数字化大运营组织体系的范围，以及和业务条线前台团队，科技、渠道等后台职能部门的边界及协同点，以期更好地实现客户营销、业务协同、渠道整合和资源共享，从客群运营、渠道运营、产品运营等领域对现有运营板块的职能进行新增、调整、合并和优化。同时，注重运营板块的数字化能力培养，打造运营的"数字化干将"。

3. 数字化运营体系的多渠道协同

银行业务受理、业务办理、业务交付等环节在发生变化，银行的运营模式正在从传统的柜面、线上自助、厅堂自助等单一渠道模式，变为"线上 + 线下协同""厅堂 + 自助 + 集中共享""线上 + 集中共享 + 邮寄"等一系列多渠道模式，如何设计和优化线上线下一体化的业务流程，覆盖业务受理、业务办理、业务交付等环节将是数字化运营体系的重要着力点。

4. 基于数据洞察的客户运营体系

金融机构需要建立更加精细化的客户运营体系，建立客户分层分类和价值成长体系，配备差异化的产品、权益、服务，设定运营触点或渠道，规划运营策略触发时机、对客内容及话术，设定客户运营策略转化标准，并建立数字化客户运营监测体系。

5. 数字化运营体系的客户体验旅程

客户体验旅程优化是实现金融机构卓越运营的主要抓手。在今天的银行场景中，一次典型的客户旅程往往跨越多渠道（例如，远程银行渠道触达、线上渠道产品介绍浏览和比较、线下网点完成深度咨询和产品购买）和多条线（例如，代发客群的公私联动）。而运营板块可以协同多渠道、多条线的资源，确保客户获得一致性体验。

6. 数字化运营体系的活动运营、内容运营体系

在数字化运营背景下，部分金融机构已经开始建立多维度、矩阵式的活动运营和内容运营体系，管理者不再局限于单个运营活动的反馈，而是基于日历、客群、客户旅程 / 生命周期等多维度来设计立体化的活动及内容运营体系。活动运营的时机规划包括常态化的主动服务、日历周期的服务（节假日问候、客户生日问候等）、基于客户关键行为时刻的主动服务；内容运营则可基于不同的运营阶段（售前、售中、售后），针对不同的运营场景（新手登录、开户断点、客户回访、投资者教育等）制订不同的运营内容模板。

7. 数字化运营体系的全渠道运营

在数字化运营体系下，如何推动全渠道协同运营？银行需要以客户为中心，以客户体验为导向，创新渠道获客、活客、留客方式，持续提升渠道效率，实现渠道价值最大化。银行全渠道运营的核心，就是通过整合内外部渠

道资源，为客户提供愉悦的渠道体验，最终达到银行与客户间的全链路、全场景的有效渠道交互。

8.数字化运营体系的运营共享模式

为应对开放银行、生态银行等战略发展的需求，银行需要建立标准化、可复用的运营共享体系。在这个体系中，"共享原子能力"是关键，银行需要梳理所有共享业务环节，将可复用的标准化流程和能力进行高度提炼，建立组件化的交付能力，以面向生态的共享交付模式来应对产品创新的需求。

9.数字化运营体系的运营服务中台

为支撑生态银行、开放银行的搭建，运营服务的中台化成为必由之路。运营服务中台化包括场景分析、共性分析、领域建模、能力中心和微服务能力的界定和识别，以及面向流程和业务解决方案的服务编排。

10.数字化运营体系的数据分析赋能

从银行全局运营资源布局视角，银行可以基于数据集市和数据分析能力建立运营动态感知地图，包含客户洞察、服务管理、网点管理、机具设备管理、人员管理等主题，满足运营需求预测和运营资源的动态配置等管理诉求。

数字化运营与管理会计

　　数字化运营和管理会计结合是一个有趣的课题，本书提出这个课题是因为笔者在实践中发现，数字化运营往往由银行等金融机构的科技团队、数据团队、零售部门、线下渠道部门或者运营团队主导，其擅长从数据分析、科技创新的角度来考虑解决方案。但数字化运营中存在着大量与管理会计有关的内容，数字化运营团队也可以考虑从管理会计的视角，运用管理会计的方法和工具，对数字化运营转型过程中的问题进行分析和决策。例如，在数字化运营的客户运营中，金融机构需要对客群进行分层分类分级，传统的基于客户特征的分类方法，包括从区域、行业、年龄、资产管理规模（Asset Under Management，AUM）等维度进行分类，这些维度偏向于静态，其依据为历史数据；但在管理会计中，金融机构对客户价值的评估更多要考虑未来的客户价值，如从客户的全生命周期的价值提升、客户与银行的黏性的广度和深度进行评估，从客户在渠道的活跃程度和销售潜力进行评估，以及基于 EVA（Economic Value Added，经济增加值）或 RAROC（Risk-Adjusted Return On Capital，经风险调整的收益率）来评估等方法。在这些数字化运营领域运用管理会计的方法来进行分析，将会给决策者带来新的分析视角，以及不同的分析结果，往往更贴近整体最佳决策的商业逻辑。

　　从另外一个角度来说，管理会计团队不是坐在办公室就能想出好的应用场景或者创造价值的，管理会计团队应该深刻理解金融机构运营的各个环节，从获客、活客、提升、挽留到渠道网点运营、后台的集约化运营等，积极运用管理会计理念，从新的角度分析问题、解决问题，真正做到业务和财务融合、实现业务和财务创造价值。

第 2 章

客户运营：精耕细作，建立数据驱动的客户运营

你需要先于客户走向未来，并在他们到来时做好迎接他们的准备。

——Salesforce 首席执行官马克·贝尼奥夫

从客户运营到用户运营的转变

从客户运营到用户运营的转变策略

1. 客户运营和用户运营

客户运营是指以客户为中心，以客户价值提升为目标，遵循客户的需求设置运营活动与规制，制订运营策略和任务，严格控制实施过程与结果，以达到预期所设置的客户运营目标的一套体系。传统金融机构学习互联网企业，"客户运营"已经转变为"用户运营"，在客户还没有购买金融机构产品和服务的用户阶段，对潜在客户即用户进行获取和转化。金融机构对客户的运营已经从新客期向前延伸到潜客期。

2. 建立全面的用户运营的策略

金融机构建立全面的用户运营策略，需要首先进行客户分层分类与特色客群分析，完成目标客户的定位，再基于客户生命周期、营销类环节或者营销事件等确定不同的策略场景，配备不同产品，并设定渠道的触点（线上、线下等）等。除此之外，金融机构还要注意根据策略触发时机，设计针对不同用户的内容及话术、设定策略转化标准，还要进行对照组设置、迭代周期设置，并建立数字化的监测体系。金融机构建立全面的用户经营策略，需要包括如下内容。

客群策略方面，金融机构以客户层级 + 特色客群确立目标客群定位，覆盖零售各层级、个人及小微等多个特色客群，聚焦细分客群的差异化需求，形成差异化的客群经营思路；**策略场景方面**，则是基于客户生命周期（获客、登船等）、产品营销类事件（首购、复购等）、客户事件类事件（大额结算、贷款提前结清等）建立更加精细化的营销场景；**产品策略方面**，则是基于差异化的客群和场景，对货架中的财富类、小微贷款类以及其他功能类的精细化产品进行匹配；**渠道策略方面**，金融机构可以在细分的客群、产品和场景下，规划触达目标客群的渠道（手机 App、短信、远程外呼等）、推动目标客群的动作（致电客户、发送 H5 链接、权益吸引等）。同时，金融机构还需要制订优先级等管控规则来突出策略重点，满足避免过度打扰客户的合规要求。在金融机构的用户运营实践中，用户运营策略往往基于特定的业务目标来设定，例如，银行 App 年轻白领的客户黏性提升策略、单一存款客户的中收提升策略等。

用户运营的关键步骤

相对于客群运营，金融机构用户运营的范围延伸到了潜客期，潜客的获取和转化是用户运营的关键步骤。以公域转私域等典型场景来说明用户运营的步骤。

第一步是公域流量获客，通过在互联网平台、搜索引擎、自媒体或 KOL（关键意见领袖）、垂直类平台等平台进行广告投放、渠道或产品合作，通过客群匹配等方式选择合作对象。

第二步是私域流量转化，"爆款"产品设计；以契合场景及定制化的获客产品、吸睛内容增加点击量；A/B 测试或多组别测试优化投放方式，加快公域到私域的用户转化。

第三步是潜客经营，根据不同营销目标打造不同的转化链路，设计流量转化路径，加快在私域中挖掘用户线索。

第四步是从用户到客户的转化，通过金融机构的开放生态服务平台、微信社群或视频号等互动私域经营，激活潜客，用多种合作模式形成长期客户转化机制，用线索匹配等机制提高转化率，并通过线索管理和潜客经营等手段，尽可能将用户线索转化为客户。

金融机构基于客户生命周期理论的客户运营主要参考了互联网企业常用的经典 AARRR 客户增长模型（也叫海盗模型），如图 2-1 所示，包括从新客获取、潜客提升、稳定经营、流失预警到流失赢回不同阶段。客户运营的内容包括在客户生命周期的新客获取（获客）、潜客提升（活跃）、稳定经营（留存和变现）、流失预警（留存和变现）、流失赢回（留存和变现）等相关阶段和场景设定运营策略和标准动作，以加速客户价值成长。促进转化、挖掘潜力、保持稳定、提前预防和激活唤醒是客户运营各个阶段的目标，这也是金融机构学习互联网企业的策略，是其大力开展精细化的客户运营的重要举措。金融机构在客户生命周期的不同阶段设定具有银行特色的差异化关键性指标，如 AUM、产品交叉覆盖率等；通过数据分析识别阶段性的客户特征，建立针对性的客户细分和运营策略，例如在稳定经营阶段，以资产价值和产品持有等互动关系特征识别银行的稳定客户，将其作为目标客户推动交叉销售等运营策略实施，提升客户整体价值，并追踪产品交叉覆盖率等重点指标来及时了解进展，进行反馈和调整，进一步拓宽获客来源，提升客户转换率，提高客户价值。

为了和业界保持一致，本书后续的章节将仍沿用"客户运营"的提法，本书所指的客户运营将覆盖新客获取期的潜客运营。

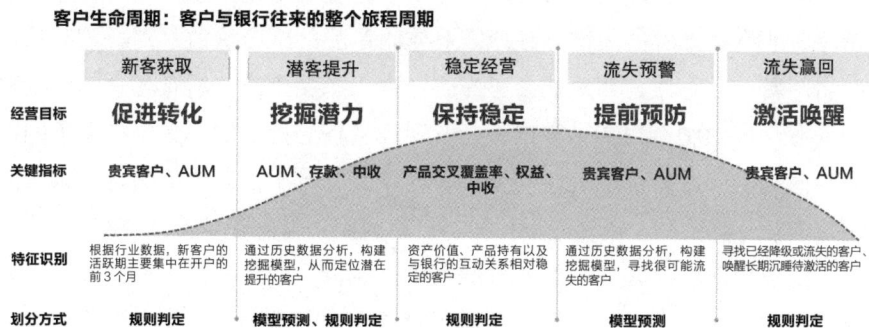

客户生命周期：客户与银行往来的整个旅程周期

	新客获取	潜客提升	稳定经营	流失预警	流失赢回
经营目标	**促进转化**	**挖掘潜力**	**保持稳定**	**提前预防**	**激活唤醒**
关键指标	贵宾客户、AUM	AUM、存款、中收	产品交叉覆盖率、权益、中收	贵宾客户、AUM	贵宾客户、AUM
特征识别	根据行业数据，新客户的活跃期主要集中在开户的前3个月	通过历史数据分析，构建挖掘模型，从而定位潜在提升的客户	资产价值、产品持有以及与银行的互动关系相对稳定的客户	通过历史数据分析，构建挖掘模型，寻找很可能流失的客户	寻找已经降级或流失的客户、唤醒长期沉睡待激活的客户
划分方式	规则判定	模型预测、规则判定	规则判定	模型预测	规则判定

图 2-1 基于客户生命周期的运营策略

基于生命周期的客户运营策略

1. 新客获取期的运营策略

新客获取期是客户运营的起点，金融机构需要回答的是从哪些渠道有效获取客户、如何才能让他们成为服务和产品的购买者。在新客获取期的关注点应该包括：提炼产品价值，确定真正打动客户并使金融机构获取客户的关键；设计获客路径，考虑相关渠道来传递产品价值；建立种子客户群，通过KOL来推动产品迭代和提升客户口碑，并验证触达渠道。

对于新客获取期的客户，金融机构的运营目的是通过多渠道的引流，完成拉新获取。所以在此阶段，金融机构要做好客户池的积累。在活动整体的营销策略上，给客户提供更多参与门槛比较低的权益和福利。比如新会员权益，完成新客获取期的新客获取，基本运营思路是金融机构建立开放式的服务平台，持续优化获客渠道，降低获客成本，关注流量转化情况，减少断点流失，提高留存率。金融机构的具体营销策略包括通过外部合作和生态平台搭建等措施，持续优化传统的公域渠道引流，加强私域流量经营，以及通过异业联盟导流等。

金融机构获客还有一点特别重要，就是金融机构品牌背书。金融客户天然具有强烈的安全性需求，金融机构的品牌影响力、社会舆情、异常情况都将直接影响客户的选择。

2.潜客提升期的运营策略

在获取客户后，成功激活客户，完成潜客提升才是金融机构实现后续客户留存、变现和推荐的关键。客户需要体验产品的核心价值，判断该产品是否有用。若产品有用，客户才会考虑成为真正意义上的"活跃客户"。金融机构需要认识到制造惊喜是客户真正发现产品核心价值的时刻，是真正的客户激活时刻。同时，金融机构需要引导客户完成若干被期望的关键行为，如新客打卡、首单奖励、新客专属折扣等，以找到适合客户的激活路径。

此阶段金融机构需要确保基础的客群池流量，同时通过内部已有场景完成核心客户转化。例如，金融机构需要设计专属的活动、定制个性化权益，如对代发客群、老年客群等不同客群，进行精准活动营销和权益刺激。潜客提升的基本运营思路就是通过常态化的运营，持续对客户进行培育、激励、激活，促进交易转化。常见的运营策略包括对新引入客户保持周期性的触达与沟通，如在客户开户当天、第 3 天、第 7 天、第 14 天、第 30 天与客户保持有效沟通，通过日常关怀与常态化活动制造接触机会，渐进式引导客户完成登录、入金、首投等关键转化目标。

此外，金融机构有必要搭建完善的客户成长体系，包括会员等级体系、积分体系、会员权益等内容。这是一项潜客提升的长期运营策略，能有效帮助金融机构与客户建立一种长期、良性的互动关系，系统性促进客户的持续活跃。

3.稳定经营期的运营策略

稳定经营期是金融机构验证产品核心价值和客户运营效果的重要阶段，

产品需要具有真正的竞争力，才能通过客户运营策略和措施留存在金融机构的生态循环中，并持续稳定地维持足够规模的客户池。产品侧的关键是能否向客户提供持续满足需求、具有强大核心竞争力的产品；运营侧的关键则是通过各种抓手传递产品价值、促成客户活跃和客户成长，提升留存率。当金融机构提供的服务和产品无法满足客户不断升级的需求时，其会迎来整个客户生命周期的衰退和流失。而在这一阶段，金融机构需要做的是召回核心客户，如定制特邀客群回归专享礼活动，进行精准触达干预，实现历史高频活跃客户和行内的高价值客户的二次回流。稳定经营期的客户是金融机构掌握数据最丰富的客户，客户需求特征也非常多样化，金融机构需要对稳定经营期客户进行精细化的分群分层运营，制订个性化营销策略，精准匹配客户需求，满足客户多层次需求，促进客户复购与资产提升。比如对金字塔塔尖的核心客群，需要客服人员或投资顾问人员进行一对一的服务，通过专业、温情、特权打动客户，设置必要的流失门槛与流失成本，尽可能减少客户流失。对于一般的高潜价值客户，金融机构可以通过活动大促、场景化定向营销、达标礼营销、裂变营销等营销策略使其保持活跃。

4. 流失预警期与流失赢回期两个阶段的运营策略

对于客户全生命周期运营策略来说，流失预警期与流失赢回期也具有特别的意义，两个阶段的客户有很多相似的特征，客户运营的主要目标就是提高客户的留存率与召回率。总体来看，这两个阶段金融机构的运营策略的基本思路也比较接近，其基本思路的关键是预警与提前介入，避免客户流失，通过定性和定量分析或市场调研的方式，找到客户可能流失的原因。一方面通过常规性的召回策略，如银行 App 客群老客专属活动奖励、节假日权益、生日特权等，促进客户回流；另一方面，通过客户行为洞察，找到可能会流失的客群，通过在潜在流失节点设置营销触点对客户进行挽留，如为客户推送专属活动或客户感兴趣的其他产品等。

基于生命周期和客户价值双维度的客户运营策略

在实际工作中，金融机构往往需要以客户生命周期和客户价值双维度来制订更加精细化的客户运营策略（见图 2-2），针对不同价值特征的客群、生命周期所处的阶段分析客户价值提升难点，制订金融机构价值最大化的运营策略，以期活动达到新客转化率的提升、销量提升或客户价值提升、客户满意度提升等运营目标。例如，处于成长期的大众基础客户、富裕客户、高净值客户的运营策略不尽相同。对于成长期的大众基础客户，提升客户价值、尽快实现层次跃升是运营的主要目标，提供理财咨询、智能客服、新客理财产品是运营策略的主要举措；而对于高净值客户，在成长期，银行制订运营策略时则需要充分考虑客户海外资产部署、家族传承、税务合理安排等需求，以资产结构优化为主来设计运营策略，同时提供财富管理、研究报告等专属服务和资讯以与其保持定期联系。

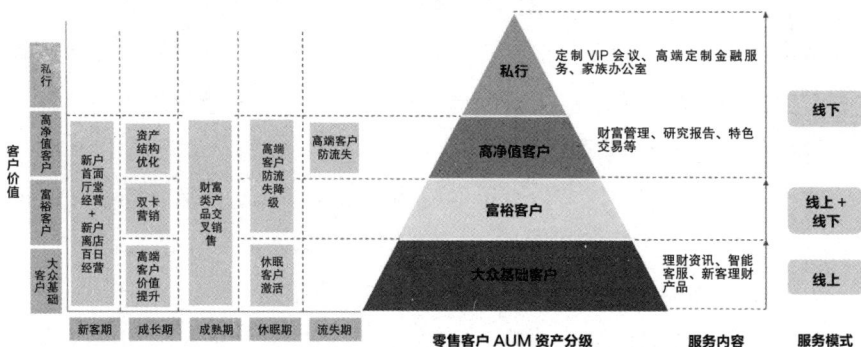

图 2-2　客户生命周期和客户价值双维度运营策略

【案例分析】

某股份制银行针对老客制订客群价值提升运营策略

在某股份制银行客户生命周期运营策略中，老客户处于稳定经营期或者流失预警期，银行需要基于不同价值水平对老客户进行分类，制订针对性的价值提升运营策略，同时防止流失或者价值下降。该银行采用关键指标引导、客户关键线上行为分析等措施来设计客群价值提升运营策略。

（1）**确定策略目标**。在老客阶段，银行的运营策略目标就是要尽量提高客户的长期购买价值。

（2）**选定运营指标**。在大多数交易类场景里，衡量客户的长期购买价值的核心指标是复购率。但复购率提升只是一个结果，为了得到这个结果，银行需要对过程进行干预。这里最直接的做法，就是把整个复购的路径进行拆解。老客复购时的整个路径可能是先打开 App，然后看首页，因为他已经是一个老客，所以想买什么东西，第一反应就是去 App 搜索，有着非常明确的购物目标。那么，在搜索结果页里，银行就可以去做一些帮助复购率提升的事情。此外，对搜索结果页、活动落地页、详情页、购物车页，都要更细致地拆解。拆解完复购的流程，银行需要挑出一些核心的运营指标。

①**次月留存率**。如果客户没有留存就没有复购。

②**决策间隔时长**。每一次复购中，银行希望老客尽快完成整个过程，决策间隔时长越短越好。

③**连带率**。复购并不指客户每一次来只买一件商品。银行其实希望客户每一次来能够多买几样商品，这样整体效率会有非常大的提升。所以连带率也是需要考虑的指标。

（3）**揣摩客户体验**。针对复购客户，该银行还需要再进行一次客户分层，把复购客户拆解为低频复购客户、中频复购客户和高频复购客户三类；然后再针对这三类人群制订更细致的运营策略。制订运营策略时，要回归到客户的直接感受上。很多时候银行其实是为了做这件事情而去做，很少站在客户的角度上思考客户怎么看待银行的运营策略、客户怎么看待银行基于其分层实施的策略。

客户感受要分成几个方面考虑：客户对新品的好奇感和探索、对好货的购买欲、对优惠力度的偏好度、对积分权限的直观感觉、对运营活动的兴趣、对小游戏的参与感等。

（4）**制订运营策略**。所有运营策略最终要回归到客户的直接感受上。而具体会落到客户的哪种感受上，会体现在相应的运营策略上。例如，最终可能会落到新品的试用、先用后付；优惠方面的满减、折扣、清仓等。这些就是具体的执行动作，也是银行的运营策略。

（5）**设计触达策略**。在银行运营策略落地执行时，要考虑对某细分层客户实施某种运营策略时，推送的内容、样式、时机、间隔以及媒体载体、渠道是什么。所有的运营策略执行时都离不开对客户感受的考量，例如，触达效果、转换情况、是否会出现客户反感的情况等。如果推送的内容是满减，那么，如何通过一段特别有吸引力的话术，把满减的运营策略传递出去；如何选择合适的形式（图片、文章、短视频等）使满减的运营策略让客户看了之后觉得优惠力度特别大；如何选择合适的时机给客户推送满减信息，才能使打开率最大化；如何确定运营策略的间隔时长；如何选择触达客户的通道。

客户综合价值计量及分层分类管理

定义高价值客户并不是一件简单的事情，大部分金融机构对客户综合价值计量的维度较为单一。例如，价值计量仅关注客户经济价值，即仅关注客户的各项收入指标或者现金流指标，如利润或营业收入等，缺少对客户忠诚度、成长性、活跃度等多维度的综合评估。由客户综合价值计量衍生的关联人间接价值计量也有待完善，例如，不少银行等金融机构在计量企业客户关联人时仅关联了企业实际控制人或法定代表人的存贷款收益以及代发工资员工的存款收益，缺乏对非贷客户企业主以及客户引荐相关的间接价值的计量。客户维度中间业务收入识别率较低，目前在计量银行的客户经济价值时，仅包含贷款业务与存款业务经济价值，大部分中间业务收入未得到识别。客户价值计量方式有待改进，目前的客户价值计量使用营业收入数据，而非 EVA（Economic Value Added，经济增加值）指标（该指标是一种衡量银行经营绩效的综合性指标，考虑了风险成本、经济资本成本等多种因素，较好地衡量了银行的经营绩效，但由于银行的数据质量较差和其他基础的问题，不少银行往往采取更方便获得的指标，但其他指标通常被业界认为缺乏对经济资本成本的考虑，不能很好地反映银行等金融机构的机会成本，对金融机构的综合贡献的测算缺乏全面性）。除此之外，基于笔者的项目经验，领先金融机构在对客户综合价值进行计量时已经开始考虑客户经济价值、潜在价值和忠诚度等多个创新维度。

客户综合价值模型概述

本书案例中的客户综合价值模型的思路不同于传统的思路，从客户经济价值、潜在价值和忠诚度等三个维度进行客户综合价值的多维计量。以某银行客户的综合价值计量为例讲解。

1. 客户经济价值

客户经济价值能用于衡量银行客户各类存贷款业务、中间业务产生的经济收益，一般使用 EVA 或客户收益数据衡量。其中通常选用的计算方法如下。

EVA= 客户收益 – 客户经济资本成本

客户收益 = 利息净收入 + 中间业务净收入 + 投资收益 – 费用 – 税 – 拨备

客户直接价值和间接价值的测算方式如下。

（1）客户直接价值：客户自身办理业务产生的直接贡献。

（2）客户间接价值：客户引荐客户、客户关联自然人、关联客户办理业务产生的间接贡献。

2. 客户潜在价值

为衡量银行与客户未来合作的成长性，该银行基于客户的整个生命周期的价值贡献进行客户潜在价值的估算。

（1）客户成长性：客户自身成长性，一般采用总资产增长趋势、纳税增长趋势、代发工资增长趋势等进行衡量。

（2）业务潜在价值：客户在该银行的业务成长性，一般通过客户的规模、信用评级、金融机构授信总金额等进行考量。

3. 客户忠诚度

衡量客户与该银行的关系黏性，一般考虑客户与银行的合作年限、存款沉淀情况、账户活跃情况、各类产品使用情况等。在实践中，银行也可以基于上述因素定义相应的量化模型进行忠诚度的价值计量。采用的统计指标如下。

合作时间 = 开立账户的年限

考虑到客户的特殊性，将主账户开立年限一并考虑，合作时间取客户开户年限与主账户开立年限较长者。

合作密度 = 客户使用的产品数目，包括存款、结算、贷款、票据直贴、贸易融资、委托业务。

对合作密度的指标主要考虑：**持有产品数**，即客户持有银行内产品的数量，用于衡量客户使用银行产品的广泛程度；**产品深耕度**，即客户产品的使用深度。

客户综合价值分层与服务策略

1. 客户综合价值分层

银行在基于客户经济价值、潜在价值、忠诚度三个维度形成客户综合价值分层后，还可以根据不同管理诉求建立差异化的服务策略。例如，银行在引入 EVA 与 RAROC 指标后，可根据不同客户的价值分层，针对不同业务产品，基于不同 EVA 与 RAROC 的要求，分别设定量化的利率上下浮动的管理要求，实现差异化定价、差异化服务和差异化权益等措施，并可以探索逐步建立以客户综合价值为导向的客户经理绩效考核体系。

2. 基于客户综合价值分层的服务策略

在基于综合价值模型的客户分层体系基础上，银行可根据客户综合价值分层分类制订相应的差异化渠道策略、定价策略、产品策略等，应用场景举例如下。

（1）差异化渠道策略。优化全渠道营销体系建设，实现低成本营销覆盖。例如，银行针对不同层级的客户，提供差异化的营销渠道触达和服务策略；对于低价值客户，逐步建立远程营销中心，通过 AI（人工智能）外呼平台实现低成本的营销覆盖。

（2）差异化定价策略。银行可以基于客户综合价值制订定价优惠策略。例如，银行根据客户综合价值分层情况，设置差异化的定价优惠策略，着重针对高贡献、高成长、高黏性客户提供有竞争力的产品价格。

（3）差异化产品策略。银行针对不同层次的客户进行智能化营销产品推荐。

（4）差异化服务策略。银行针对高端客户提供 VIP 服务。例如，银行针对不同层级的客户，联动个人 VIP 客户服务，为高层级小企业客户企业主、高级管理层等核心自然人提供差异化的个人金融服务。

（5）差异化流程限时策略。银行针对不同层级的客户，可设置差异化的审批流程限时制度，可根据情况对高层级客户开通审批绿色通道。

（6）差异化拜访策略。银行优化现有分层拜访策略，加大对非贷类高层级客户、贷款金额较低的高潜力客户的走访力度。

客户标签及运用场景

客户标识和细分理论依据主要来自两个方面，一是买方需求的异质性，二是卖方资源的有限性。金融机构中往往也会出现"二八现象"，即 80% 的金融机构利润来自 20% 的客户，这 20% 的客户由此成为金融机构需要重点维护的核心人群。与此同时，对于其余 80% 的长尾客户采用数字化手段集中运营，也能为金融机构创造不容忽视的价值。面对不同人群差异化的特征和需求，金融机构的客户管理需要由"粗放式管理"转向"精细化运营"，更深刻地洞察客户、理解客户、描写客户、识别客户的细致需求，提出直击客户痛点的产品，以赢得客户的忠诚，激发更加明显的竞争优势。

建立客户标签

金融机构基于业务和管理应用需求搭建客户标签体系：深度挖掘客户特征，加工、提炼有价值信息；体现框架性与体系性、多维度与多层次；充分考虑金融机构的客户特色。从精细化管理角度提出客户标签应用策略，举例来讲可以分为以下几点。①客户管理：客户群多维分析、客户画像。②营销管理：名单制营销策略、差异化营销策略。③产品管理：产品推荐、产品匹配。④支撑体系：应用于银行信贷全流程，如客户准入、尽职调查。

金融机构通常会给予业务条线等部门与岗位一定程度的标签管理权力，从而使用符号化的客户标签对客户特征进行精准描述。由于当前金融机构的客户时时刻刻都处在变化当中——渠道多样化、产品定制化且需求复杂化，因此金融机构面临信息分散和不全、分析维度单一、分析深度不够等问题，导致现有标签不能整合各触点信息，金融机构不能深入挖掘客户特征。

常见的客户标签误区包括：标签数量越多越好，越复杂的分析标签越好，语言越专业越好。其实建立客户标签的原则是保证质量，采用强相关信息、忽略弱相关信息、尊重业务需求，简单而客观的标签往往利用率最高，语言应通俗易懂，避免使用专业术语。

在客群细分（见图 2-3）中，金融机构基于客户生命周期重要节点，采用客户标签对客户特征进行描述，例如，独立、初入职场、结婚、首次购房、生第一个孩子等重要节点，并基于相关特征对客群进行归类，将客户划分为不同特征的特色客群，如未成年、初入职场、亲子一族、准退休族、新潮老人 / 富裕老人、养生银发等。借助此举措，银行可以建立更加详细的客群需求全景图，便于确立客户全生命周期经营的理念和思路。

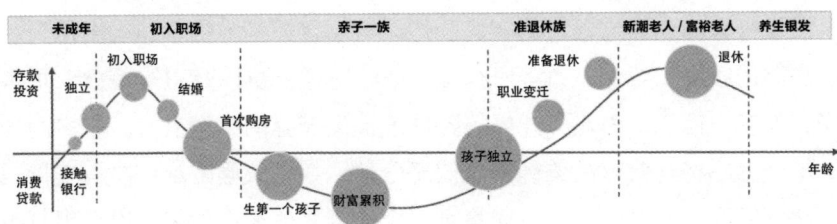

图 2-3　客群细分

客户洞察

通过标签建立客群洞察

以银行为例，通过银行的客户画像，实现客户基本信息、行内信息、外部信息等的收集、整合，为客户经理、条线管理人员以及审查审批人员等提供完整的客户信息，为业务开展的各环节提供充分的数据支持。客户画像的集中统一管理将有效解决关键客户信息分散、数据收集困难、决策支持信息不完整等问题。多维度的客户标签可组合形成立体客户画像，用于银行对客户的全面洞察分析。

以客群标签来建立客户画像，如图 2-4 所示。

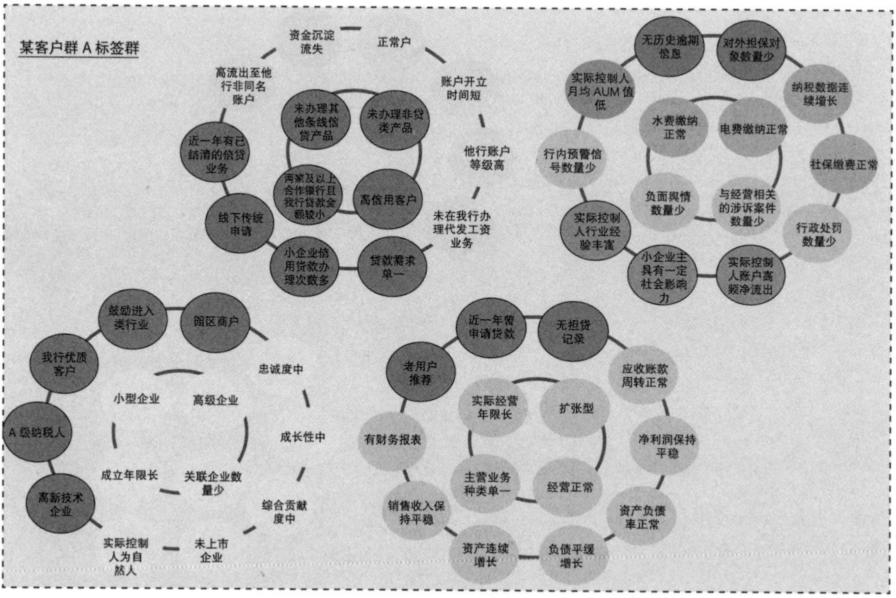

图2-4　以客群标签来建立客户画像

以图 2-4 为例，根据对客户群 A 全部标签的组合与分析，银行可分析得出如下客户风险结论。

（1）从经营特征、信用特征、风险特征等多维度考量，均表明该客户群中的客户是优良客户。

（2）该客户群与银行合作较少，只限于信贷类业务合作且银行贷款余额占比较小。客户群 A 与银行在信贷类业务、非贷类业务上的合作机遇有待挖掘。

（3）信贷类业务：客户群 A 以往只通过线下模式申请传统产品，可按其习惯继续为其推荐线下产品。而且，银行可为客户群 A 提供担保方式灵活搭配的服务。

（4）非贷类业务：推荐银行理财产品以吸引客户群 A 的资金沉淀。而且，银行可推荐客户群 A 开立一般结算账户，以便后续开展各类代理服务。

通过外部数据源建立更全面的客户洞察

除了银行等金融机构内部的标签数据，金融机构还可以运用从外部数据源获取的标签，建立更全面的客户洞察。采用外部数据来建立更全面的客户标签具有更大价值的应用场景。例如，通过外部数据识别在银行办理业务的他行 VIP 客户，并通过更加全面的个人画像实现个人定制化服务，争取获得更好的高潜力客户以及客户转化。同时，银行还可以通过分析实现个人客户精准画像，根据他行 VIP 客户财富能力和消费偏好等客户特征进行精准营销，争取获得他行 VIP 客户在本银行价值的进一步提升。通常，金融机构通过外部数据源建立更全面的客户洞察还涉及以下几点。

1. 消费能力

消费能力可以通过不同指标与方法进行分析。例如，消费能力指数体现个人的消费金额和社会平均水平的对比情况，消费能力反映了消费的绝对值在社会中的位置。消费趋势指数体现个人的消费趋势和社会平均水平的对比情况，消费趋势反映了消费能力成长性在社会中的位置。个人价值分析将客户个人消费行为定义为不同的价值类型，个人价值是客户财富水平和消费能力的重要体现。

2. 消费偏好

消费偏好是决定消费行为的要素之一。消费偏好通常与价值观、收入水平、性别、年龄、地域等有关。

3. 风险水平和社会地位

例如，如果针对经常跨境消费的客户进行相应的产品推介，通过外部第三方数据获取客户涉及外汇交易、反洗钱风险评估等信息，有利于评估客户的风险水平。通过网络爬虫、第三方新闻等消息渠道获得客户重要的社会相关信息，有利于获得该客户的社会地位信息。

基于客户洞察进行客户的分层分类

通过内外部的数据分析，金融机构可以形成客户的画像和洞察，并据此进行客户的分层分类，建立差异化的客群运营策略。

第一种思路：基于 AUM 的客群分层体系

金融机构以客户资产管理规模（AUM）划分客户层级。

AUM= 活期存款账户（减去准贷记卡或银行卡透支金额）余额 + 定期存款账户余额 + 投资理财产品账户余额 + 国际信用卡溢缴款余额 + 第三方存管保证金余额 + 保险余额

【案例分析】

招商银行基于 AUM 的客户分层和客群运营

招商银行是国内商业银行中最早以 AUM 为客户分层的主要标准，而不是以储蓄存款为客户分层的主要标准的银行。把 AUM 摆在中心位置，实际就是以客户为中心（而非以银行为中心），全面覆盖客户的金融服务需求，根据不同资产端客户的需求差异，提供与之匹配的产品和服务，这也是客户分层的意义。在招商银行的零售客户分层分类体系中：资产在 5 万元以下的客户为普卡客户（大众客户）；5 万元至 50 万元的客户为金卡客户；50 万元至 500 万元的客户为金葵花客户（金卡与金葵花客户合称为财富客户）；500 万元至 1 000 万元的客户为钻石卡客户；1 000 万元以上的客户为私人银行客户。**客户的 AUM 不同，其经营重点也存在差异**，比如，为大众客户提供的主要是快捷结算、综合理财等最基础的银行服务，为金卡客户提供的是入门级的专业理财服务，为金葵花和钻石卡客户提供的是成熟的专业理财服务（一对一），为私人银行客户提供的则是顶级的专业理财服务（1+*N*）。

而且，招商银行的客户分层是动态、发展的客户分层，而不是静态、僵化的客户分层，通过客户成长激励，提升客户层级的价值。比如，AUM 不足 5 万元但超过 3 万元的客户，可作为临界金卡客户去经营；AUM 不足 50 万元但超过 20 万元的客户，可作为临界金葵花客户去经营；等等。这样设置的目的，就是不断推动客户资产提升。

第二种思路：基于客户特征与需求的客群分层体系

客户分层也可以基于客户特征与需求，例如，基于银行客户的不同生命周期的特征和需求进行分层。比如，童年到义务教育阶段的儿童以及其家长针对儿童少年的金融需求，包括压岁钱管理、教育投资、儿童理财、儿童金融教育等。18 ~ 24 岁的客户接受大学教育及毕业后初涉社会，经济收入低但花销大，风险偏好强但实际承受能力弱，这时银行服务的重点是便利的居家服务和线上结算，以及为其提供信用卡、消费贷款、基金定投等产品，此时发掘和培育的信用卡客户很有可能成为长期优质客户。25 ~ 30 岁的客户进入成家立业阶段，经济收入增加且生活稳定，需要更大的家庭建设支出，此时房贷、车贷等贷款融资类产品有助于长期锁定这一人群。30 ~ 40 岁的客户步入养儿育女阶段，财富积累增加，投资风格较为积极，对基金、理财、家庭保险等产品的需求明显增强，子女教育成为家庭的重要支出，该阶段是银行与客户建立密切关系的重要阶段。40 ~ 50 岁的客户事业有成，子女走向自立，生活压力逐渐减小，投资风格转向均衡，对高端理财、高等级信用卡、保管箱服务、结售汇等需求增加。50 岁以上的客户开始享受人生，投资偏好趋于保守，对存款产品和稳健理财的需求增强。

此外，还有基于特定需求而进行客户价值度量方法的创新。例如，客户综合价值，在价值度量要素中包含了客户经济价值、潜在价值、忠诚度等多个维度，不仅考虑了客户的价值贡献，还考虑了客户与银行的交互时间等黏性因素，基于客户生命周期的未来贡献或者上下游等衍生价值进行量化测算，将这些作为客户综合价值的衡量基础。基于客户综合价值的客户分层方法，给银行管理层提供了一种新的视角来判断客户的价值，该方法更为全面并具有更多的前瞻性，银行可以基于综合价值度量的客户分层，向客户提供差异化定价、差异化服务、差异化权益等管理举措。

第三种思路：基于特定营销目的的客群分层体系

银行在客户经营中积累了大量的数据分析成果模型，这些成果可以用于特定营销方向的客群分层分类分析。比如，可以有"保险交叉销售模型的前20% 客群""白金卡潜力提升模型的前 20% 客群""某明星企业的代发客群""高端信用卡挖掘潜力私行白名单客群"等。

在实际业务中，银行往往也是综合各种分类方法的特点来确定数字化运营策略的目标客群。例如，平安银行零售板块提出的"董监高""精明熟客""超高净值""颐年一族""小企业主""年轻潮人""理财金领""有车一族"等八大重点客群。

如何有效触达客户

如何才能有效地触达银行的客户呢？渠道的分析和选择特别重要，银行需要根据客户的接触地点、接触方式和服务内容选择渠道。银行常见的客户触达渠道选择标准如下。

（1）接触地点：渠道与客户的接触地点为固定地点或为任何地点。

（2）接触方式：渠道与客户交互的方式为自助服务、远程渠道或者人工服务。

（3）服务内容：渠道大类细化的主要标准是渠道需提供不同类型的服务，以方便服务和渠道的对应，例如网点提供现金交易方面的服务，低柜提供关系维护和理财方面的服务等。

客户渠道触达的常见问题

当前，银行等金融机构存在不少客户渠道触达的问题。

1. 渠道建设较为薄弱

（1）目前，不少区域性银行特定客群（例如小企业客户）线上渠道建设较为薄弱，如未建立小企业客户网站主页、微信服务公众号等，且门户主页上对小企业业务介绍过于简单，不利于小企业业务的品牌建设与推广。

（2）对公网银内外部均反馈使用效果不佳，对企业客户非贷业务综合营销及贷款业务全线上化办理均造成一定障碍。

2. 跨渠道营销信息无法共享

（1）目前，银行仍主要采用现场走访的形式进行客户营销，电话银行、短信平台等渠道更偏重客户服务职能，尚未建立成熟、完善的线上渠道营销机制，线上渠道营销能力尚未得到挖掘。

（2）银行渠道之间协调不够，各渠道营销职责挖掘不充分，跨渠道营销信息无法实现共享。例如，电话银行客服人员对客户业务不熟悉、推荐产品无特色，难以实现准确有效的业务推介，也未实现与线下网点的信息联动。

3. 线上产品申请渠道不够丰富

不少银行线上产品主要通过对公网银系统申请，渠道过于单一，不支持通过手机银行、微信银行、第三方网站（如税务平台）等渠道发起业务申请。

渠道触达优化的常见策略

解决渠道触达问题，需要银行整体考虑未来全行的客户渠道触达策略，包括各个渠道特征、渠道特性、渠道成本、目标受众、承载功能等因素。

对于不同类别的渠道，银行应结合渠道特征与渠道定位，差异化设置考核指标。以渠道整合协同为目标，银行应明确线上渠道与线下渠道并存的定位，通过渠道整合，做大做强线上线下协同的综合渠道。渠道整合协同还应明确以银行为基础，立足内部，评估渠道的条件成熟度，进行逐步整合；提升渠道效能、建立渠道间信息共享，打造以客户为中心的渠道综合服务平台，提供专业化服务，达到精准营销。银行需要整合渠道资源，将短信平台、智能语音、网上银行、手机银行、客户经理和营业厅与客服中心连通，使客户在产品咨询、初步意向、信息获取、购买决策等流程获得清晰指导，并可通过线上线下协同的方式顺畅办理相关业务，打造以客户为中心的服务平台。在实践中，笔者观察到银行常采用的渠道触达优化策略包括以下几种。

1. 人工服务分流

银行需要加快新渠道的建设和推广，通过启用智能语音机器人、智能数字人、短信平台、智能语音等技术，提升电话远程银行营销的成功率和贡献度，形成对人工服务的分流。例如，短信平台可用于推送产品信息，设置关键词自动回复具体信息；基于智能数字人技术的智能语音可用于主动呼出和接听呼入；根据预设程序和文字进行新媒体的网络直播。

2. 线上线下联动

对于在线上渠道可办理的业务，银行可优先指导客户通过网上银行或手机银行渠道完成产品或服务的购买与开通。

对于客户需要线下办理的业务，银行可根据客户的地理位置推荐最近的营业厅，并提供客户经理的联系方式，在通话结束后再次用短信发送营业厅地址和客户经理联系方式给客户。

3. 营销后续跟进

对于表达了产品购买意向的客户，银行应在通话完成一定时间后进行回访。回访方式包括电话客服回访、短信平台回访等。

对于获得了客户经理联系方式却未与客户经理联系的客户，银行客户经理在收到客服中心推送的信息后应主动联系客户，继续进行需求激发和营销跟进。

另外，对于线上客户旅程断点，远程银行进行后续营销跟进也是典型的多渠道协同的营销后续跟进场景。

4. 系统信息更新

银行与客户的通话完成后，远程银行的客服人员将通话概况录入客户关系管理系统，包括客户的配合程度及是否表达了对某类产品或服务的购买意向。

如果将客户转介至网点营业厅或客户经理处，银行应通过系统将客户意向情况发送至客户经理工作台，以便客户经理在有所准备的情况下接待客户。

如何建立差异化对客定价机制，实现客户回报最大化

客户标签和客户洞察有助于银行等金融机构了解客户价值，并针对差异性的服务策略和方案获取业务价值回报的最大化。定价是客户业务价值实现的重要环节之一，通用的对客定价模型分为三大类：单笔定价、组合定价及综合定价。其中，单笔定价是银行对客定价的根本及重要基础。

差异化客户定价策略

1. 根据客户等级进行差异化定价

银行针对不同等级的客户采取不同的差异化定价策略，通过提升高级别客户价格优惠水平，保持客户黏性，获得长期的客户回报最大化。差异化定价方式主要有以下几种。

（1）核心客户——综合定价：测算存量及增量业务的盈利情况，若达到综合盈利目标，与客户完成此笔业务；若达不到综合盈利目标，则该笔业务不通过。

（2）重点客户——组合定价：测算增量业务的盈利情况，若达到组合盈利目标，与客户完成此笔业务；若达不到组合盈利目标并且综合贡献也不大，则该笔业务不通过；若达不到组合盈利目标，但是该客户为战略客户或重点大客户，则进入组合定价阶段。

（3）非目标客户——测算单笔业务的盈利情况：若达到单笔盈利目标，与客户完成此笔业务；若达不到单笔盈利目标并且合作潜力和综合贡献也不大，则该笔业务不通过；若达不到单笔盈利目标，但该笔业务可以带来其他业务或具有合作潜力，则进入组合定价阶段。

通过对客户综合价值的分层，银行可以结合具体产品的定价浮动标准，以及各地区经济发展情况、业务战略规划、同业竞争态势等，对业务定价进行量化管理。

2. 差异化定价展开的依据

批量的差异化定价：批量的差异化定价有针对区域、规模、行业和渠道等维度的差异化定价，其中最常见且最行之有效的就是针对规模的差异化定价。例如，对不同营业收入或者资产规模的客户，银行给予差异化的价格。

一对一定价：此方法是指具体分析某一个客户对银行的综合贡献，同时考虑客户的价格敏感度，在此基础上给出相应价格。一对一定价属于比较高阶的定价方法，需要银行对自身客户群的价格敏感度有一定的数据积累和理解，同时需要建立相应的定价分析量化模型，并在试点和实践的过程中不断完善。

成本加成定价：核心概括就是核算清楚成本底线、要求恰当的风险溢价、赚取符合预期的利润，也就是人们常说的成本加成法。成本加成定价的重点和难点在于厘清每一个客户和每一项产品的成本，如资金成本、分摊的运营成本、风险成本、税务成本等。

对客综合最优定价的考虑因素

在差异化定价策略中，银行需要考虑其他因素来确定综合最优定价，考虑因素包括以下几个。

（1）存量业务：主要指客户在银行办理的存款、贷款、渠道投资类业务、中间业务以及表外业务等业务。

（2）派生业务：主要指客户承诺未来在银行办理的存款、表外、中间业务等业务。

（3）客户分层情况：依据客户不同的分层情况，制订不同的优惠系数。银行最重要的 5% 的战略客户通常为其创造 50% 以上的业务收入，贡献超过 60% 的经济利润；谁能够有针对性地服务好现有的重点客户，并不断将普通客户转化为主办行客户，谁就能取得未来竞争的先机。

（4）客户关系：考虑综合最优定价其实就是要基于长期的客户关系来进

行对客定价。在大部分银行中，基于客户关系的综合最优定价办法是服务战略客户的最重要的抓手之一。

（5）综合贡献度：一般考虑 EVA 和 RAROC 指标，同时，银行也要从规模和效率角度分别考量客户的综合贡献。

（6）忠诚度：通过银行客户的开户时间、持有产品数量以及客户的交易情况综合评价客户的黏性。

（7）潜在价值：通过客户历史的 AUM 和未来的 AUM 情况，描述客户未来可能带来的收入情况。

对客差异化定价关键步骤

在差异化定价中，将相关因素量化计量是进行定价测算的关键。银行可以采取客户综合价值得分单维化的方式进行计算。综合价值得分 =（EVA 得分 +RAROC 得分）×60% + 忠诚度得分 ×20% + 潜在价值得分 ×20%。其中，客户 EVA 和 RAROC 的得分可以采用内插法，转化为 0～100 的得分，按照此方法，同一指标下，最好的客户得 100 分，最差的客户得 0 分，其他客户得分在 0 与 100 之间。对客户进行差异化定价的步骤如下。

第一步：将客户规模较小、客户的综合贡献较小、违约客户和认定的其他需要过滤掉的客户过滤。

第二步：一般依据客户规模、客户的性质以及客户是否有贷款账户进行组合分池。

第三步：考虑客户综合贡献度、忠诚度和潜在价值进行客户分层。

另外，对银行的客户综合价值分层定价还需要考虑地区环境得分（综合考虑地区经济发展情况、同业竞争情况、业务战略规划等，对银行各分行打分），并根据总行资产负债部及产品管理部相关产品定价要求，考虑产品运营策略、资金成本等，确定最终客户产品差异化定价结果。对于普通客户，银行提供的是支付结算、存款、现金管理账户等支付结算类服务和贸易融资类产品（贷款、保函、信用证等），定价策略和机制可以基于统一的对公业务价目表和统一折扣管理制订，目标适用客群包括中小型企业客户，该客群议价能力不强、业务需求较为一致、规模中等偏小；对于重点客户，银行提供的产品包括资本市场类（外汇及衍生品等）专业度更高的产品，并配置专属的客户经理或客户经理团队，定价策略和机制是一对一账户规划及定制化收费方案，目标适用客群包括集团客户或跨国企业，该客群议价能力强、业务需求大、业务规模巨大。

在积累更多的客户价格、销售量、市场竞争对手等数据后，金融机构可以基于大量的数据分析不同客户对产品价格的敏感性，以及基于相对于市场的定价水平，建立产品定价的敏感度分析，评估银行当前各类产品的定价合理性，对业务部门提出相关的产品定价调整建议。此类分析的主要目标是协助金融机构获取客户回报最大化的最佳定价水平。

如何通过客群经营分析，
制订精细化客群运营策略

在对客户标识、客户洞察、客户渠道、客户定价等内容进行分析后，银行需要进行客群细分，选择适当的营销商机进行产品和权益的配置，从而建立精细化客群运营策略，完成客户价值提升。银行还需要基于经验和数据分析，对客群、产品、营销时机等要素进行更加细化的策略设计。某领先股份制银行的精细化客群经营多维度策略如图 2-5 所示，**根据客户所属群体（X 轴）、所处生命周期（Y 轴），结合产品大类（Z 轴），形成针对不同客户的产品组合**。结合客群、客户生命周期、产品大类，利用资产配置模型为客户配置产品，并形成产品组合包。一线人员可利用此模型及产品组合包为客户配置资产，以实现快速、精准的营销。具体步骤包括：首先，依据标准普尔家庭资产配置象限图，通过 X 轴与 Z 轴的组合，形成**针对某一客群的推荐产品组合包**；其次，依据客户所处生命周期、营销目的、考核指标等因素，通过 Y 轴与 Z 轴的组合，形成**每一客户生命周期的产品建议包**；最后，通过 X 轴、Y 轴、Z 轴的三维组合，形成 **14 类客群 – 生命周期的 5 个阶段的产品配置清单**。例如，对于经常出差的商旅人士，**40% 资产配置建议是保障类保险产品，涵盖高额意外伤害、意外医疗、交通工具保障等，10% 资产投放于现金类产品，确保资产具有一定的流动性，40% 投放于理财替代型基金产品，具有相对较低的风险和稳定的回报**，为投资组合带来稳定的现金流，其余份额可进行个性化的投资；对于潜客提升期的商旅人士，针对性的产品还包括含有机场贵宾厅权益及紧急拖车服务、免费租车等商旅权益的信用卡或者商旅、出行专属的权益。

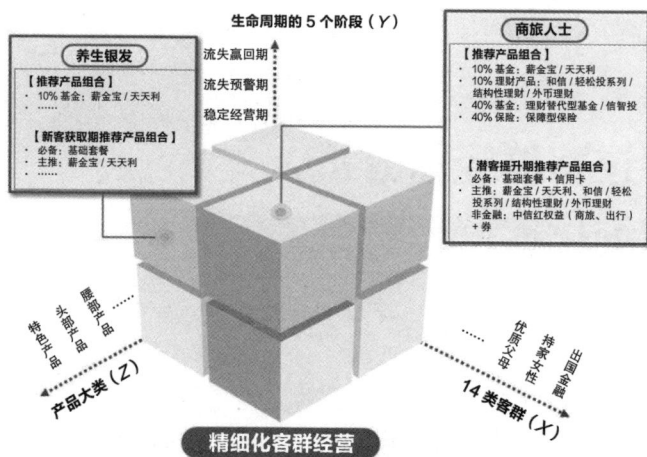

图 2-5　精细化客群经营多维度策略

在数字化客群运营的过程中，银行需要不断地通过运营策略将潜在客户和新客户变为激活客户，将沉睡客户和流失客户重新激活，将衰退客户往成熟客户迁移。这些是客户运营的大方向和最终实现目标。在客户生命周期的不同阶段，银行要解决不同的问题，定义不同的阶段性运营目标。例如，在早期，如何有效衡量获客效率，如何正确转化客户；在中期，如何把新客户和激活客户培养成高价值客户，如何延长高价值客户的生命周期，如何挖掘 LTV（生命周期总价值）；在后期，如果一个客户已经沉睡或者流失，该如何去唤醒、怎么去召回。针对这些问题，可制订对应的运营策略，例如在培养高价值客户时，采用渠道联动、交叉销售等运营策略。

以下通过某家股份制银行的具体案例来说明通过精细化的运营策略提升客户价值的方法。

【案例分析】

某银行个人信贷客群的客户全生命周期管理及精细化运营策略

个人信贷客群指在银行有个人信贷或存续期个人信贷的客户。银行个人信贷客群包括个人消费者和个人经营者，从信贷业务属性来看，该类客户群体属于资质较好的客群，在消费能力、资产水平、个人能力等方面，皆处于中上游水平，因而是各家银行深度挖掘的重点客群之一。以房贷客群为例，该银行以新购房目标客户和存量房贷客户为银行主要服务和拓展对象，按照客户的阶段性、个性化需求对产品进行分类管理，以更好地维护银行的房贷客户，增强客户黏性，提高房贷客户在本行的金融资产，使其成为全面关系客户。

站在全局的视角来看客户的精细化运营，该银行对个人信贷客户的精细化运营细化到了客户全生命周期的各个阶段以及各阶段的关键运营节点，并针对性地制订各阶段的精准营销名单、精准营销策略、客户经营指引以及提供相关工具支撑。此外，精细化运营策略还包括针对事件制订的事件式营销策略。

基于客户生命周期的运营节点如图 2-6 所示。

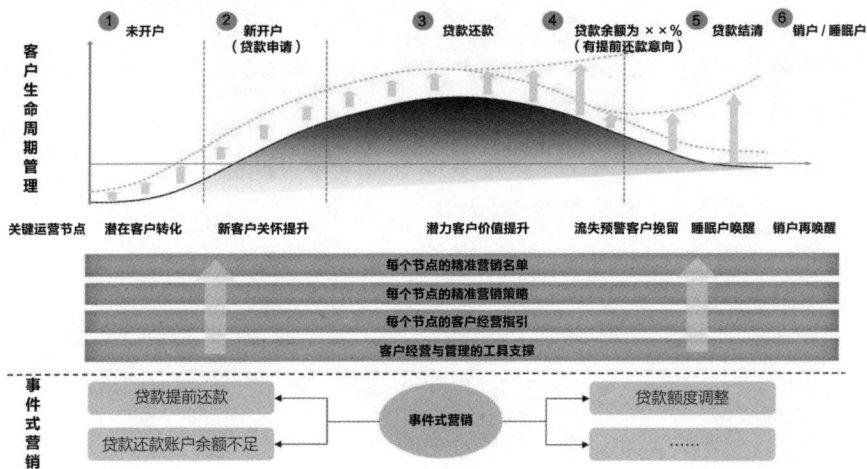

图 2-6　基于客户生命周期的运营节点

该银行针对客户生命周期的关键运营节点，针对个人信贷客户的全生命周期进行节点分析，有针对性地开展全面的分析挖掘与精准营销。精细化运营的总体策略思路如下。

（1）识别高价值客户成长路径，通过交易、服务、营销等手段影响潜力客户按照高价值客户成长路径发展。

（2）构建交叉销售模型并开展精准营销，提高交叉销售的成功率，实现客户综合收益的提升。

（3）建立客户提前还款或结清预测模型，防止客户流失，提升客户全生命周期价值。

基于前期的客群分析和总体策略制订，该银行制订的个人信贷客户全生命周期运营策略如下。

（1）在未开户阶段，潜在客户转化是关键运营节点。

①客户运营策略：银行搭建个人信贷客户获客渠道；收集客户信息；挖掘客户需求和匹配产品。

②重点推荐产品和服务：个人信贷产品中的综合消费贷款、汽车贷款、个人经营贷款和房贷；利率议价。

（2）在新开户（贷款申请）阶段，通过新客户关怀提升价值是关键运营节点。

①客户运营策略：按照零售新开户客户关怀营销策略和标准步骤进行新客户营销；交叉销售前置，一次申请，全部开通。

②重点推荐产品和服务：指定借记卡、网银、手机银行、信用卡及借贷关联（按照房贷审批情况直接核准额度）、薪金宝、存贷宝等。

（3）在贷款还款阶段，进行交叉销售或者事件式营销提升潜力客户价值是关键运营节点。

①客户运营策略：总行研究客户意愿模型；在精准营销节点（例如大额资金进出等）进行客户营销。

②重点推荐产品和服务：保险中的财险、意外险、医疗险、寿险、房贷综合险、借贷人意外险，理财，薪金宝，基金及基金定投。

（4）在贷款余额为××%（有提前还款意向）阶段，挽留出现流失预警的客户是关键运营节点。

①客户运营策略：总行研究贷款提前还款预测模型；总行提前下发名单；分支行联系客户，团队营销。

②重点推荐产品和服务：增利宝、智慧账户、理财产品、大额存单、增值服务。

（5）在贷款结清阶段，进行睡眠户唤醒是关键运营节点。

①客户运营策略：持续跟进零售产品营销、重新整理客户信息，挖掘客

户潜在需求、匹配未开通产品。

②重点推荐产品和服务：基金定投、智慧账户、理财产品、大额存单、增值服务。

（6）在销户／睡眠户阶段，进行销户再唤醒是关键运营节点。

①客户运营策略：银行总行研究销户客户赢回模型、挖掘有挽回可能的客户、客户满意度调查。

②重点推荐产品和服务：指定借记卡、网银、手机银行、增利宝、薪金宝、信用卡及借贷关联。

活动运营和内容运营

　　活动运营主要包括金融机构常态化的主动服务（基于客户生命周期重要时点的主动服务，新产品或服务的信息通知等）、日历周期的服务（节假日问候、客户生日问候等）、基于客户关键行为时刻的主动服务（核心客户旅程断点、活动参与断点等）等内容。

　　内容运营则是银行等金融机构在不同的运营阶段（售前、售中、售后），针对不同的运营场景（新手登录、开户断点、优质咨询、客户回访等）制订不同的运营内容模板。例如，在售前阶段，内容运营模板包括新客户流量承接与信息收集运营模板、老客户的触达与召回、品牌与认知提升等；在售中阶段，内容运营模板包括提高客户购买效率、推介产品、提升客户旅程满意度；在售后阶段，内容运营模板包括增加客户持仓时长、提升客户满意度、提升客户忠诚度等。下面以某股份制银行为例来说明如何开展活动运营和内容运营。

1. 基于客户生命周期的活动运营和内容运营框架

　　该银行基于银行的运营目标、客户核心路径、运营的核心价值引导、数据验证的核心运营点、业务经验的活动运营点、回访和黏性钩子六个维度，搭建基于客户生命周期的银行活动运营和内容运营框架。

　　（1）新客获取期。

　　在该阶段，银行的运营目标是客户留存和价值传递，客户核心路径是下载银行 App 并打开推送，运营的核心价值引导是让客户开始使用银行 App 的核心功能等，数据验证的活动运营点是引导客户在银行 App 上进行注册，业务经验的活动运营点是让客户注意开户入口,回访和黏性钩子为默认签到。

　　（2）潜客提升期。

　　在该阶段，银行的运营目标是习惯养成和留存回访稳定，客户核心路径是吸引回访和吸引持续使用银行 App，运营的核心价值引导是让客户强化核心功能使用以及深度功能推荐等，数据验证的活动运营点是促使客户浏览银行 App 的内容并参与社区互动，业务经验的活动运营点是周期性和个性化地向客户进行推送，回访和黏性钩子为签到和完成客户任务、提升客户等级和规划成长路径。

（3）稳定经营期。

在该阶段，银行的运营目标是延长客户的生命周期、提升客户活跃度、提高创收，客户核心路径是生命周期时间和事件的触达以及重要页面导流，运营的核心价值引导是让银行高价值客户试用、开展产品营销等，数据验证的活动运营点在银行 App 上的各种"比赛排行榜"和"Banner 入口"，业务经验的活动运营点在银行 App 上的"按节日推荐内容""个性化专属推荐""交叉销售"，回访和黏性钩子为增值服务。

2. 建立更加精细化、更有针对性的运营提升策略

银行等金融机构的活动运营和内容运营还需要细化落地到业务条线或者产品条线，才能建立精细化的运营策略，从而进一步提升活动运营和内容运营的效果。该银行制订了运营线和客户线的双维度运营活动规划，如图 2-7 所示。在 App 等多渠道上针对不同的产品类型（包括咨询、行情、推荐优选、沪深指数、港股、基金、衍生品、贵金属等产品），在客户旅程即客户线的重点环节（客户获取、客户握手协议、当日激活、次日留存、使用习惯建立、使用维持、流失挽回、沉睡客户激活）确定该产品类型提升客户价值的关键运营节点，制订更具针对性的运营策略。银行针对每条运营线都可以做独立的客户生命周期（拉新—促活—留存—付费—推荐）和客户价值的二次拆解，从而建立更加精细化、更有针对性的运营提升策略。

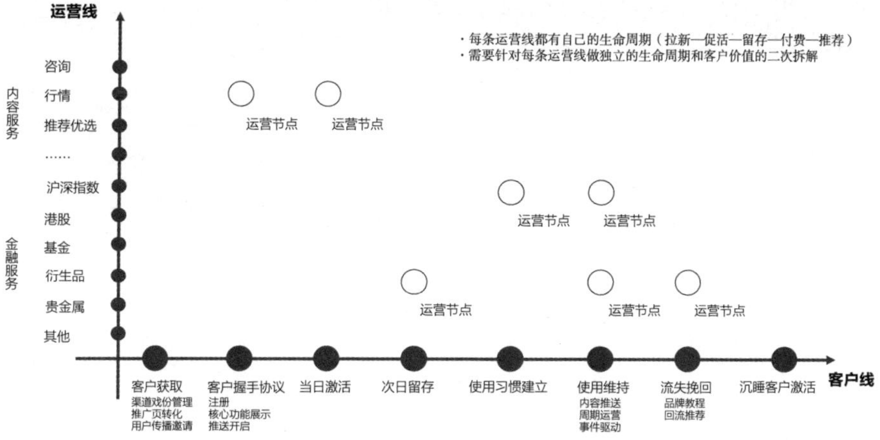

图 2-7　运营线和客户线的双维度运营活动规划

【案例分析】

某财富金融机构基于线上客户旅程制订的差异化活动运营和内容运营策略库

该金融机构针对不同客户旅程场景及关键运营节点制订了活动运营和内容运营的策略库，包括运营策略、权益、触点和内容素材，如表2-1所示。

表2-1　活动运营和内容运营的策略库

客户旅程场景及关键运营节点	运营策略	权益	触点	内容素材
今日激活App但未完成手机号注册	定向呈现新手礼包	新客专属理财	短信	新人福利！完成注册即有享受投资大礼包的机会……（跳转手机验证页面即注册登录）
承购添加自选股但未体验过模拟炒股功能的客户	添加自选股成功时引导客户体验模拟炒股功能	200积分奖励	弹窗	恭喜您成功添加自选股，现在体验模拟炒股功能即可获得200积分……（弹窗图片素材）
开始开户视频认证后30分钟未提交认证视频	提醒客户完成视频认证	新客福利	短信	视频认证环节注意事项：请您注意衣着整齐，在环境安静、光线充足的情况下进行视频认证，点击×××继续开户，领取新手大礼包
后台审核通过后10分钟内没有完成电话回访	及时告知客户进度，缓解其等待情绪	进度提醒	短信	客服人员正在加急处理您的开户资料，请耐心等待客服电话回访，同时请查看手机是否设置拦截。点击×××查询开户进展，新客即享新季大礼包。股市有风险，投资需谨慎
过去2天内完成开户，但未进行资金账号登录	引导客户登录资金账号	新客福利	短信	登录资金账号，开启投资理财第一步，快来领取属于您的新客专享福利吧
开户后第二个工作日仍未启动App	工作日上午提醒客户使用产品	投教服务	推送	点击立即查看投教服务咨询
……	……	……	……	……

实践：基于数据分析的
网金客群运营策略和实施

　　某银行网金客户基数大，其客户数量已达千万级，客户规模的优势有待深挖，具有带动业务资产规模扩大的内在动力，但该银行对客户的识别还是较为传统的资产分层维度，分类较为粗糙，需要建立价值贡献、精准营销、客户偏好等多维度客户分层体系，从而支持对网金客群的精细化运营。精细化运营的动因还在于该银行目前营销活动资源有限，需对重点客群进行更加精细化的营销。在营销资源有限的情况下，很难全面投入营销资源，但针对海量客户的营销具有重要的价值，因此客户识别显得比较重要。例如，对重要的高价值可投资客户进行防流失营销专项工作，对结算类高价值客群进行促投资理财营销工作等。

　　该银行同业目前非常重视客户分层分群经营，运用数据挖掘技术，充分细分客户，为差异化的产品服务、权益配置和精准营销提供支持依据，客户经营竞争非常激烈。该银行通过数据分析挖掘，建立一套网金客群分层体系，充分识别客群特征，同时选择重点营销场景进行客群精准营销落地实践，充分挖掘网金客户的价值。首先，基于重点客群基本面分析、重点客群营销策略原则设计、重点客群营销落地建议，以及营销客群概念验证及活动复盘，建立重点客群营销活动策略方案。其次，通过重点场景需求分析、重点场景数据挖掘分析，完成分群客群模型数据库表设计，建立基于重点场景的分群模型。最后，通过现状访谈和关键问题分析、分层数据调研、重点业务流程分析、网金客群整体分层规划，完成网金客群分层体系规划。

　　该银行网金客群数量已经达到 5 000 万，根据客户业务特征，主要分为以下三类客群。

　　（1）网贷客群：申请过网贷的客户，客户基数较大，资产贡献较小，而且多来自第三方渠道，触达链路长。

（2）结算客群：仅持有Ⅱ类电子账户且从未发生投资交易的客户，客户占比大，资产多为活期余额，账户主要进行日常消费，该部分客群是具有潜在价值的客群，可引导转化为投资客群。

（3）财富客群：仅持有Ⅱ类电子账户且有过投资交易的客户，客户占比小，资产贡献较大，该部分客群中不乏持续投资潜力客群，可设计持续长期运营策略促进其复购。

网金结算客群的运营方案

1. 总体方案

该银行建立了网金结算客群首投-潜力意愿模型总体方案：结合网金业务实践中对长尾客群营销维护的痛点，从客群分层、分群营销等方面应用模型，充分挖掘网金结算客户中的高价值客户进行投资转化，针对筛选出的客户进行一一细分，制订相应的营销策略，开展精准营销，提升客户在银行的资产贡献。

从现状来看，电子账户主要被用于日常消费、生活缴费和理财投资交易。不少银行现有网金客群有消费行为，但未进行投资。银行需要深入分析海量的消费信息，从消费信息中找到具有投资潜力的客户，促进其投资理财。

在业务思路方面，从资产的视角来看，具有消费能力的客户的资产水平相对较高，故结算客群中不乏高消费、高频次的优质客户，也有潜在的有房有车人群、商旅人群、他行高端持卡人群等潜在有资产的人群。

从实施路径来看，该银行通过数据挖掘模型，分析消费场景、消费金额、消费频次找到潜在客户，对潜在客户进行分群，并制订相应策略进行运营，提升客群投资意愿，提升客户资产贡献。

从建模思路上看，提升网金客户价值的重要目标是找到具备投资潜力的客户，方法是通过建立数据挖掘模型，识别高价值的潜力投资客户，具体包括全面分析客户的交易、行为、外部相关数据和指标，利用客户资产提升特征来预测下一观察期客户价值是否会提升，将潜在资产高和投资意愿高的客户输出为高资产高价值客户。

2．关键业务方案

通过挖掘分析网金客户交易流水中的消费信息，该银行从资产能力（消费水平＋潜在资产）、投资意愿两大维度来识别潜在高价值投资客户，找到具有潜在资产且具备投资意愿的客户。除了交易流水，客户的行为数据、签约数据都是银行分析的数据来源。例如，对客群消费水平的分析可以基于客户在第三方平台的投资记录、大额消费记录、高端消费记录、商旅出行记录以及信用卡还款记录来分析；客户的潜在资产信息可以通过客户潜在有房（房贷还款记录）、潜在有车（车贷还款记录）、他行高端持卡记录来分析；客户的投资意愿将通过客户访问理财页面、签约理财风评的数据来分析。业务模型方案的目标是找到"三高一无"客户，即消费水平高、潜在资产高、投资意愿高、在该行无理财交易的客户。

基于消费场景可将消费流水分为快捷投资类、潜在有房类、汽车消费类、高端消费类、电商消费类、信用卡类等，通过查看数据（消费金额、消费次数、最大消费金额、平均消费金额等）对高价值客户进行分层（商旅客群消费分层、娱乐客群消费分层等），在这之后基于分层建立客群分类标签，识别潜力投资客户，设计差异化的营销策略（产品、权益、渠道和话术），最后基于营销策略进行客群触达。银行常见的潜在高价值客群分析如下。

（1）潜在资产分析。

对客户绑定的他行银行卡卡号进行高端卡银行标识代码（Bank Identification Number，BIN）匹配，识别出他行高端卡客户。

（2）投资意愿分析。

分析客户的手机银行理财签约和浏览行为数据，判断客户的理财投资意愿，有过相关理财签约未购买或浏览理财页面的客户可被定义为潜在高意愿投资客户。例如，临门投资客群为签约了理财，但还未购买理财的客群；理财兴趣客群为近几个月在手机银行浏览了投资理财类相关页面的客群；也有临门投资和理财兴趣客群交叉的客群等。

（3）结算客户分层体系分析。

通过建立挖掘模型，该银行针对全量结算客户，精确识别能登录手机银行的具有资产潜力和投资意愿的客户，用于精准营销。例如，高潜力高意愿客群是有明显投资意愿的客群，这类客群是潜在有房、有车、有他行高端卡和消费意愿较高的人群，营销策略优先等级最高，触达方法建议为人工外呼，为其推荐当前热门理财产品等。低潜力高意愿的客群是不具有潜在有房、有车、有他行高端卡和消费意愿较高等特征，但又有明显投资意愿的客群，对这类客群建议以远程外呼进行触达，推荐的产品为新人首投产品。高潜力低意愿的客群是具有潜在有房、有车、有他行高端卡和消费意愿较高等特征，但无明显投资意愿的客群，这类客群的触达方法首选营销短信，推荐的产品是理财加息券。低潜力低意愿客群即不具有潜在有房、有车、有他行高端卡和消费意愿较高等特征且无明显投资意愿的客群，这类客群通过弹窗进行触达，推荐产品为理财体验金。

该银行沉淀了十几类标签，如潜力消费标签、人群标签、他行高端卡标签、投资意愿人群标签等用于后续精准营销。例如，将高潜力消费标签分为潜力消费类（快捷投资类标签、汽车消费类标签、潜在有房标签、缴费充值标签、信用卡标签等）和高端卡类（高端卡客户标签）；在高意愿购买标签下细分理财意愿类（临门投资客群标签、理财兴趣客群标签等）。

3. 基于不同客群标签的潜力客群的差异化营销策略

基于分析的结果，该银行针对分层的潜力客群建立差异化营销策略。

高潜力高意愿客群。客群特征是具有较高消费潜力、行外有过投资、手机银行使用活跃。对这类客群的产品策略是推荐高收益、周期净值类理财以及优势基金类产品。建议活动策略为在渠道上通过人工外呼、短信等方式主动触达，在权益上采取大额投资礼，在营销活动中为其提供类似理财达人等专业类营销活动。这类客群作为优先经营的客群，运营目标为力推多元产品，促进客户资产配置。

低潜力高意愿客群。这类客群的特征是日常消费金额较低、签约过理财但未购买、近期浏览过理财产品。为这类客群主推稳健型理财产品、热销型理财产品。在活动策略上首选远程外呼、短信进行触达，在权益上选择理财体验金、收益加息，将特邀专属投资礼作为营销活动。这类客群为重点经营客群，运营目标是主推热销产品，帮助客户缩短决策时间。

高潜力低意愿客群。这类客群的特征为具有较高消费潜力、手机银行使用活跃，但近期并没有浏览该行理财产品。对这类客群的产品策略是主推周期类理财产品、现金管理类产品。活动策略在渠道上也是选择远程外呼、短信进行触达，在权益上选择话费、消费卡等，在营销活动上设计新客首投活动。这类客群属于重点维护客群，运营目标是促进首投。

低潜力低意愿客群。这类客群日常消费金额较低，暂时未与银行签约理财，近期未浏览理财产品。对这类客群主推现金类理财产品，选择弹窗和短信被动批量方式进行触达。权益多选择小额消费金，活动设计为活钱理财活动，对这类客群的运营策略是批量运营，实现常触达。

对于高潜促投资客群，可适配不同的产品、权益、渠道触达方式来吸引客户，促进其投资理财。例如，对汽车消费类客户，可配发加油卡；对商超、电商类客户，可赠送京东卡；对视频娱乐类客户，可赠送视频年卡会员等；对低潜促活客户，可通过手机银行生活服务、资讯服务、理财知识等内容增强客户品牌认知和黏性，为后续理财投资推荐提供触达通道。

4. 其他基于客群标签的营销策略

（1）快捷投资类客群。

这类客群已在其他平台有理财行为，银行可推荐热销产品引导客户进行投资。银行通常建议的活动或权益包括专属理财产品、收益加息、理财体验金、首次投资礼等，营销方式包括营销短信、App 推送，频率为每周一次。

（2）汽车消费类、潜在有房类客群。

这两类客群具有一定消费能力及资产，银行需要通过"资产提升 + 营销活动"组合进行营销，稳步提升客户价值。该银行建议的活动或权益包括"理财体验活动 + 推荐精选"。银行可按不同分层适配不同面额的加油卡，营销方式推荐营销短信和智能外呼。

（3）母婴人群类、商旅出行类、商超百货类、高端消费类客群。

这些类别客群有高频次消费行为和多样化消费场景，具备消费行为习惯，银行利用外部平台消费福利吸引该类人群并刺激其转化为自己的客户，推荐的营销活动和权益包括消费券等；鼓励客户领取商超、电商平台、外卖、影音视频网站、打车、美食餐饮等优惠券。活动期间，银行客户完成活动理财产品可继续领取消费权益以及商户优惠。营销方式包括营销短信和动账提醒等，其中，进行营销的时机包括消费后发送短信提醒或者每周一次主动触发等。

在进行客户的识别和分析后，该银行基于运营策略设计营销活动。例如，活动主题为"高潜力客群价值提升投资有礼活动"，对象为长三角地区高潜力客群，约定活动时间，触达渠道选择短信、远程外呼、人工电话营销等，邀请客户参加达标有礼等活动。该银行设计了特定的规则，例如，快捷首绑礼——持有Ⅱ类电子账户的客户，首次绑定支付宝或者微信，获得立减优惠及权益；首次投资礼——首次投资送话费（活动期间购买任意投资理财产品，金额达到设定门槛）；专属投资礼——对于商旅、商超、电商等标签客群的专属高潜特邀客户，活动期间购买指定的单笔理财大于等于特定金额，可以获得其他购物卡或音视频卡等权益。投放渠道为短信平台、远程外呼中心，监控指标为短信H5链接打开率、外呼电话接通成功率，活动效果将通过快捷支付签约人数、投资理财人数、潜力客群资产提升度等指标进行评估。

实践：数据驱动，
存量客群潜力挖掘

　　某银行在开门红期间，重点布局，全面运筹，采用基于价值的数据分析进行存量客群的潜力挖掘，重点提升存量客户的产品承接率和睡眠户激活成功率，降低客户资产流失率，有效地提升存量客户的余额，在短时间取得良好的营销效果，牵引全年的业务发展。

1. 目标客群

　　该银行制订的专项客群运营活动针对的是理财和定存的存量客群：对于上月理财或定存到期客户，主要考核指标为上月理财和定存到期客户承接率；对于历史理财或定存到期客户，主要考核指标为睡眠户激活成功率；对于理财或定存持有客户、即将到期客户，主要考核指标为定向理财或定存客户承接率；对于远期到期客户，主要考核指标为产品复购率。

2. 模型及关键步骤

　　模型设计及数据准备的关键步骤包括：业务理解（沟通了解理财和定存存量客群经营痛点）；分析理财和定存客群产品历史数据；收集并整理客户特征、单位特征、产品特征、交易特征等多维业务数据，并通过数据探索和处理，进行相关性分析；通过特征工程，识别统计类特征、业务经验衍生特征，以及选择适用特征；基于 K 均值聚类算法（K-Means Algorithm，KMA）等客户聚类分群进行客群细分，并按照细分的客群设计理财和定存细分产品的响应模型，确定目标变量值，并设计响应模型宽表；基于产品响应模型算法，进行模型调优，得到响应模型的预测得分；基于每一个客户的各类产品推荐的最终得分，匹配当前行业正在售卖的产品，或匹配每一类产品购买资格要求，按照最终有效产品推荐得分，为每一位客户选出最佳产品，输出客户的具体细分类型，并细分每一类客群所对应的最佳推荐产品。

　　在数据准备方面，该银行从客户的基本信息、手机银行行为偏好、金融产品偏好等角度考虑，并在做机器学习模型时加入了一些衍生变量，比如一些指标最大值、最小值，或转账收入次数等，这属于不同时间窗口的衍生变量。该银行不断地丰富特征工程，在此基础上做机器学习。在后续方案持续迭代优化后，该银行将得到更好的预测效果。

客群洞察和分层分类

1. 客户分层

该银行的客户分层分类分为战略和战术层面。战略层面基于相对稳定的客户进行细分，且细分群体具有战略制订意义，面向战略规划、运营模式和战略目标，也会考虑战术层面针对营销的配套组织人员策略、营销策略、服务策略，以及营销效果和反馈。战术层面针对短期灵活的业务目标进行细分，针对特定营销活动，支持策略层为特定客户群体设计特定的产品、合适的渠道和营销方式，涵盖产品、价格、渠道和促销策略，并协助执行层真正了解客户是谁、在哪里、需求是什么、如何触达、以何种方式达成交易。战术层面客户分层会以战略层面细分的组织人员、营销策略、服务策略为指导，结合特定营销活动进行。

举例说明，在常见的客户分层分类的 RFM 价值模型（The Recency Frequency Monetary Value Model）基础上，银行需要结合实际运营对模型进行改进。第一是除了考虑到期金额，还要综合考虑客户的整体 AUM；第二是考虑其他因素，例如，最近到期或即将到期的客户都为重要营销客户，先留客，再通过产品和服务的加持，不断扩大客户资产规模。

同时，该银行也需要注意，RFM 价值模型要与场景相结合。如果是理财或定存的特定产品营销，是产品找人，银行可从单个产品的 RFM 价值模型来分层分类；如果是开门红的场景，是人找产品，银行可从客户全量 AUM 和客户层面的 RFM 价值模型来分层分类，在此基础上做产品响应模型或协同过滤模型。

2. 客户细分

该银行的存量客户细分要解决的几个核心问题：哪些是重要营销客户；哪些沉睡客户需要重点唤醒；哪些流失客户需要重点召回；在时间、资源有限的前提下，如何合理分配；哪些是优先级较高的客群。

以银行开门红期间的理财到期存量客户为例，根据到期时间和到期金额，结合 AUM，区分优先级。按照业务运营的逻辑确定营销的优先级，最近到期或者即将到期的优先级比较高，资产越高的，优先级越高。例如，重要的营销客户是最近 1 个月刚到期的客户，重要唤回客户是到期时间为 2 ~ 12 个月的客户，深度睡眠客户是到期时间在 1 年以上的客户。

对于理财持有客户，银行将其细分为即将到期客户（理财下月到期客户）、中短期到期客户（到期时间还有 2 ~ 4 个月的客户）、较长期到期客户（到期时间还有 5 个月及 5 个月以上的客户）、开放式理财客户。

做完客户细分之后，要对每一类客群做画像，尽可能全面了解客户，以便为客户提供个性化的服务。产品推荐策略可以通过产品响应模型，为每个客户输出最佳产品。

制订客群运营策略

银行设计的运营策略内容包括应该选什么样的客群，什么时候触发它，适配的产品和权益是什么，选什么样的素材，选哪些渠道，评估准则和触发规则是什么等。在执行层面，包括线上和线下怎么执行，过程怎么监测，结果怎么评估。到不断迭代阶段，每一个环节都要进行全面的设计、梳理。

该银行在存量客群运营策略设计过程中充分利用了线上和线下的触达渠道，量身定制触达内容。尤其是在开门红期间提供专有产品和进行活动亮点优先提炼，针对每一类开门红客群进行各个渠道的流程和触达方式、触达内容、策略话术、推荐产品的设计和梳理。制订开门红营销流程有几个关键点，比如，在开门红期间，针对高资产、难召回的客户，依靠定制的特色产品作为接触和营销的抓手，根据流动性推荐短、中、长期的产品，对客户采用短信预热、活动激励、电话访问加微信到客户分类、标签管理、微信互动等触达方式。对于低资产的客户，采用批量营销的方式。对于重要营销客户（到期时间还有 1 个月的客户），选择线下网点沙龙活动、面访互动（网点）、电话营销、线上 App 权益活动激励、批量产品营销短信和短信互动等方式触达客户，推荐产品考虑优质的行内主推产品、净值型理财等产品，在存量客群激活运营策略上让客户先进行小金额试水，与银行先形成交易关系，后续持续跟进加仓。

总之，针对不同的存量客群、不同的场景，该银行对每一类细分客户都要做流程化的整体营销设计。

客群运营策略执行落地、管控与评价

1.执行落地、管控

银行存量客群运营策略执行落地环节，要注意银行的目标是及时监测评估效果，建立完善的指标体系。

以往很多存量客群运营策略可能重点关注结果类的指标，如业务财务类、规模类、管理类、结构类的指标；但往往缺少过程类的指标，如专项营销期间每天的理财交易金额，理财客户的承接率、有效接通率等。该银行除了设定了结果类指标，也选择通过对过程类指标做每日复盘，不断改进整体的营销策略设计。实践证明这是非常关键的。

例如，该银行要监测从销售线索生成、客户补充、需求分析，到客户购买，再到维系客户这一过程，各环节的重点指标都要监测。在这个过程中，不论是线索的使用率、客户触达率、有效接通率、服务转化率还是客户的留存率等，该银行都要及时洞察其表现趋势，及时诊断出每个环节出现的各种问题，能够利用数据洞察的结果进行有效的营销牵引。这个过程中要支持跨渠道的营销线索共享、信息反馈完善、了解客户（Know Your Customer，KYC）规则、修正客户沟通偏好、修正客户产品偏好、优化营销线索。

同样，存量客群运营策略针对线上也需要设定营销目标，在具体的营销场景关注如注册绑卡交易、客户浏览活动等特定的关键指标。银行需要根据最终的营销目标关注核心指标，通过关注核心指标的变化，及时进行营销指引和营销策略的改进。

2.评价

对银行整体存量客群运营营销效果的评估，也需要营销数据最终能够回流到模型进行反馈，从而对模型进行优化。该银行采用两种方式进行对比，第一种是按照营销和不营销两种方式进行对比；第二种是将使用模型的结果和不使用模型的结果进行对比，将模型评分选出的客群作为目标组，该银行将持续观察这部分客群在参与营销活动时的价值提升情况。

客户运营：塑造卓越体验的客户旅程

找到自我的最佳方式是在为他人服务中迷失自我。

——圣雄甘地

为什么客户旅程如此重要

金融机构正在经历重大变革，在变革中其需要真正以客户为中心，把客户放在一个更重要的位置，把追求客户体验作为组织的核心目标。为什么客户体验如此重要？在一个客户体验的调研报告里面有如下内容。

（1）因为服务糟糕，53%的消费者会放弃已经计划好的购买或者交易。

（2）如果购买流程太麻烦，74%的消费者非常可能转而选择其他品牌。

（3）49%的消费者表示目前的企业提供了良好的个人体验。

（4）消费者假如遭遇了糟糕的服务，会向大约15人讲述该经历。

这些数据让每一位金融机构的管理者无法忽视客户体验的重要性。缺乏合适的客户体验管理会给金融机构带来损失，包括直接和间接的损失。因此，建立统一的客户体验管理体系，在当前金融机构以"客户为中心"的转型背景下显得尤为重要。建立该体系的挑战在于金融机构内部部门的竖井已越来越难以满足客户的综合化服务需求，客户体验管理不能再由相关业务部门在单条线或者渠道范围内独立进行。因为当金融机构真正以端到端的视角来审视客户旅程以及影响体验的间接或者直接触点时，就会发现现在的客户旅程往往会跨越多渠道、多条线。此外，单渠道并不能全面涵盖金融机构的客群。例如，金融机构的线上渠道管理部门仅仅优化的是线上渠道客户（多半是因为这些渠道客户行为数据相对容易获得）旅程体验；线上渠道管理部门往往也无法涵盖金融机构众多其他年龄段客群，例如，数量众多的银发客群。管理层应该意识到，如果还是坚持传统的竖井式的客户体验管理方式，这将离金融机构宣称的"以客户为中心"的战略愿景和"客户最佳体验"的战略目标相差甚远。因此，建立统一的客户体验管理体系虽然挑战不小，但战略意义重大。

随着市场竞争的加剧、客户行为演变以及金融科技的发展，以客户为中心、持续改善客户体验已经成为金融机构管理层重点关注的战略性目标。不同于以往的管理变革，现在金融机构所强调的客户体验优化是以端到端的客户旅程为视角，以数据分析为手段，将客户体验作为出发点和落脚点进行流程改善的新方法，管理层的目标是让经营精细化贯彻客户旅程周期的各个环节，让客户体验提升成为金融机构突破传统增长模式、获得变革新动能、提升客户价值的重要手段。例如，通过覆盖多渠道的客户体验转型工作的计划和实施，推动银行的业务运营模式的优化和客户服务提升。对银行来说，客户旅程体验管理涉及线上渠道和线下渠道，线上渠道客户旅程体验优化往往由网络金融部或数字金融部这类银行部门来牵头，而物理网点等线下渠道的客户旅程体验提升则由银行运营管理部等负责渠道的部门来主导，相关总行各个部门、信用卡中心和分行共同参与。与高度线上化的业务流程相比，线下线上多渠道协同场景的客户旅程体验往往会面临许多挑战，如线上线下多渠道协同的流程偏长容易造成客户体验不一致，线下渠道客户旅程触点难以有效获取体验数据，线下渠道客户旅程体验信息采集手段单一，线下渠道缺乏足够的数据来进行客户画像和客户偏好分析，等等。今天的银行等金融机构需要克服这些挑战，让不同客群的客户体验获得质的跃升。

客户旅程管理变得更加复杂

客户旅程体验体系的建设是金融机构的战略性举措。在客户体验战略、客户体验管理组织架构和职责、客户价值分层分类、多层次客户旅程体系、客户体验指标体系、客户体验数字化平台等多个领域中，客户旅程管理是提升金融机构客户旅程体验的重要抓手。

数字化转型让金融机构快速拓展与客户的数字化触点和交付渠道，客户旅程中的客户与金融机构的触点在急剧增加，客户与金融机构交付的渠道也从原来的单一触点变得更加多维化、多元化，给银行带来更多的挑战。客户行为的随机性和不确定性也在增加，客户需要经历多个触点才有可能形成最终的消费行为，客户对金融机构的满意度和感知并不是简单线性的触点累加，多个触点会不断放大单个触点的体验缺陷。另外，金融机构的不少部门之间处于割裂状态，不同部门负责不同的客户触点。这种模式阻碍了金融机构在整个客户服务过程中提供流畅的跨部门、多触点体验，造成了触点之间的体验割裂，最终影响客户的整体体验。在上述挑战下，金融机构开始从追求单一客户服务交付触点的用户感知体验（UX）转向更加注重覆盖整体客户旅程的客户整体体验（CX），单一触点上的体验追求的是效率，而多触点的体验关注的是客户交互的自然和流畅。

通过客户旅程分析
对客户体验进行改善和提升

什么是客户旅程分析

　　什么是客户旅程分析？客户旅程分析是实现客户体验提升的重要方法。客户旅程包含一整套针对特定活动的互动，并从客户视角出发，力求实现整个端到端旅程的精简、高效、一致和定制化。通过解决客户的关键问题，金融机构可从前端到后端重新设计自己的核心旅程，发现新的机会，采用不同的方式使客户满意，应用新的智能技术并不断改进，从而建立一个可扩展的、灵活的客户旅程优化机制。客户旅程分析方法的优势在于打破了部门之间的割裂状态，将分散的意见收集起来，帮助金融机构建立通用的语言和目标，不断提升金融机构客户服务能力；客户旅程分析有利于提升金融机构对客户的共情能力，推动金融机构向"以客户为中心"战略方向进行转型；客户旅程分析方法有利于金融机构筛选出真正和客户有关的流程改变步骤和管理变革，最终驱动金融机构可持续成长。典型的客户旅程优化工作步骤如图 3-1 所示。

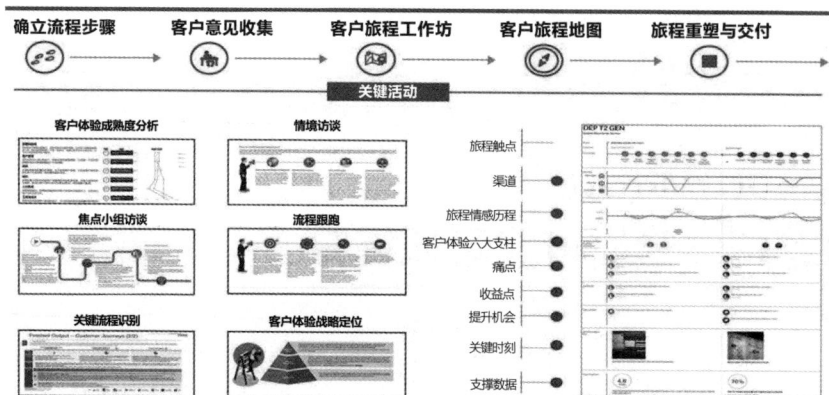

图 3-1　客户旅程优化工作步骤

由图 3-1 可知，在客户旅程优化工作步骤中，一般情况下，金融机构的相关团队将工作分为五个步骤：通过确立流程步骤来识别关键业务环境；通过客户意见收集来发现当前客户旅程的痛点和问题；通过客户旅程工作坊进行头脑风暴来收集多方反馈，并就客户旅程的痛点和问题达成一致；通过绘制客户旅程地图来获得金融机构客户体验全景；通过旅程重塑与交付来实现客户体验改善和提升。金融机构常常采用多种方法和多种形式的关键活动来实施这些步骤，包括通过焦点小组访谈、情境访谈、流程跟跑来客观地了解客户旅程现状，通过客户体验成熟度分析来识别差距，通过客户体验战略定位来梳理金融机构在客户体验战略的三层次（愿景、蓝图、服务建议）等。

客户旅程优化工作的主要成果是图 3-1 的右侧部分：客户旅程地图包含客户旅程的多层信息，包括客户旅程触点说明、客户旅程所在渠道、客户情感历程、客户体验六大支柱、客户体验痛点分析、收益点说明、客户旅程提升机会、客户体验关键时刻、真实客户旅程场景、数据支撑。

绘制客户旅程的方法

以银行为例，绘制客户旅程和过往的流程梳理方法的不同之处在于以下几点。

1. 真正洞察客户

客户旅程强调从客户洞察和体验的视角来梳理服务流程，真正的客户见解是无价的，因为这些见解代表了客户的真实想法。这些可能是旅程地图中非常有价值的信息。有许多方法可以收集真实的客户见解。

（1）**实时旅程捕捉**，移动应用程序有助于客户记录他们的体验，并可用于对客户上传的视频、照片和音频内容进行分析。

（2）**传统的市场调查方法**，包括调查、访谈等。

（3）**客户情绪分析**，例如，银行通过客户在社交媒体上或投诉时发布的评论的关键词进行情绪分析。

2. 第一人称观察

银行通过客户旅程开展观察之旅可以获得第一人称的见解。这类似于研讨会期间的流程跟跑。银行在组织客户旅程的观察之旅时，记录遇到的所有客户视角下的痛点、收益点和机会。银行还可以用照片来分析痛点和收益点。在上传这些照片时给它们贴上标签，这样就可以很容易地识别出哪些照片与具体的旅程地图相关。除了为旅程地图提供有用的内容来源，观察之旅也是更好地了解旅程的重要方式，并为即将到来的研讨会提供背景资料。

3. 数据分析和采用多方视角

客户旅程**支持性数据**可以是为客户旅程地图中的内容提供附加证据的任何相关信息。这些信息是客户旅程地图中重要的数据支撑和未来改进方案的来源。采用研讨会等方式获得多方视角的流程分析是一种有效的方法，可以从经常接触客户或负责其部分旅程的人员那里获得对客户旅程的见解。在银行看来，客户旅程是一种能有效鼓励银行各个业务领域团队多方参与的协同工具，也是促使所有业务领域的人员跳出日常角色，开始思考他们的行为如何影响客户体验的重要方式。

银行需要通过不同的方式收集客户的观点，观点收集对支持对当前客户体验、客户旅程、客户体验策略、客户价值主张和客群细分的深入理解至关重要。确保结论不是基于"预感"和"由内而外"的假设，而是基于客户的实证数据。观点收集提供了一个证据基础，使组织能够识别关键的客户问题，并找到大幅提升客户体验的机会。

在工作中，银行往往会挑选对具体流程体验较多的客户进行焦点访谈，细致地询问流程体验，与该客户在相似流程的体验进行比较，了解客户的理想流程。总结归纳客户在体验流程时的痛点和未被满足的需求，对重点优化流程进行流程跟跑，在真实业务场景沉浸式交互体验，寻找有银行流程优化经验、对运营改善有研究的相关专家做访谈，从中后台操作角度，理解对标立项流程实现路径，以及客户痛点的满足方法。客户体验调研的成果包括客户旅程洞察报告、数据日志、用于填充客户旅程地图的调查结果、战略、客户细分、客户画像、关键过程和流程冗余环节的驱动因素分析、专家访谈报告等。

常见的客户旅程体验优化的工作方法

金融机构常见客户旅程体验优化的工作方法包括：焦点小组访谈（见图3-2）、情境访谈、流程跟跑、客户自我反馈收集、客户旅程成本效益分析、客户旅程敏捷工作坊、客户旅程地图绘制。

1.焦点小组访谈

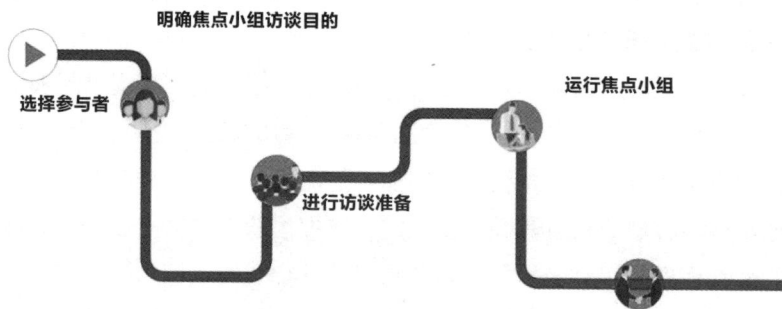

图3-2　焦点小组访谈

由图3-2可知，银行组织焦点小组进行客户旅程现状访谈的工作内容包括选择参与者，明确焦点小组访谈目的，进行访谈准备以及运行焦点小组。

（1）选择参与者。成功运作焦点小组的第一步是确保有合适的人参与其中。因此，要考虑以下几点：客户分层与客户画像、人口学特征和观点、参与热情和意愿。除了要选择正确的参与者类型，保证恰当的参与人数同样至关重要。焦点小组的人数不超过 12 人，这样才能确保主题的聚焦和参与的高效。

（2）明确焦点小组访谈目的。潜在的考虑因素可能是尝试了解客户对以下方面的意见：银行总体情况、产品情况、正在开发中的新产品或服务、痛点或者收益点、竞争产品或服务和其他市场趋势。

（3）进行访谈准备。试图在一个房间里保持所有参与者的注意力集中是一个挑战，确保外在环境能够保证高度参与和提供支持至关重要。考虑因素应包括：提前预订一个房间，让参与者知道去哪里；预订一个足够容纳所有参与者的房间；准备好材料，并提前将准备好的材料发送给参与者。

（4）运行焦点小组。以下方面将有助于确保访谈顺利、高效地运行：保持问题和讨论点简单明了；确保参与者了解时间安排，并尽可能按计划的时间安排进行访谈；使用视觉辅助工具，让访谈更加聚焦；在适当的地方使用道具和产品，帮助参与者回忆以前的经历。

2. 情境访谈

焦点小组可以通过进行情境访谈，获得客户对服务的见解。情境访谈中可就服务体验提出一组特定的问题，一般情况下，参与者在当下回答这些问题应该会比在传统的面试中回答这些问题产生更好的见解。

焦点小组在组织情境访谈时的第一步是明确具体研究问题，确定研究目的和研究目标，基于研究目标，撰写具体访谈提纲，确定研究结果的应用场景，例如，客户画像、客户旅程地图或系统地图等应用场景。第二步是确定参与者，根据研究问题，确定选择合适参与者的标准，除了参与者，还要考虑访谈时间和地点。焦点小组可以使用抽样技术来选择参与者。在参与者的招募中，焦点小组可以考虑招募内部专家或者外部专家。第三步是计划和准备，思考需要事先设定什么样的期望、如何开始和结束，以及计划在什么时候进行访谈，设计半结构性问卷，以便让访谈更具灵活性，确定访问人（是否跨部门参与），就如何记录访谈达成一致意见，并在必要时就录音、拍照或录制视频达成协议。第四步是进行访谈，使用情境语境，让参与者在情境中回答自己的问题。焦点小组应事先就访谈的分工达成一致，包括访问者、观察者和记录者等角色分工，帮助访谈高效、顺利地进行，在访谈过程中，尽可能记录无偏见的第一层次的原始数据，情境访谈的广度和深度因研究项目的目的而异。

3. 流程跟跑

在客户旅程分析中，焦点小组通过流程跟跑，发现客户旅程中的真实问题。在流程跟跑中，团队成员外出（或在线）使用服务并记录他们的体验。这些服务可以是组织自己的服务，也可以是竞争对手的服务，或者其他可以借鉴的服务，即使是在一个完全不同的行业中，这些服务对象也可能是相似的客户群。

首先，确定研究目标，定义研究问题，流程跟跑可以专注于一个特定的业务条线、旅程、服务或产品，也可以探索更普遍的市场，考虑为何要做研究（探索性研究与实证研究），以及如何应用研究结果（客户画像、客户旅程地图、系统地图等）。其次，做前期准备，根据研究目标，决定流程跟跑的时间和地点，明确研究人员、工作安排和需要花费的时间，考虑是否将其他部门的人员纳入项目的范畴中，设定研究的计划和期望。再次，进行流程跟跑，在流程跟跑期间，尝试区分第一层次和第二层次概念。第一层次的概念（原始数据）是指客观地看到和听到的信息，而第二层次的概念（解释）是指感受或解释。如果公开进行流程跟跑，需要注意观察者效应，研究的长度和深度会随着研究目标的不同而变化。最后，分析结果，在流程跟跑结束后，立刻记录下自己的感受，并与其他同行研究人员的感受做比较。

4. 客户自我反馈收集

焦点小组需要收集客户的真实反馈和感受，采用的方法包括招募客户或让客户参与研究。所招募的客户需要配备记录服务过程的工具，并且团队在活动结束后审查和解释在服务过程中捕获的信息。这种方式使得研究人员可以在自然环境中研究服务过程，并发现最有可能出问题的产品或服务。这些也可以是自我导向的，即客户在没有研究人员在场的情况下获取他们自己的使用产品和服务的经验。

第一步是明确研究问题。定义要收集的研究问题。思考为什么要做研究、想用发现结果做什么、需要多少样本量。

第二步是计划与准备。使用抽样技术选择参与者。计划为参与者提供奖励，并考虑如何与项目设计人员沟通，包括想要设定什么目标以及将给参与者什么主要任务。检查是否对拍照或录像有任何法律限制，以及是否需要让参与者签订一份保密协议。另外，考虑想让哪些人作为研究人员参与到项目中，这些人也许是客户或来自其他部门。

第三步是邀请参与者。为潜在参与者定义问题，以将其聚类为目标角色。邀请函应说明项目的目标和任务，并明确说明如何参与项目、如何记录参与者的感受，以及他们将获得的任何激励。如果可能，与参与者进行访谈，以阐述过程并了解他们对研究主题的期望。从一个小规模的试点项目开始，仔细检查说明是否清晰，并且确定所收集的数据实际上对研究目的有用程度。

第四步是银行进行数据收集。在参与者开始收集数据后，银行可以实时查看数据。银行也可以基于收集的数据合成和分析数据，用它来补充旅程地图或为研讨会上的任何后续活动提供支撑，以及为参与者设置明确的截止日期，以便他们了解时间表，并知道何时停止收集数据。

第五步是后续跟进。浏览收集的数据，并尝试在旅程地图上找到对应的模式（正向和负向）。如果可能，与参与者进行简短的访谈，以进一步探讨出现的关键问题。完成个人分析后，写下参与者的关键学习要点，并将其与银行的专业团队进行比较。将此信息提供给旅程地图。

5. 客户旅程成本效益分析

旅程成本效益分析旨在将产品和服务的内部财务视图与客户旅程地图的内外视角结合在一起，以了解成本如何在端到端的客户旅程中进行分摊，以及对每个触点以及整个旅程对客户体验的影响。通过分析，可以发现投资失调的领域。

那为什么要做客户旅程成本效益分析呢？银行等金融机构采用的客户旅程映射方法独特地将内外客户洞察力和内外运营卓越性结合起来，为旅程提供全面的财务基准分析。这可以突出显示在哪些方面需要付出更多的努力，或者在哪些方面需要付出高昂代价来获得成功，以及对组织关心的指标的影响。银行可以凭此洞悉客户旅程或服务和特定接触点的真实成本、识别成本和投资失调情况。银行需要建立强大的客户旅程成本效益分析框架来支持成本管理，增强产品盈利能力和投资决策能力。

（1）客户旅程分析四大关键要素。

客户旅程分析中涉及的四大关键要素在客户体验分析应用场景中具有重要的意义。

①客户与渠道：客户和渠道数据可用于分析客户旅程的经济绩效，分析范围从基本旅程关键绩效指标（Key Performance Indicator，KPI）到全渠道分析。典型指标包括银行渠道效能和转化率、保留率和损耗率、客户终身价值、客户偏好和客户参与、交叉销售和追加销售价格、渠道反馈等。

②成本和功能：银行创建与客户旅程保持一致的当前流程状态值图表可以识别提升效率的机会，以减少工作量、改善流程、提高员工利用率和服务能力。典型指标包括处理时间、首次正确率和解决率、在制品和等待时间、批次和库存量、营运成本。

③组织效率和文化：银行通过对组织技能和文化的分析，可以重新确定设计工作的方式、组织结构、绩效管理和各种改进机会。典型指标包括缺勤率、流失率、每千名客户的员工人数、控制范围、绩效管理系统。

④流程控制和自动化：银行通过分析客户旅程的数字平台、服务能力和运营旅程，可以发现将自动化引入客户旅程的机会，可以评估流程的自动化适用性、进行投资回报分析，并对各项投资进行适当排名。

（2）客户旅程成本效益分析的主要工作内容。

银行在进行客户旅程成本效益分析时，主要工作内容包括客户旅程活动分析、潜在投入分析和潜在产出分析。

①客户旅程活动分析：收集与旅程活动相关的运营数据——全职人力工时（Full Time Equivalent，FTE）、成本、收入、所属产品和服务线，以及相关的绩效信息；建立客户旅程或触点成本分摊和活动单位成本模型；归集旅程活动的关键利益相关者的相关成本；收集有关产品和服务开发活动中计划进行投资的信息；确定相关的收益（回报）指标和收益预测模型方案；总结客户旅程活动分析的发现并得出结论。

②潜在投入分析：确定客户旅程和接触点，计算旅程活动的财务基准成本和FTE，以及潜在改善所需的投入分析的关键指标。

③潜在产出分析：确定有关客户旅程改进和降低成本机会的新假设和前提，通过成本效益模型分析和识别客户旅程改善中过度投资或投资不足

的潜在领域。对业务（成本）结构的初步了解是服务交付的基础，更是对以后潜在投入能力分析的基础。

客户旅程成本效益分析可以与其他探索活动同时在不同的颗粒度和不同的阶段进行。初步的高级成本分析可以帮助银行选择成本较高的客户旅程并对其进行优先级排序，以进行进一步的洞察收集和映射分析。客户旅程及其接触点的更详细的成本分析可以与旅程映射一起完成，也可以在完成旅程映射之后进行。客户旅程成本效益分析有助于银行更全面、更详细地了解客户旅程，以在下一阶段进行收益或投资回报率分析，帮助确定旅程地图中出现的痛点和收益点。

6. 客户旅程敏捷工作坊

银行也可以采用敏捷工作坊的形式开展客户旅程体验优化工作。例如，建立端到端、跨职能小分队在同一地点共同办公，面对面协作工作；将工作分解成具有可见结果和可控工作量的步骤，并进行可视化展示，进行全局掌控，形成进度看板；举行不定期的小组自发的头脑风暴会议，从而提升沟通协调的效率；注重任务宣讲，在敏捷导师的带领下，注重小组心态上的转变，使组员中核心组员的心态从"别人的事"转变为"自己的使命"；形成轻量会议机制，通过"简短碰头"在小组内部或者小组间快速达成一致，而非依赖耗时、低效的大会议。

在端到端客户旅程改善分析方法中，往往需要客户、体验专家、相关业务和渠道负责人、IT（信息技术）人员等各个利益相关方参与，通过深度调研分析当前客户旅程的问题和痛点，对标行业最佳实践，在银行多业务和渠道部门的参与下，举行头脑风暴，发现客户旅程的痛点和成因，并当场决定后续跟进改造责任所属；在后续的原型设计以及迭代开放期间，体验专家、客户和银行业务及 IT 人员协同工作，进行简单原型开发，并在敏捷模式下，快速迭代客户旅程改善举措，并通过业务分析人员监控客户旅程体验改善进展，银行更强调客户旅程体验优化数据分析形成闭合反馈，并快速迭代。

端到端的客户旅程改善分析方法步骤如图 3-3 所示。

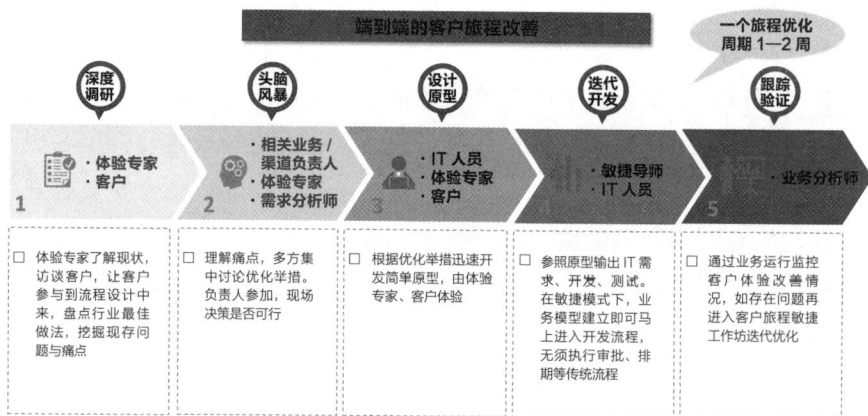

图 3-3 端到端的客户旅程改善分析方法步骤

在客户旅程体验改善的管理闭环中，对于关键客户体验领域，银行需要重点回访追踪，对体验值打低分的客户，拟定回访话术，结合客户用卡情况在 T+1（客户活动发生的第二天）日由专业人员回访客户，了解客户及时需要解决的问题，并立即进行处理，减少客户二次来电次数。

银行形成客户体验高速反馈闭环，通过日常实时数据监测和低分客户回访，形成以周为单位的高速反馈闭环，对客户问题做出及时反馈。针对可快速解决的问题，采取单项问题速赢方案。

领先银行建立了动态的实时监测机制，跨媒介或者渠道，进行全流程数据埋点，实时或准实时自动触发调研推送。根据渠道特性，确定关键接触环节和服务渠道，选取合适的调研和数据提取方式。

领先银行还建立了客户旅程体验管理的数据自动反馈和智能管理仪表盘，针对触点数据，根据回收的样本，结合业务实际进行数据整理、清洗和分析。统一存储客户行为及反馈数据，形成客户旅程流程体验管理统一视图，为管理者提供便利。

7. 客户旅程地图绘制

银行组织的每个小组要使用便利贴和贴纸填写完整的客户旅程地图，一般客户旅程地图包括旅程触点、渠道、旅程情感历程、痛点、收益点、提升机会、客户体验六大支柱和关键时刻等部分。痛点部分主要反映客户有问题的体验，即在系统功能、客户经理服务等各方面金融机构无法满足客户的期望，导致客户体验不佳，甚至沮丧。在收益点部分，金融机构需要挖掘提升客户体验的积极部分，是否有超出客户期望的旅程节点。在旅程情感历程部分，金融机构需要分析和收集客户在旅程中表现出或者潜在的情绪，绘制客户旅程中客户的情感变化。在提升机会部分，金融机构需要记录客户的期望等要素，识别客户体验提升机会。

银行绘制客户旅程地图，进行客户旅程规划的一个主要目标是确定改善客户体验的机会。图 3-4 所示的模板可用于研讨会，以捕捉这些机会。这些机会由焦点小组填写，写出每个机会名称并进行机会描述，确定主要影响痛点、是否需要必要的测试来验证相关的痛点或者解决方案。

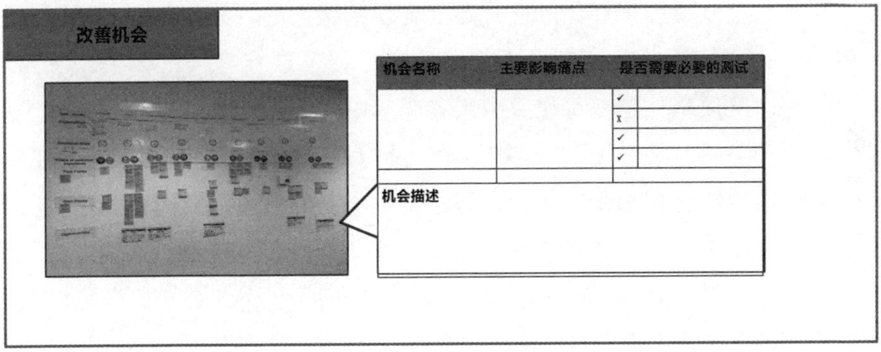

图 3-4　客户旅程地图改善机会表

影响客户旅程体验的因素是什么

笔者借助某咨询公司的客户体验要素框架，举例说明影响客户体验的因素，即客户体验六大支柱：个性化、信任感、预期、解决问题、时间和精力，以及同理心。这同时也是塑造客户旅程最佳体验的六大方面。"个性化"是指是否以更加个性化的方式建立客户情绪上的联系，从而获得更加独特的体验；"信任感"是指是否能够使客户留下诚实守信的印象，从而产生信赖感；"预期"是在每次服务或者交易中，是否能够管理、达到客户预期，甚至超越客户预期；"解决问题"是指是否能够切实帮助客户解决痛点，将糟糕的体验和感受转变为良好甚至是优秀的体验；"时间和精力"主要是指客户是否在该业务或流程上更加顺畅，不再感觉费力；"同理心"是指业务、平台或流程等设计是否是从客户的角度出发，深度契合客户的情况，制订了更加贴合客户当前情况的方案。

在塑造客户旅程最佳体验的实践工作中，金融机构专业团队需要将体验至上理念和卓越体验关键要素嵌入客户体验优化工作的方方面面。例如，在一站式流程环节设计、网点装修风格、机具端交互屏幕界面、手机和网页端系统功能和用户界面（User Interface，UI）美工视觉风格、柜员和外呼话术等诸多方面，设计者需要思考：在客户服务旅程中，如何增加更具个性化的产品、服务或客户交互界面来创造独特的客户体验；如何在客户交互中增强用户信任感来让客户产生更多的信赖感；如何管理好客户预期，实现达成客户预期甚至超越客户预期；如何在客户服务流程中通过解决客户的问题让糟糕的体验变为优秀的体验；如何更有效地减少客户所耗费的时间和精力；如何更设身处地地替客户着想来优化服务环节，从而增进与客户的关系。回答好这六个问题对打造卓越的客户体验至关重要。

以银行为例，看看银行如何在具体的业务中提升客户体验。

以理财产品购买客户旅程为例，银行项目小组基于服务专业性、流程敏捷性、时间合理性、信息透明度、客户尊重度、个性化理解等六大影响客户体验的因素，进行了客户体验影响因素专项分析，认为影响客户体验的因素如下：

（1）理财经理是否对销售的理财产品有足够深入的理解（服务专业性）；

（2）购买理财产品的表单填写字数是否太多（流程敏捷性）；

（3）厅堂等待理财经理的时间是否过长（时间合理性）；

（4）理财经理是否披露了足够的产品信息或者产品净值信息是否及时更新（信息透明度）；

（5）理财经理在业务办理时是否对客户足够尊重（客户尊重度）；

（6）理财经理是否针对这个客户的投资偏好和风险偏好推荐合适的产品（个性化理解）。

建立客户旅程体验全景地图

　　客户旅程体验全景地图建设主要分为三个步骤：一是设计客户体验版图，引入并推广客户体验优化的理念和模式，根据不同的业务条线、渠道和客户 / 客群特征，涵盖售前咨询、新客入门、购买产品、使用服务、解决问题等整个端到端的客户体验，分层分类建立客户旅程全景分析模型，从客户视角出发，跳出单一触点思维，勾勒出覆盖客户接触产品之前、之中、之后的全周期体验地图；二是打造客户旅程基线，通过内外部评价、监测及反馈等手段或模型多维度评估客户体验各板块的表现情况；三是按照对客户体验满意度和价值贡献等要素对客户体验进行优先级排序，识别客户体验贡献度较高的关键客户场景。

　　下面以银行为例来说明如何构建客户旅程体验全景地图（见图3-5）。银行在构建客户旅程体验全景地图时，通过银行业务条线和客户旅程价值链等维度分析，建立覆盖银行全业务、全客户、全价值链的一级、二级客户旅程体验全景地图，纵轴以个人账户、财富账户、个人贷款等银行产品为分类标准，横轴以客户服务周期关键步骤为分类标准，包括售前咨询、新客入门、购买产品、使用服务和解决问题等。客户旅程体验全景地图协助管理层更加全面、准确地掌握全行的关键客户旅程，了解影响客户体验的旅程分布，细化客户体验管理框架。

客户旅程诊断方法：采用流程分类法抽象旅程环节，银行常见的旅程有一级客户旅程和二级客户旅程

	售前咨询	新客入门	购买产品	使用服务	解决问题
		❶ 网点服务流程			
个人账户	❶ 产品与业务咨询	❷ 客户需求与商机	❸ 个人基础账户开立 / ❼ 开立外币账户 ❽ 外汇买卖	⓫ 现金存取 ⓬ 支付结算 ⓭ 信息维护	㉒ 查询 ㉓ 投诉与反馈
财富账户			❾ 开立定期存款/购买大额存单/购买国债购买理财/保险/信托/基金	⓮ 分红及赎回 ⓯ 理财转让	
信用卡			❹ 信用卡申请与激活 / ⓰ 刷卡消费 ⓱ 额度调整 ⓲ 权益使用	账单管理 还款催收 信息维护	
个人贷款			❸ 个人基础账户开立 ❺ 贷款申请 ❻ 贷款放款	㉑ 还款 ⓯ 账单管理	
企业账户			㉔ 企业基础账户开立 / ㉗ 存款产品购买 理财产品购买 ㉖ 存单购买	⓫ 现金存取 ⓭ 信息维护 ⓬ 支付结算	
企业贷款			㉔ 企业基础账户开立 ㉕ 企业贷款申请 ㉖ 企业贷款放款	⓲ 账单管理 ⓳ 还款催收 ㉑ 还款	

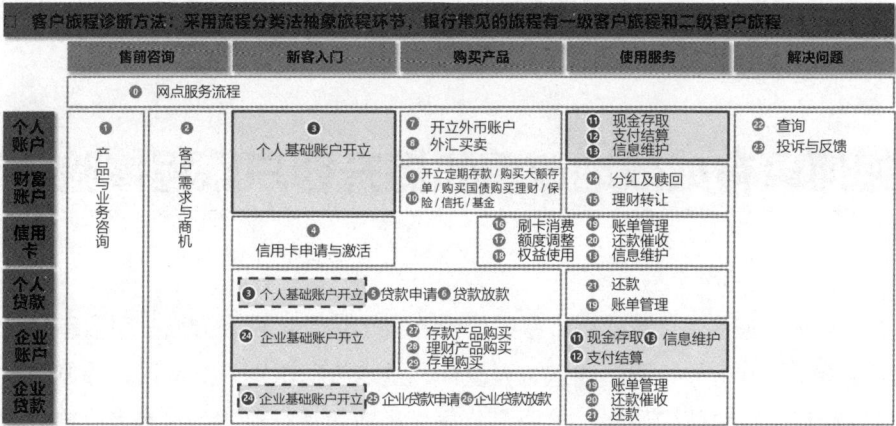

图 3-5　银行客户旅程体验全景地图

如何卓有成效地改善和提升客户旅程体验

在客户旅程优化工作中，银行等金融机构综合运用各方面的手段和举措来改善和提升客户体验，如从旅程设计、重点旅程识别到方案设计等方面来改善和提升客户体验。图 3-6 是某领先城市商业银行改善和提升客户旅程体验工作方法框架的示例，包括端到端客户旅程全景分析和客户旅程库归纳，体验贡献度高或价值高的重点旅程识别和分析，以及结合对体验影响因素的分析进行客户旅程体验优化方案设计。

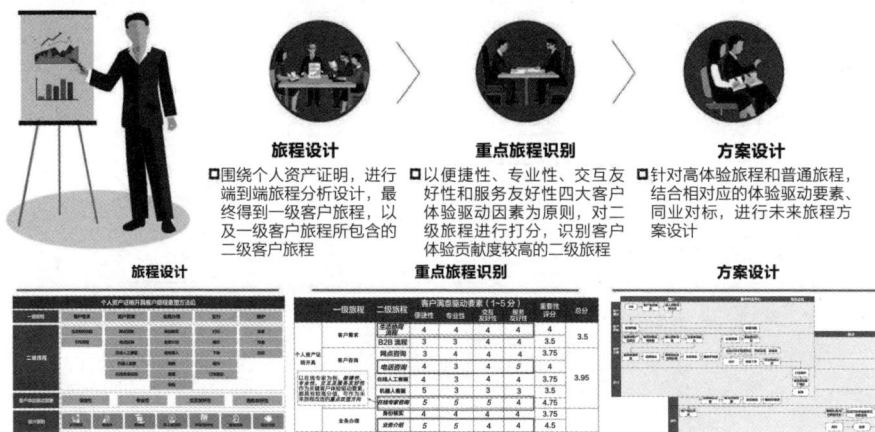

图 3-6 改善和提升客户旅程体验工作方法框架

第一步：客户旅程现状分析

银行等金融机构对调研数据及科技部门抓取的数据进行分析并识别现状问题（见图 3-7），识别当前影响客户体验的关键领域和问题，制作痛点热词，对当前旅程体验主要痛点和原因进行分析，总结关键发现，为下阶段的优化设计提供支持。

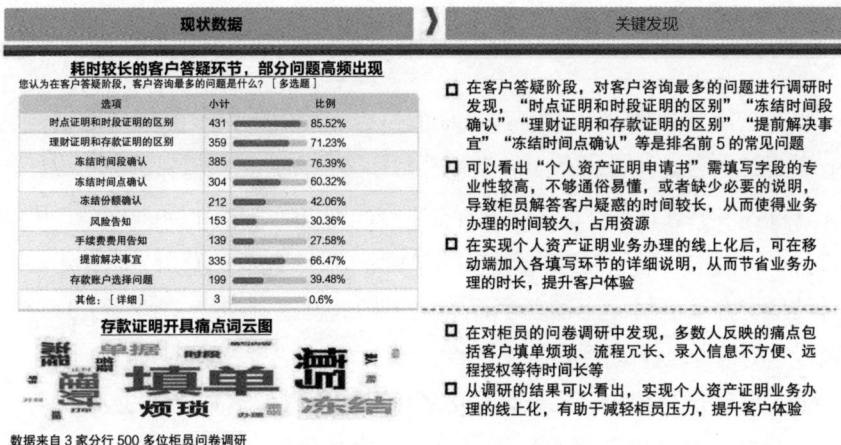

现状数据	〉	关键发现

耗时较长的客户答疑环节，部分问题高频出现

您认为在客户答疑阶段，客户咨询最多的问题是什么？[多选题]

选项	小计	比例
时点证明和时段证明的区别	431	85.52%
理财证明和存款证明的区别	359	71.23%
冻结时间段确认	385	76.39%
冻结时间点确认	304	60.32%
冻结份额确认	212	42.06%
风险告知	153	30.36%
手续费用告知	139	27.58%
提前解决事宜	335	66.47%
存款客户选择问题	199	39.48%
其他：[详细]	3	0.6%

存款证明开具痛点词云图

数据来自 3 家分行 500 多位柜员问卷调研

- 在客户答疑阶段，对客户咨询最多的问题进行调研时发现，"时点证明和时段证明的区别""冻结时间段确认""理财证明和存款证明的区别""提前解决事宜""冻结时间点确认"等是排名前 5 的常见问题
- 可以看出"个人资产证明申请书"需填写字段的专业性较高，不够通俗易懂，或者缺少必要的说明，导致柜员解答客户疑惑的时间较长，从而使得业务办理的时间较久，占用资源
- 在实现个人资产证明业务办理的线上化后，可在移动端加入各填写环节的详细说明，从而省业务办理的时长，提升客户体验

- 在对柜员的问卷调研中发现，多数人反映的痛点包括客户填单烦琐、流程冗长、录入信息不方便、远程授权等待时间长等
- 从调研的结果可以看出，实现个人资产证明业务办理的线上化，有助于减轻柜员压力，提升客户体验

图 3-7　客户旅程现状分析

第二步：客户旅程重要环节优先级分析

银行通过对旅程重要环节和领域的多要素（便捷性、专业性、交互友好性、服务友好性等客户体验驱动要素）进行综合权重评估，对相关旅程环节和重要领域进行重要性排序（见图 3-8），平衡回报和成本，最终识别出在线专家咨询、业务介绍、信息录入、缴费、订单跟踪等环节，这些环节可作为未来客户旅程重点改造领域。

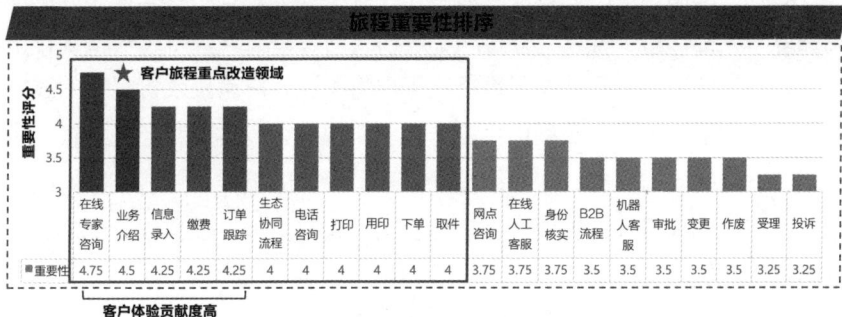

旅程重要性排序

★ 客户旅程重点改造领域

在线专家咨询	业务介绍	信息录入	缴费	订单跟踪	生态协同流程	电话咨询	打印	用印	下单	取件	网点咨询	在线人工客服	身份核实	B2B流程	机器人客服	审批	变更	作废	受理	投诉
4.75	4.5	4.25	4.25	4.25	4	4	4	4	4	4	3.75	3.75	3.5	3.5	3.5	3.25	3.25	3.25	3.25	3.25

客户体验贡献度高

- 通过便捷性、专业性、交互友好性、服务友好性等客户体验驱动要素，进行客户旅程重要性评估，识别客户旅程重点改造领域
- 某机构结合对某地区银行的现状调研、同业对标以及过往经验，最终识别出在线专家咨询、业务介绍、信息录入、缴费、订单跟踪等环节可以作为未来重点改造领域

图 3-8　客户旅程环节重要性分析

第三步：客户旅程触点环节优化建议

银行的客户体验团队对客户旅程的触点环节提供相关的优化建议，包括App 界面的主题设计、UI 设计、功能栏目和客户高频疑问栏目的优化设计和布局、后台客户热线设置、常见问题解答（Frequently Asked Questions，FAQ）设置、填写指示等各项提升客户体验的措施。银行 App 的首页应该清晰地展示业务性质、办理流程，让客户可以提前快速知晓业务概要，在业务办理过程中强调客户与银行联线的便捷性。

通过多种优化措施，银行客户体验团队可以取得下列优化成效。

优化前：客户需要填写姓名、日期、出具单位、卡或账号、分账号、产品代码、产品名称、证明金额或份额、开立份数、证件号码及类型、联系地址等 10 ～ 20 个要素。柜员需录入姓名、证件等约 8 个要素。

优化后：在快递寄送时，客户只需要手动输入开立金额及地址 2 个要素；在使用电子版填写时，客户只需输入开立金额及电子邮箱 2 个要素；在网点自取时，客户只需手动输入开立金额 1 个要素。

第四步：客户旅程优化价值分析和改造建议

银行的客户体验团队提出客户旅程优化价值分析和改造建议，价值分析包括客户旅程优化和技术优化方案的收益和成本分析。客户旅程优化价值分析（见图 3-9）将有利于管理层分析和了解相关的客户旅程改善工作给银行带来的价值，这类分析的重要性在于银行决策层将关注客户旅程改善工作的成本效益比，使决策层明确客户旅程优化工作除了能提升客户体验，还能给银行带来直接或者间接的成本节省或者业绩提升，确保相关的工作给银行带来的收益大于系统改造的成本投入，也促使客户体验团队能够更加专注在银行带来更多价值的客户旅程优化工作上。

客户旅程优化价值分析示例：实施个人资产证明线上开具及集中打印寄送业务的线上化，通过测算将节约人力成本，减少客户办理业务的时长。

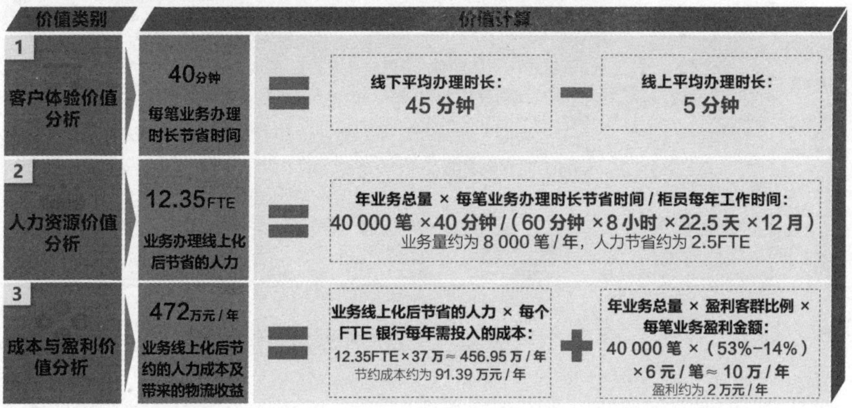

图 3-9 客户旅程优化价值分析

【案例分析】

某领先区域性银行的客户旅程体验优化的典型案例

本书以某领先区域性银行对公开户客户旅程体验提升为例来说明在专项咨询团队项目组的帮助下，银行如何有效改善客户旅程体验，对公开户客户旅程分析框架如图 3-10 所示。该框架包括客户旅程中的客户行为说明、客户旅程所承载的渠道、客户在旅程节点的期望分析、客户在旅程节点的正面情绪和负面情绪分析、客户旅程的痛点和改善收益的初步说明、客户旅程的六大支柱，以及体验改进机会说明等。

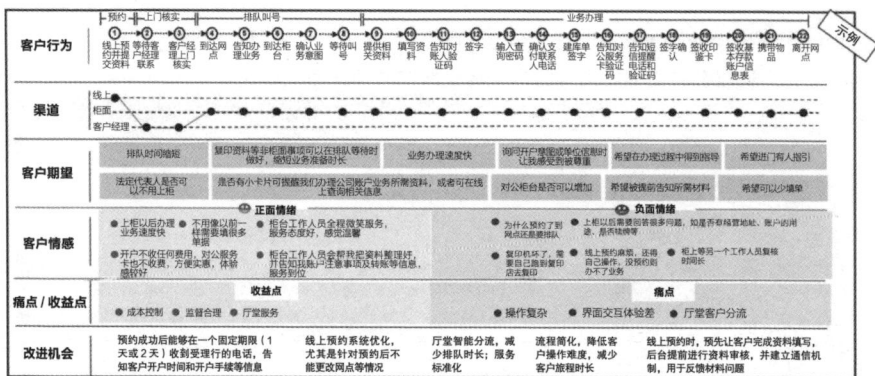

图 3-10 对公开户客户旅程分析框架

通过对公开户端到端客户旅程分析，项目组发现该银行对公开户的客户旅程存在着操作复杂、界面交互体验差、厅堂客户分流等诸多客户体验问题。项目组从办理流程可视化、在线交互、集中作业和网点智能化四大维度，提出优化银行开户客户旅程的具体举措，新增的客户旅程关键优化环节包括支持不同移动端线上开户、客户线上申请修改、预约账号、定制靓号、网点免填单、机器人流程自动化（Robotic Process Automation，RPA）和集中作业进行开户资质审核、手机端尽职调查、后台集中开户审核反馈结果、远程视频核实、客户临柜次数由 2～3 次减少为 1 次、备案方式为 RPA 智能备案、风险管理改进为系统判断风险预警、尽职调查档案改为电子档案。优化后该银行对公开户客户旅程的客户满意度显著上升、柜面开户时长显著缩短、手机尽职调查用时比原整理纸质档案时间少、银企对账人力时间减少、对公可疑账户排查效率明显提高。根据**对公开户客户旅程优化点汇总（见图 3-11），对公开户客户旅程优化的常见领域包括：通过预填单来提前进行开户材料预审和网点预约，节省客户时间；通过对公开户流程可视化来提高流程透明度，合理管理客户预期；厅堂引入客户识别技术来快速识别客户身份和交易历史及产品偏好，便于银行安排专属客户经理，提出针对性强的产品和服务方案；银行的线上系统集成更多的作业环节，以此加深作业标准化和集中化，提高后台作业处理效率，从而缩短开户时间。**

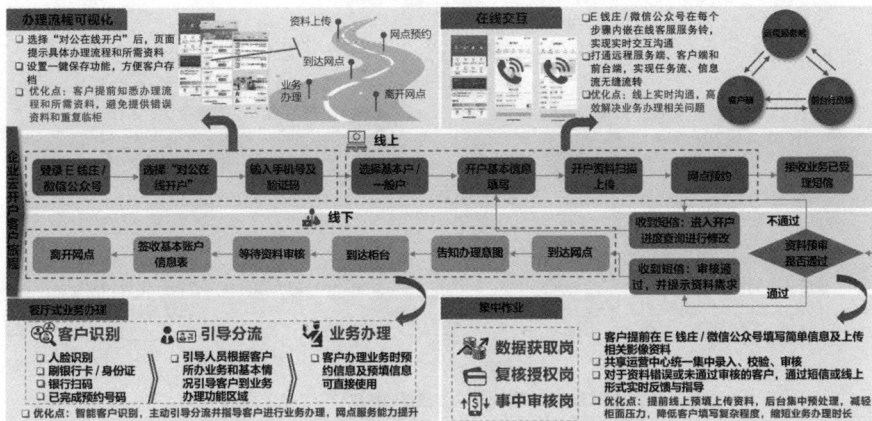

图 3-11 对公开户客户旅程优化点汇总

　　客户旅程重塑往往涉及金融机构多个部门和不同的业务系统，在实践中，银行往往采取敏捷的方式推进客户旅程重塑（见图 3-12），包括：通过 MVP（最小变革单位）的快速迭代提升产品和服务，建立直观、标准的平台界面来便于客户使用；通过提高合规性和优化管理风险的卓越流程（例如在入网环节嵌入图像识别技术和后台风险数据无缝连接来自动完成入网核查，在厅堂前端通过客户识别技术来快速获取客户信息，便于提供差异化的服务、安排专属客户经理，提出针对性强的产品方案）设计来提升流程效率，减少因为人工风控环节过多导致客户体验不佳的情况；建立支持敏捷团队和工作流程的新结构来支持快速迭代；采用促进决策的智能工具来提高流程处理效率；通过数字化来优化客户交互界面，建立数据驱动的自动化实时工作流程来加快业务处理速度。

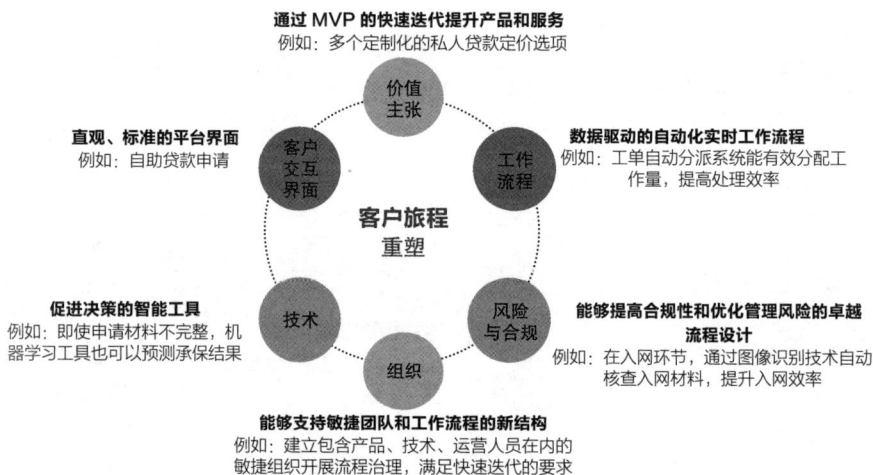

图 3-12　客户旅程重塑

客户旅程体验指标和价值管理

　　银行等金融机构需要建立多层次的客户体验指标体系，涵盖企业的整体客户体验、品牌客户体验度等战略层，零售、对公等各大业务条线、区域、渠道、客群体验度等经营层，以及产品或网点等运营层。而且，银行还需建立常态化的客户旅程体验机制，其指标既涵盖主观客户满意度和净推荐值，也包括客观的银行运营类数据。

　　笔者需要强调客户体验价值管理的重要性，银行等金融机构采用满意度统计分析、相关性分析、交叉验证分析等工具或方式，使用旅程体验热图、气泡图、驱动因素原因展示图等形式向经营层展示客户体验监测结果，用于银行月度经营分析和季度诊断报告、条线服务考核、产品测试（例如专项贷款产品的相关特性测试）、网点选址、客户服务旅程满意度分析和旅程体验改善、低分触发挽回潜在流失客户等。客户体验分析也可以用于设计和革新客户服务体系，重新优化各个渠道的客户旅程，塑造超越期望的客户惊喜时刻，为银行打造更加卓越的客户体验奠定坚实的基础。

建立客户旅程的数字化监测体系

1. 建立数字化监测体系的必要性

客户旅程管理体系的价值还来源于体验反馈的时效性，因此银行等金融机构需要建设智能化的客户旅程监测平台来实现客户体验反馈的敏捷性。客户旅程体验监测平台将为决策层进行业务决策、相关业务部门统筹规划、一线人员贯彻执行提供敏捷反馈，为客户旅程体验的持续进步与改善提供常态化、系统化与自动化的大数据监测与分析保障。笔者总结了领先金融机构的客户旅程监测数字化方案，业界常见的系统架构涵盖客户之声、客户满意度调研平台、客户旅程指标体系、客户旅程展示仪表盘、客户旅程分析应用流程、价值分析模型以及客户旅程数据分析引擎等功能模块。

2. 数字化监测体系的模块

面向产品、渠道、流程、服务、管理等全领域建立动态的客户旅程数字化闭环监测机制。该机制主要包含主动监测与被动监测两部分，基于渠道埋点、指标设计等举措和工具形成主动监测能力；通过客户之声、专家观点、内部反馈等手段打造被动监测机制，形成立体化的体验监测体系，实现体验评价数据化、问题评估可视化；通过客户旅程监测指标，银行可以根据客户属性、交易特征等，实时通过智能化模型精准筛选客户，在客户旅程体验的路径上进行精准推荐，针对特征显著的特定行为，例如客户大额资金转出，提供理财、生活服务等行为进行产品服务推荐，实现数字化运营留客、活客；通过客户旅程监测指标动态反映客户旅程过程，银行可以从移动端、网上银行、远程银行、语音互动、工单文本分析等多个渠道获取结构化及非结构化数据，形成客户体验数据库，利用数据分析智能技术进行关键词和客户情感归类与分析，捕捉客户实时需求和痛点，并进一步发掘客户偏好，跟踪业务成效。

客户旅程体验测量模型（见图 3-13）是一个集成的数据收集框架，为组织的客户体验战略赋能。该模型通过连接各个渠道、旅程阶段、运营和社交聆听等数据，输入部分包括市场层面、客户关系层面、旅程层面以及触点层面的市场、业务、客户和行为数据等。通过数据整合，建立客户体验维度的分析框架，提供清晰的客户体验视角，帮助银行在市场机会、客户价值提升、客户全生命周期管理、渠道优化等相关方面做决策，从而有效地协助其实现业务增长，并有效地提升客户体验，打破银行部门割裂局面，助推银行实现"以客户为中心"的数字化运营转型。

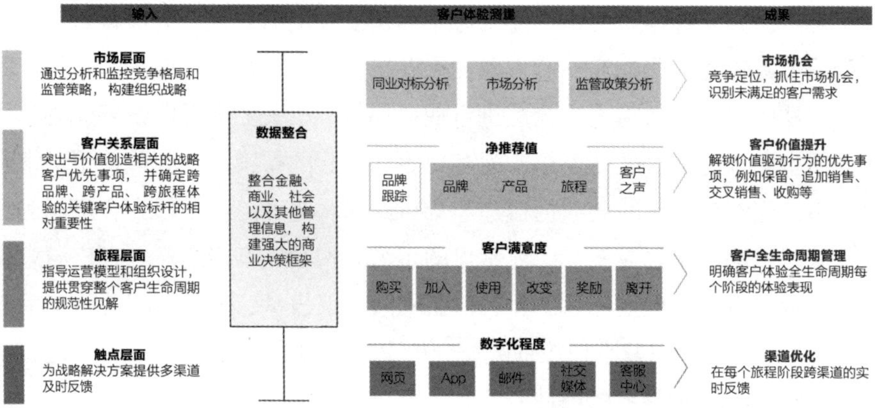

图 3-13 客户旅程体验测量模型

4

客户运营：打造多维度
客户成长体系

礼貌地对待会让顾客成为一个行走的广告。

——彭尼连锁店创始人詹姆斯·卡什·彭尼

设计客户成长体系

　　客户成长体系是客户运营的重要支柱，业界常见的客户成长模型是 M–A–U 体系（M–Motivate，激励；A–Award，权益；U–User，客户）。其中激励体系包括量化成长值、设定成长任务、建立自驱的成长路径；权益体系包括专属化产品、服务与特权、定价和优惠；客户体系包括设计成长路径、建立成长规则、规范成长曲线。金融机构应当对 M–A–U 体系统一规划，围绕客户全生命周期和关键旅程 / 关键时刻（Moment of Things，MOT），加快客户的价值成长。

　　以银行等金融机构为例，银行需要通过构建客户成长体系，实现从获客、活客、黏客、拓客到留客的全周期自驱式成长，进一步提升客户活跃度、忠诚度和价值贡献度。客户成长体系的基础为多维度和综合性的成长指标体系和成长值计算规则，银行需建立综合性的客户成长模型，打破原有单一维度成长标准。银行需要结合客户成长体系、客群细分和客户生命周期等内容，形成"成长体系 – 生命周期 – 重点客群"三位一体的客户价值自驱成长路径，充分运用数字化运营等方法，驱动客户价值的成长，满足不同客群差异性、互动性、可扩展性的需求。

客户成长体系包含什么

　　客户成长体系包括成长规则、成长路径、激励权益。

1. 成长规则

　　常见的客户成长规则包括成长值积分规则设定、客群头衔切换规则、客户等级值设定、任务玩法说明、升降保级策略、权益匹配说明等内容。对于成长值积分等规则，领先银行已经从消费者等级、授信额度、动账频次、交易金额（累计积分）、消费积分、分期情况、活跃状态等多个维度定义，并根据银行内客户整体情况测算并细分各等级下成长值积分的区间，还结合客户消费活跃度、生命周期阶段，围绕降级、保级、升级（永久成长值＋有效成长值）来进行客户成长规则设计，并定期更新，促进客户活跃成长和价值提升。

银行等金融机构可以通过设计全面的客户**成长值积分规则，来影响客户的行为**，包括基础型任务＋成长型任务＋特定型任务（有效成长值）。其中基础型任务包括绑卡、激活、认证、反馈、开通类型及可获得积分的基础型的消费类交易；成长型任务是指客户完成指定的成长任务（如完成一笔分期、登录 App 并签到等），即可获得对应的成长值奖励；特定型任务为客户在不同的营销节点参加开展的业务型任务或营销类活动，完成可获得一定成长值奖励。

银行可以**制订各等级成长值区间**，根据成长值积分规则，进行行内客户交易数据、授信情况、持卡分布、分期状况等多维度的定量分析，并融合定性的业务规则、专家经验、各行业的对标，制订各个等级的成长值区间；同时，银行应该围绕客户各等级成长值和成长值的有效性及永久性，设计降级、保级、升级规则，如双到期降级、到期保级和实时升级。

同时，银行也可以考虑**制订成长场景的规则**。例如，制订客群头衔更换场景的规则，可通过成长值达标晋升为客群对应等级；通过当前成长值，参与特定任务，获得成长值和头衔晋升机会。同时，梳理不同场景的权益类型，分配等级差异化权益，以及分配客群差异化权益。针对特定任务制订客户成长值提升的规则、玩法和进行任务描述。

2. 成长路径

领先的金融机构的客户成长路径已经开始基于客户分类，对不同客户使用差异化的激励，如大学生客群、车生活客群等；客户等级可以被进一步拓展，用适当的方式，实现成长体系的可持续发展；形成低门槛的客户成长准入，高层阶的诱惑，激励客户迈入第一步，不让客户望而生畏；成长等级应该使客户期待，用激励机制和玩法保持稀缺感，同时增加保级、降级等策略机制。银行可以设计各种机制，例如：等级任务、每日成长值设置上限，特定行为只计算一次，有效保证体系完整性；成长路径的设计可以基于消费动因、细分客群等。银行可以制订差异化的客群成长路径和多层等级任务策略，实现客户成长体系的精细化运营目标，例如，大学生客群成长路径、新客客群成长路径、丽人客群成长路径、白领客群成长路径等。

3. 激励权益

银行等金融机构的激励权益体系是基于客户成长路径，以各种方法规范客户行为，对某一期望的客户行为进行成长值量化，并给予奖励，提升客户自我感知和认同的各种运营机制和手段。激励权益体系包括物质激励，例如，从特定客群需求出发，从等级特权、等级权益、等级价值、活动回馈、返利抵现等方面进行差异化权益激励，常见的差异化权益激励包括影音视听、教育考试、暑期旅行、话费充值、教育优惠、图书等；精神激励，根据不同客群的特定需求，设立专属头衔、专属产品卡片定制、等级勋章、排名情况等成就，如 C+ 会员状元卡、勋章成就分享、超越地区 ×% 人；情感激励，增加社交、关怀、互动等情感激励方式，如 MGM（Member Get Member，口口相传）、团购、排行榜、分享等。

激励权益是不同成长阶段客户所能够享受的专属产品和服务的对价，使客户及时得到激励，确保优质资源或增值服务被核心目标客户所使用。银行等金融机构应根据客群的消费场景、消费能力、消费偏好等情况匹配差异化的会员等级权益（包括生活消费、生日特权、金融优惠、头衔勋章、交通出行、专属活动等）。

客户成长权益体系

针对不同的客群，金融机构设计了不同类型的权益，如图 4-1 所示。分层的客户成长权益体系区分为基础型权益、专享型权益和高端型权益三大层次，针对不同客群偏好，又分为生活类权益、视听类权益、商户优惠类权益、品质健康类权益等权益类型，并同时匹配主要获取渠道。例如高端型权益主要针对高价值客群，这类客群追求高品质生活，注重健康，关爱家庭财富的保值增值，因此在权益中特别设置了品质健康类权益，包括高尔夫、私人医生、专属理财产品和投资理财顾问等。

权益分层	权益类型				主要获取渠道
	生活类权益	视听类权益	商户优惠类权益	品质健康类权益	
高端型权益	· 加油卡 · 超市购物卡 · 手机充值卡 · 洗车券 · ……	· 爱奇艺会员年卡 · 优酷会员年卡 · 喜马拉雅 FM 年卡 · QQ 音乐会员年卡 · ……	· 哈根达斯优惠券 · 星巴克优惠券 · 常客隆优惠券 · ……	· 高尔夫 · 私人医生 · 专属理财产品 · 投资理财顾问 · ……	· 高端客户领取 · 银行指定客户领取
专享型权益	· 加油卡 · 超市购物卡 · 手机充值卡 · 洗车券	· 爱奇艺会员年卡 · 优酷会员年卡 · 喜马拉雅 FM 年卡 · QQ 音乐会员年卡	· 哈根达斯优惠券 · 星巴克优惠券 · 常客隆优惠券		· 参加活动领取 · 银行指定客户领取 · ……
基础型权益	· 话费充值券 · 水、电、煤气缴费 · 类充值券 · 手机充值券	· 爱奇艺会员月卡 · 优酷会员月卡 · 喜马拉雅 FM 月卡 · QQ 音乐会员月卡 · ……			· 持有客户享有 · 参加活动领取 · ……

图 4-1　权益分层

　　银行等金融机构在设计客户成长权益体系时需要考虑如下要点：梳理特权差异时，从积分权益、活动权益、持卡权益及市场主流权益出发，筛选具有激励性、稀缺性和实用性的权益作为各层级的主推权益，并配置相关的刺激点，刺激方式可以是权益刺激、成就刺激、关怀情感刺激等。另外，银行等金融机构采用的权益线上系统可以设置更加灵活、可扩展的权益体系，包括配置调整、扩展分析和流程闭环管理等。银行等金融机构可以根据市场主流、认知风向、价值变化等情况实时进行激励调控，并随着业务发展、时代变化、权益偏好进行权益丰富和更新。

客户成长互动任务

　　银行等金融机构在客户成长体系中围绕客户生命周期不同阶段建立互动任务，提升客户成长值。例如新客户的激活、绑卡、首刷礼及成长值；老客户的 MGM、信用分期、账单分期、消费分期、流失客户挽留回馈、每日签到打卡等任务。客户成长互动任务根据性质可以分为基础任务（基础的消费型交易任务）、成长值任务（完成指定的成长任务，即可获得对应的成长值奖励等）、专属任务（根据不同的营销节点开展的业务型任务或营销类活动，可以获得一定的成长值奖励）等。银行在不同客户运营阶段，应该设计具有针对性的客户成长互动任务，来进一步有效提升客户价值。不同阶段客户成长互动任务设计如下。

（1）在拉新阶段，通过活动传播吸引眼球，打造品牌价值，互动任务设计包括会员活动、专属特权、积分返利、月月会员券、生日双倍积分、消费立减金等。这一阶段的目标是提升客户满意度。

（2）在激活阶段，通过触点营销进行价值关怀，互动任务设计包括抽奖活动、节日活动、会员日优惠、等级以上专属权益等。这一阶段的目标是提升客户黏性。

（3）在转化阶段，通过需求洞察、精准营销和权益激励等方式转化客户，互动任务设计包括促进消费、消费分期、最低还款、购车装修分期、现金账期分期、商户分期等。这一阶段的目标是提升业务价值。

（4）在留存阶段，通过活动回馈、下放特权、门槛试用等方式留存客户，互动任务设计包括专属特权设计、关怀营销、价值管理和答谢活动等。这一阶段的目标是提升客户忠诚度。

客户成长体系的关键挑战是运营

客户洞察是客户成长体系运营的基础

客户成长体系的运营无疑是重点，运营是确保客户成长体系能够真正提升客户活跃度、正面影响客户的消费行为、提升客户价值的关键。客户成长体系的第一步是客户洞察。

客户洞察是客户成长体系运营的基础。银行等金融机构要充分考虑客户行为及偏好，进行回馈诱因分析，梳理关键驱动因子，进行客户行为特征、消费偏好及需求等分析，获取客户洞察所需的数据信息。

对客户的洞察基于收集的数据信息，因此，银行需要提前充分了解客户的行为特征、消费偏好及需求，形成标签（客户属性、金融属性、偏好属性等标签），划分场景客群，基于相似的价值观、生活方式、兴趣爱好，确认相似产品和服务需求的细分客户群，通过客户成长体系运营，设计具有针对性的客户运营活动，进行拉新、促活和转化。例如，大学生客群的行为特点和价值取向为兴趣广泛、热爱生活、敢于为兴趣和自我提升买单；其消费偏好为网络支付、趣味潮流、参与购物节等。都市白领客群的行为特点和价值取向为工作在一、二线城市，收入稳定，高消费、高负债，追求品质、健康、悦己式消费；其消费偏好为咖啡外卖、社交美妆、金融投资、养宠健身等。小镇青年客群的行为特点和价值取向为在家乡生活工作、生活成本低、消费升级趋势强；其消费偏好为休闲娱乐、高频网购、买房买车。

客户洞察随着客户消费行为信息的丰富将逐步优化，银行应在客户第一次消费或者客户权益领用时记录客户的购物品类、时间、消费能力等。随着客户进行复购、权益领取，客户的信息以及消费记录将进行交叉验证、行为迭代，客户洞察信息也会更新。

基于不同层次的需求建立客户成长运营方案

1. 基于客户情绪价值的激励客户成长运营方案

银行等金融机构可以总结客户不同层次的需求，来设计客户成长体系中激励客户成长运营方案。

（1）提供实用的价值激励，满足客户的生理需求。如银行可提供物质奖励、代金奖励，包括丰富的开卡礼、推荐礼、各种等级的优惠券、红包、价值高的会员权益和活动奖励。这类激励操作简单、办理速度快，易吸引大量客户办理业务，但往往后劲不足、留不住人。这种激励方法适合拉新、挽留客户，效果显著。

（2）提供具有初级情绪价值的激励，满足客户的安全需求。除常规的权益外，银行还应设计其他相关权益增加客户的紧迫感，增强客户的参与动力，通过营造稀缺感来实现高效激活。这类激励措施对激活沉默、不活跃的客户比较有效，但需要将这类激励充分推送给目标客群，并配合严谨的规则和提升服务。

（3）提供具有中级情绪价值的激励，满足客户的社会需求。对金融产品的外形进行设计，满足客户对颜值、个性、群体认同感的需求，在权益活动中增加更多分享和亲友互动，为高端客户组织线上俱乐部和交流沙龙等。这类激励对贡献度较低的客户的效益提升有帮助，且社交属性能够引流、扩大影响力；但该类激励需要精准匹配客户画像，有针对性地实施。

（4）提供具有高级情绪价值的激励，满足客户获取尊重的需求。这类激励需要给客户提供更深层的情绪抚慰，如陪伴感、养成感、认同感，等级提升对应关怀提升，如更好的节日和生日礼、更懂客户喜好的管家服务等。银行提供这类激励需要提供更个性、更贴心的内容，而且也需要更强的内容能力、对核心客户的精心维护、更多数据分析和定制化内容。

2. 客户成长运营方案的价值最大化

打造具有竞争力的客户成长体系和奖励权益，并不总是意味着银行需要付出高成本，在成本有限的前提下，银行也可以提升和优化现有的权益体系，通过不同策略发挥权益激励的最大价值，用尽量低的成本给客户提供超出预期的、有触动的体验。实现这一目标，第一是奖励能与客户价值匹配。

奖励与客户价值匹配是成本最低的回馈模式，对低价值、低潜力客户仅提供入门级的奖励，对高价值、高潜力的客户用高价值奖励维护。第二是提供的奖励能够精确匹配客户需求、准确触动客户。通过对客户需求、喜好的精准把握，结合营销目标，投放最能触动客户的奖励。第三是奖励方式要能发挥引流作用，减少实物奖励，增加优化券种比例。如发放有使用门槛的代金券、折扣券，降低采买成本，给银行生态合作伙伴和商户引流；或通过给平台带入流量，增加议价空间。第四是通过合作来降低奖励成本。如优先投入行内自有权益，包括自有服务和自有卡券，控制成本；丰富权益时与非金融企业以跨界合作、联名或代运营的方式互惠共赢、降低成本。第五是引入限时限量的奖励，突出奖励的时效性和急迫性。如采用固定权益和随机奖励搭配的模式，使固定权益消耗成本可控；随机奖励以抽奖、盲盒等方式发放，能够减小成本压力，也能通过稀缺性引起客户兴趣。第六是设计灵活可控的兑换方式。如在卡券核销和积分兑换方面设计灵活可控的规则，以方便及时调整计算方式和发放标准；设置虚拟奖励，如积分、金币等，可以根据兑换情况适当调整规则，减小成本压力。

客户成长体系的活动运营策略执行和分析

客户成长体系运营策略的制订

1. 一群一策的精细化活动策略设计

银行等金融机构制订客户成长体系运营策略的重点是因群施策、针对重点客群制订一群一策的精细化活动策略。

第一步，在客户洞察的基础上，银行需要进行客群分析，包括客群的消费时间特征、节日特征、位置特征、年龄特征、社交特征、职业特征、重点客群、权益偏好等。

第二步，基于客群分析，银行需要总结出客群偏好特征以及客群偏好的银行产品的功能属性、产品属性、服务属性、其他属性等。

第三步，根据客群特征进行客户成长的活动策略设计，如线上特色互动、权益礼包活动、网点特惠活动等各类折扣活动，探索线下线上商户合作、公共服务等各类活动场景。

第四步，银行应关注客户成长体系运营活动的体验设计，在文案设计、游戏设计以及关键路径设计上，要进行充分的客户体验测试和数据埋点规划，特别关注关键营销模式的体验设计，包括对裂变营销、交叉营销、时点营销、场景营销、断点营销的体验设计。

第五步，银行需要考虑营销信息的渠道触达，如通过外部的短信链接、公众号推送、App、手机银行、企业微信、外部流量引入、微信朋友圈、户外媒体、自媒体推文、厂商合作、商户合作等渠道进行触达。

第六步，银行需要对整个过程的效果进行评估、监控、分析，使活动优化、场景优化、渠道优化、活动配置优化，并进一步优化多波段触达机制，以及进一步细分客群。

2. 获客、活客、留客的运营活动策略设计

银行等金融机构可以基于客户生命周期和成长路径，开展获客、活客、留客活动策略的方案设计。在新客获取阶段，银行通过融合信息来认知客户，采用的方法包括协同获客、拓展不同的客户来源、获取客户特征并分析和呈现客户画像，在这个阶段，银行采取的策略手段包括设计流量获客活动、借记卡营销转化、MGM 裂变等；在新客经营阶段，银行通过权益关怀、新客立减金、消费笔笔返来促进客户的活跃度，提升客户价值；在潜客提升阶段，银行通过大额消费分期、账单和现金分期、备用金提现等方式来实现交易促活，提升价值转化；在熟客维稳阶段，银行采用生活服务活动加持、商户合作丰富消费、转介 / 裂变礼物等方式来扩充生态、协同运营、联通内外流量、维持客户价值；在客户睡眠留存阶段，银行可以采用睡客激活礼物、低频促高频交易活动、老户回馈活动等方式来维持客户价值，实现以客户全生命周期为目标的留存。

3. 互动性成长任务和趣味活动的活动策略设计

银行可以设计具有互动性的成长任务和具有特色的客户成长活动策略方案，覆盖全场景，细分不同客群。银行可以以客户需求场景为特色设计成长任务活动或趣味营销活动，结合各条线的业务目标开展营销活动，提升客户价值和活跃度。客户需求场景包括业务场景（饭票影票、商超购物、金融理财、交通出行、信贷分期、生活缴费等）、细分客群（校园客群、年轻客群、年长客群、分期客群等）、互动任务（增值服务、金融超话、积分游戏、Hi 购留学、返现活动、联名会员等）。银行可以设计各种丰富的活动形式，如签到类、达标类、竞猜类、游戏类、答题类、互动类等，增加趣味性和参与性。例如签到抽奖、小额分期、理财体验、消费笔笔返、代发每月抽奖、积分成长任务、MGM 邀约分享等。

【案例分析】

某领先股份制银行的大学生成长体系的活动运营的关键要素

1. 属地化权益，差异化营销

针对不同高校的新户，该银行运用个性化话术，向其推送饭票、影票和购

物券礼品三选一暖冬有礼活动，促进大学生用户的活跃度。该银行将分支机构所在地不同高校学生客群名单导入计算机，根据学校配置个性化话术（提高尊享感）及针对性产品推荐（产品推荐可选择学校周边合作商铺权益，贴近学生群体需求）。领取权益需达成的资格的设置可融合多业务目标，同时考虑学生的经济情况，门槛不宜过高，如本案例的资格设置包括完成学籍认证、体验某朝宝任意金额、财付通交易任意金额，这可促进学生客群体验该银行理财和支付功能，提升银行 App 高校点击率。

2. 持续运营，提升黏性

表 4-1 是该银行运营策略库示例。运营策略库需要细化到策略执行频次、执行日期、客群明细、权益、领取权益需达成的资格，以及成功准则。例如，对已经完成学籍认证的大学生借记卡新户，该银行采取覆盖全月 + 迭代产品推荐的运营策略，推送的权益是学生喜爱的线上线下会员、购物减免；权益的领取资格要求以新型消费为主，强化学生客群的卡支付习惯及对银行 App 的使用黏性。

表 4-1　银行运营策略库

策略执行频次	执行日期	客群明细	权益	领取权益需达成的资格	成功准则
策略1：单次	月初	1. 当年借记卡新户 2. 当年首次登录银行 App，大学生学籍认证日期：2015—2022 年	复合招式子活动 1：现金红包 子活动 2：超市立减券	子活动 1：登录 App 子活动 2：完成 2 笔任意金额一网通支付	一网通支付金额 >0.01 元
策略2：循环至月末	当月	1. 借记卡最早开户日期：当前日期减 5 天 2. 大学生学籍认证日期：当月	复合招式子活动 3：腾讯视频双月卡 子活动 2：超市立减券	子活动 3：完成绑卡快捷交易 ≥9.9 元或完成外场景新型支付 ≥9.9 元 子活动 2：完成 2 笔任意金额一网通支付	一网通支付金额 >18 元

续表

策略执行频次	执行日期	客群明细	权益	领取权益需达成的资格	成功准则
策略3：单次	月末	1.当年借记卡新户 2.大学生学籍认证日期：当月 3.最近两个月快捷支付交易笔数：少于4笔	子活动4：迪士尼套票+网易云黑胶会员+QQ会员+支付宝立减金	子活动4：完成任意金额外场景新型支付或完成任意金额绑卡快捷交易或连续4天资产达1 000元及以上	一网通支付金额 >18 元

客户成长体系的落地执行

银行在落地执行客户成长体系的运营策略时，结合成本、效益、能力三大要素，进行运营效果预估和监测，考虑策略执行的价值性、经济性、可行性。

1. 成本

银行需考虑各渠道客户成长体系运营策略落地实施投入成本和收效，重点推动客户成长体系落地成本优化。此时线上渠道将有更大的影响力，银行需要更清楚客户定位和内容垂直的渠道；线下渠道将花费更多人力、物力，定位需要精准；同时，银行要充分运用其他平台提供的权益和商户的权益等资源，利用规模效应、合作共赢等模式来优化运营成本。

2. 效益

银行还应考虑对客户参与、客户成长进行效益衡量。在确定运营策略时，银行对运营效果进行预估，例如推广指标、人员指标、服务指标、营收指标等；在运营过程中，银行监测运行情况，进行多轮投入、多波次营销及A/B测试；在运营活动后，银行进行阶段性复盘和评价，对参与度、转化率和投资回报率（Return On Investment，ROI）进行评估。

3. 能力

银行进行相关的运营策略能力的构建。①客户洞察能力：银行深入洞察不同客群的真实需求，描绘客户画像，构建客户体验场景。②数据分析能力：根据客户行为变化的数据，动态测算客户价值、额度需求、短期偏好。③流量获取能力：银行把握和甄别获客、投放活动的渠道资源及质量，使用正确的推广方案，降低单个客户获取的成本。④活动策划能力：银行完成一次成功的活动策略执行，具备创意、策划严密和协作高效。⑤内容策划能力：银行策划符合客群调性的文案、图片、视频、音频、H5，引发客户参与互动或传播。⑥商务谈判能力：银行实施与网络平台、KOL、供应商等第三方机构的商务资源洽谈，达成业务对接。

客户成长体系的效果评价

银行对客户成长体系的投入成本和产出价值进行测算，投入成本包括会员成本，具体包括会员直接获得的现金、积分奖励等权益成本，会员核销的权益成本，已核销的生活消费券、金融优惠券，采购的影音会员费用等。

产出价值包括活动直接价值（会员消费额、会员取现金额、会员分期金额、积分兑换提升等）、客户价值（新客获取、新客人数提升、会员等级结构优化、会员等级升降及偏好）、运营价值（会员黏性提升、会员流失率下降、App月活跃会员数量提升、会员升级任务参与率提升及重点业务转化率提升等）、潜在价值（会员营销价值提升、客户分级提升营销成功率、会员生命周期价值提升等）。

银行客户成长体系的价值目标还包括会员生命周期延长、会员消费金额提升、会员营销价值挖掘。银行通过建立多环节的运营指标体系，明确提升要点，不断改进迭代运营策略。成效评估和运营评估等相关内容如表4-2所示。

表4-2　成效评估和运营评估等相关内容

成效评估	非会员运营评估	新会员运营评估	老会员运营评估	整体会员日常监测及评估
会员等级及激活	仅注册未参与会员计划率 会员计划曝光率	会员等级升降分析 成长值增长分析 成长值构成分析	会员等级升降分析 成长值增长分析 成长值构成分析	会员流失分析 会员等级分析 长尾客群分析 会员生命周期分析

续表

成效评估	非会员运营评估	新会员运营评估	老会员运营评估	整体会员日常监测及评估
会员活跃	非会员转化率	新客任务完成率 App 月活跃会员分析 任务难易度分析 任务完成率分析 会员行为分析 会员功能体验率	App 月活跃会员分析 任务难易度分析 任务完成度分析 会员行为分析	App 月活跃会员分析 任务难易度分析 会员行为分析 活跃客户画像分析
权益领用	等级权益曝光量 / 率	等级权益曝光量 / 率 各等级权益领取量 / 率 各等级权益核销量 / 率 权益核销消费额 权益偏好分析	等级权益曝光量 / 率 各等级权益领取量 / 率 各等级权益核销量 / 率 权益核销消费额	各等级权益库存量 权益成本分析 权益核销分析
积分领用	积分商城曝光率	积分获取量 积分兑换量 积分兑换率 客户使用率 积分商城兑换分析 商品偏好分析 初次兑换时长分析 兑换频率分析	积分获取量 积分兑换量 积分兑换率 客户使用率 积分商城兑换分析 商品偏好分析 商城满意度分析	积分递延收入分析 积分促活分析 积分兑换率 商城体验调研分析
消费及营销价值	消费频次或金额	消费频率分析 消费金额分析 消费分期体验率 账单分期体验率	消费频率、金额分析 消费分期金额分析 账单分期金额分析	消费客单价 分期客单价 客户消费偏好分析 RFM 价值模型分析

让数字化助力客户成长权益平台的建设

银行需要借助数字化工具来提升客户成长体系的管理精细化和自动化程度，建立客户成长权益平台是银行业的常见举措。客户成长权益平台功能架构如图 4-2 所示。客户成长权益平台的核心功能包括权益管理、权益营销管理、权益流程管理、权益数据分析等，基础功能则包括账户管理、用户管理、角色管理、机构管理、标签管理和数据展示管理等功能。客户成长权益评估可以和外部的积分系统以及零售相关系统对接；在渠道应用层和手机银行、网上银行、直销银行、微信银行和渠道网点等渠道进行对接。在银行等金融机构，权益团队采用数字化工具，能更方便地统一全行的权益管理规范和标准，统筹管理全行的权益营销过程，并可以采用数据分析方法对权益收益、营销成果等进行深入分析。

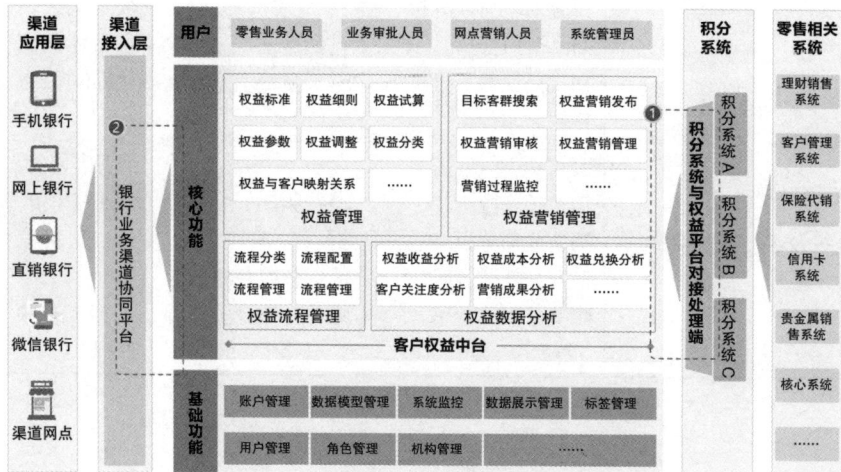

图 4-2　客户成长权益平台功能架构

渠道运营：开启"无接触式
服务"的远程运营模式

善意的话语可以简短易懂，但它们的回响却是无穷无尽的。

——特蕾莎修女

基于全渠道视角制订渠道运营策略

银行等金融机构开始从全渠道的视角来分析各渠道特征、与渠道匹配的客群和产品，明确各渠道定位、渠道面向的目标客群和承载的功能，制订差异化的渠道运营方案，从而规划银行多渠道协同方案。面向未来，银行的各渠道具有不同的客户定位和产品定位，不同渠道的具体情况如下。

（1）线上渠道。其主要面向银行年轻客户。年轻客户追求一站式服务、便捷化操作以及个性化体验，越来越多的客户通过线上渠道进行业务咨询和业务办理，因此线上渠道应提供综合金融产品与服务，强化银行等金融机构的综合金融品牌，以精准营销和个性化服务吸引潜在客户。

（2）短信渠道。其面向银行全部客户。对业务而言，短信渠道主要用于提供一致性客户服务；对客户而言，银行层面统一短信触点，既可以增强客户对短信的信任，也可以避免渠道多头管理引发的业务运行不畅及短信重复骚扰。

（3）远程渠道。其面向银行全部客户，现阶段主要提供一致性、标准化服务，未来以提供智能化、客户定制化的全方位服务为主，建立银行统一服务门户，提升银行的综合服务能力。

（4）物理渠道。其主要面向中老年客户与高端客户，网点渠道获客能力较强，因此应进一步丰富网点业务类型，由银行单一网点向银行甚至金融机构集团化综合网点逐步转化，进一步提升网点产能。

（5）自助渠道。其面向银行全部客户，主要用于提供丰富的、便捷的业务功能，因此应推进自助设备的集约化建设，支持业务的高效办理与营销推广。

银行等金融机构在规划各渠道的客户定位、产品定位之后，将会考虑制订多渠道协同方案，以渠道整合实现各渠道的精准协同，包括门户网站、App端门户、短信平台、客服中心、物理网点综合化及自助渠道集约化。

　　银行等金融机构从客户和银行视角进行多渠道流程协同方案设计，基于渠道特性、客户价值和业务，明确多渠道流程协同重点，确定流程协同的渠道规则。基于不同场景，银行常常将渠道协同分为营销协同、服务协同、业务处理协同等类型。在这些类型中，银行根据客户价值、客户业务和渠道特性（如效率高、体验好），选择渠道流程协同的协同规则，并强调多渠道流程协同的一致性，确保客户体验在多渠道流程中的一致性、时效性、完整性和合规性。

　　总的说来，银行等金融机构基于业务环节分类，规划包括远程渠道在内的多渠道流程协同共性场景，将有利于进一步增强银行层面的营销协同（从加强销售、交叉销售角度增强集团层面的营销协同）、服务协同（从预处理、权益协同角度增强集团层面的服务协同）和业务处理协同（从跨条线协同、业务流程监控和交易信息共享方面增强集团层面的业务处理协同）。例如，银行客户王先生，男性已婚，40 岁左右，白金客户。系统 App 发现王先生浏览了 5 个小额贷款产品，浏览时间较长，并且王先生花了更多的时间研究第 4 个小额贷款产品，几天后，王先生接到了呼叫中心的电话，银行推荐其购买小额贷款产品，并承诺根据王先生的等级给予折扣。这便是一个典型的远程渠道和线上渠道联动的场景。

　　在全渠道视角下，本书分别讨论不同渠道，重点讨论远程渠道运营的未来发展趋势，在金融机构运营转型的背景下，从顶层设计、价值定位、能力提升、科技创新等多方面进一步优化渠道运营效益和效率。

远程渠道从客户服务到客户经营战略定位的转变

　　银行的远程渠道服务，即远程银行，近年来发生了重大变化。在银行数字化转型的背景下，在各类银行金融服务场景中，银行与客户的交互模式发生了显著的变化，"面对面"服务模式受到冲击，厅堂的服务和营销能力明显下降，各家银行开始发力线上服务，研发智能客服、智慧运营、数据风控等金融科技类产品与服务，重构银行与客户的交互模式。笔者观察到银行纷纷加快了由传统的客服呼叫中心向远程银行转型的步伐，并通过数字化技术赋能远程银行，塑造全天候、全渠道客户服务的价值理念。在充分发挥远程银行渠道优势服务客户的基础上，远程银行正不断通过科技赋能、服务能力提升等手段来提高自身的价值，从"客户服务"转型为"客户经营"，从成本中心转型为利润中心，将远程银行变成银行核心竞争力的重要组成部分。某领先银行从服务智能化、渠道一体化、数据应用化和业务场景化助力远程银行的运营模式转型，如图5-1所示。银行在做好客户服务的基础上，利用数据赋能，通过客户经营提升价值，由"客户服务"向"客户经营"转变，协助银行突破物理渠道局限，扩大客户覆盖范围，推动收入增长；在基础的客户服务层，依靠人工智能等科技创新提供智能语音导航、智能客服机器人、智能质检等产品和服务，通过智能技术提升客服服务的效率，降低成本；通过远程渠道和短信、微信、网银和手机银行等渠道的协同，进一步升级客户经营，深化渠道一体化，建立客户服务矩阵；通过强化远程银行的数据分析，构建客户标签、客户画像、客户行为、建模等数据应用能力，同时，建立远程银行客户营销新模式，拓展营销渠道业务场景。

远程银行的新定位和服务运营新模式

《远程银行客户服务与经营指南》展示了"新标准、新服务、新经营"的全新发展理念，明确了远程银行的定义：单独组建或由客户服务中心转型形成，具有组织和运营银行业务职能，借助现代化科技手段，通过远程方式开展客户服务、客户经营的综合金融服务中心。

运营的新定位	运营的价值内涵	远程银行的服务、经营和运营的三大定位
服务智能化	人工智能引领智慧客服建设，主要体现在智能语音导航、智能客服机器人、智能质检等产品和服务上	□ 客户服务是基础工作，是传承
渠道一体化	电话与短信、微信、网银、手机银行等渠道协同	□ 客户经营是价值的升级，是创新
数据应用化	构建客户标签、客户画像、客户行为、建模等数据应用能力	□ 从"客户服务"到"客户经营"的转变中，传统网点客户资源有限，网点经营规模相对较小，远程银行能够扩大客户覆盖面，是创造新的收入来源非常有效的举措
业务场景化	通过创新营销模式，拓展营销渠道业务场景	

图 5-1　远程银行的服务运营新模式

根据同业的经验，笔者观察到远程银行从基础客户服务阶段，发展到产品营销阶段，再进入综合客户经营阶段。这三大发展阶段具体情况如下。

（1）基础客户服务阶段：远程银行提供基础的客户服务，包括服务查询、客户满意度调查、客户业务简单处理等。

（2）产品营销阶段：基于外呼模式和扩展的产品和服务，远程银行成为银行产品销售的重要引擎。

（3）综合客户经营阶段：远程银行依托智能化建设，丰富线上服务能力，能实时、全面、快速、专业地满足客户对各类银行交易、顾问式投资理财与增值服务的业务办理需求，成为客户关系维护和客户价值提升的重要渠道。

从"客户服务"到"客户经营"，远程银行展现出独特的优势，传统网点客户资源有限，网点经营规模相对较小，远程银行能够扩大客户覆盖面，是创造新的收入来源非常有效的举措；远程银行摒弃依靠传统、单一服务渠道为客户提供服务的模式，采用网络、多媒体等平台为客户提供全方位、立体化、零距离的远程综合金融服务；远程银行还可以依托数字人等智能化建设，以更低的成本提升线上服务能力，能实时、全面、快速、专业地满足客户对各类银行交易、顾问式投资理财与增值服务的业务办理需求。

从"客户服务"到"客户经营"转变的要点

银行等金融机构要实现远程渠道从"客户服务"到"客户经营"的转变，关键是管理层观念和意识的转变，即需要意识到远程渠道的数据支撑、客群运营策略、客户体验和运营场景等方面是实现从"客户服务"到"客户经营"转变的关键。

数据支撑是基础。近年来，远程渠道，例如网上银行、手机银行、微信小程序等逐渐成为银行和客户交互的主要渠道，提升了金融服务的可触达性，同时也为银行积累客户数据、分析客户行为奠定了基础。数据分析能力成为银行零售业务发展的核心竞争力之一，数据将有利于银行了解客户行为，完成客户群体画像、定制服务，深耕已有客群，更精准挖掘潜在客群。

客群运营策略是场景创新驱动，银行的精准营销策略需要客群经营更加复杂和精细，从单一客群到多个细分客群，从单渠道到多渠道协同运营。远程银行客户经营体系是基于目标客群的客户成长价值路径和客户体验提升目标，设计的一个跨渠道、跨平台、多产品和多内容的综合客群营销运营体系，也是数字化营销从点到面的进化，远程银行应用大数据的能力正在从精准营销向数字化客群经营进化。从精准营销的单个渠道的"点"，到数字化经营的"线"、网点和远程渠道服务客户的立体的"面"，远程银行的数字化客群经营不是简单挖掘精准目标客户，而是基于经营目标制订精细化、多渠道的经营策略，并确保各项策略在各渠道和各业务流程中落地。

打造极致客户体验。传统渠道网点依靠客户经理的专业能力、服务态度等方式提升客户体验，远程银行则依靠数据能力打造极致客户体验。远程银行通过客户画像和行为分析，实现界面功能展示和客户交互的"千人千面"，并通过建立认知大脑等智慧分析技术分析客户偏好、客户资产和行为偏好，自动推荐合适的产品。远程银行可从上百项功能中直接定位到客户所需的业务功能，并识别客户意图，极大提升客户体验。

搭建运营场景。各银行均力争在远程银行上做到精准的营销投放、多资源整合以及场景应用，加强线上场景生态建设，丰富获客、活客渠道和方式；另外，加强线下、线上金融服务融合、打通，构建场景生态圈，拓宽服务领域，延伸服务，真正实现从"客户服务"到"客户经营"的转变。

从单一渠道视角到渠道一体化视角转变的要点

远程银行的快速发展，深层次的原因是当前影响银行渠道发展的因素已经发生了较大的变化，外部经济环境要求更加集约化的渠道运营，客户和市场要求一体化的渠道触达和服务触达，技术的发展强化了渠道运营的集中度及良好客户体验的可能性。

（1）经济环境：经济增速放缓，银行业金融需求总量的增速受到压制，粗放式的渠道发展方式难以为继，渠道成本备受关注。

（2）客户需求：客户行为模式和需求快速转变，客户线上化趋势明显。近57%的零售客户会使用多种渠道，客户渠道体验要求越来越高，不同客群呈现差异化的渠道需求。

（3）竞争态势：互联网金融的发展重新定义了零售金融的边界，为传统商业银行提供了产品渠道创新空间；互联网金融机构极低的渠道运营成本，给银行带来了压力；互联网金融机构通过线上线下互联，快速占据金融市场份额。

（4）技术发展：技术发展给银行渠道发展带来机遇，大数据的应用使得各个渠道大力发展销售职能，人工智能的应用优化了电子渠道、自助渠道体验，社交技术的进步刺激新型渠道的产生，传统网点基于各类技术进一步降本增效。

（5）监管要求：监管部门鼓励社区银行发展，这改变了物理渠道的竞争格局；监管逐步开放利好电子渠道，银行可以基于多渠道扩张业务；银行在思考发展战略时，将更多从渠道一体化的视角，以客户为中心来规划未来的渠道服务模式，以满足客户需求，并构建多渠道生态系统。

（6）打造场景金融：金融服务的本质是客户生活质量和生产经营的助推器，银行应当围绕工作和生活场景提供金融服务，打造场景金融。

（7）基于不同客群的多渠道服务模式：客户属性的差别，决定了其对渠道需求和偏好的差别；银行应提供定制化服务，以客户为中心，构建差异化、个性化的渠道服务模式。

（8）多渠道联动的业务流程，打造最佳客户体验：银行打造多渠道联动的业务流程，将客户向其服务的主渠道迁移；建立不同渠道的信息共享和联动的产品推荐机制；从客户痛点出发，基于客户痛点进行各渠道的业务流程再造。

银行在规划远程银行未来发展战略时，常常面临挑战和困惑。例如，银行缺乏系统性的规划，导致远程银行无清晰的发展定位和思路，仍然局限于传统的客服中心服务范围；银行现有组织架构制约了远程银行发展的思路和资源要求；银行缺乏数字化科技人才来支持远程银行的数字化创新；银行单纯的线下业务向远程渠道的迁移还是局限于传统的语音载体，而不是真正从远程银行多媒体的角度来设计多渠道融合的客户旅程，导致客户体验效果不佳；等等。

因此，笔者认为银行在规划远程银行发展蓝图时，需要注意以下几点。

规划好远程银行的战略定位和顶层设计

银行服务渠道正发生着深刻的变化，据中国银行业协会的数据，国内领先商业银行的机器人文本分流率、全渠道自助分流率等衡量远程银行成熟度的重要指标已经处于较高的行业水平，而区域性银行在这方面还有不小的提升空间。远程银行从传统的"客户服务"正在转型为"客户经营"，在顶层设计上，银行应该结合自身的发展战略、资源禀赋和组织架构特点，形成符合自身特色的远程银行发展战略，以"价值中心"的思路来构建未来的远程银行运营发展战略。无论是成为全行的综合金融服务中心，还是服务业务条线的渠道中心，都应该跨越传统定位，实现价值提升。

1. 载体多元

远程银行在渠道建设上已经从传统的单一语音渠道转变为短信、微信、智能机器人、微博、文本、短视频等多媒体渠道，提供全方位、立体化、零距离的远程综合金融服务；从传统意义的"我问你答"服务咨询，到"你说我做""我说你做"等更加灵活的业务办理形式，依托数字化智能技术，协助客户完成各类银行交易、顾问式投融资理财与增值服务等业务办理。

2. 客户定位

远程银行作为具备远程属性的"空中营业厅"，需要从客群价值和客群行为线上化程度两大维度精准选择适合其经营服务模式的细分客群。转型初期，在确定远程银行客户的定位思路方面，建议以具有远程属性的大众普惠客群为切入点，在运营模式和专业能力逐步固化后，再逐渐覆盖至富裕客群和高净值客群。

3. 渠道协同

银行需要思考如何让远程银行与银行物理渠道的客群和网点主打产品形成差异化的定位，创造更多的业务协同点，促进线上线下场景深度融合，规划符合自身业务特点的远程客户经营和服务策略，构建远程银行与银行网点联动、客户经理等线下服务与远程银行协同的"线上＋线下"数字化经营体系，加强与分支行营销和客户服务触点的合作，敏锐捕捉介入客户经营的关键流量入口，建立线上线下协同经营的有效渠道，实现场景迭代和嵌套，相互引流，为客户提供全渠道、一体化、全方位的服务体验。

在产品定位上，随着客户行为线上化和技术平台日趋成熟，在监管框架下，大部分银行业务均可便捷、及时地实现全流程线上化。近年来，业务流程线上化进一步实现跨越式发展，原本难以全流程线上化的房屋按揭业务、房抵类贷款业务、复杂型财富管理业务等，逐步实现了全流程线上化。笔者建议远程银行打造由"基础客户服务＋业务咨询＋增值服务"构成的产品服务体系，在理顺线上与传统物理渠道协同联动关系的基础上，打造全方位、无缝衔接的优质产品服务体验。在产品服务的交叉营销中，远程银行在基于数据分析技术进行客户偏好分析的基础上，还可以主动提供或者协同销售重点的银行产品和服务，包括信用卡分期、信用卡激活、保险和增值服务、邮币卡和贵金属销售等产品和服务。

业务价值导向，远程渠道的
应用场景范围更加广泛

当前，不少银行正在加快研究如何进一步扩大远程银行的业务场景，如何加快对线下业务和线下业务环节的替代。典型的远程银行应用场景只有在前台客户服务人员和后台远程银行作业人员以及技术支撑人员的联合协同下，才能高效完成业务协同。移动展业是远程银行应用的重要场景之一，如图 5-2 所示。在移动展业的客户现场，客户经理通过手持设备，可以协助客户完成身份认证、远程开户、挂失 / 激活等业务。同时，后台视频和语音作业中心的专业团队亦可协同参与，并提供屏幕共享，远程协助，叠加水印、时间戳等专业技术能力支撑。在远程银行相关技术能力的支持下，通过前台和后台的协同，客户可以高效合规地完成理财产品咨询和购买等较为复杂的业务办理，并获得良好的体验。

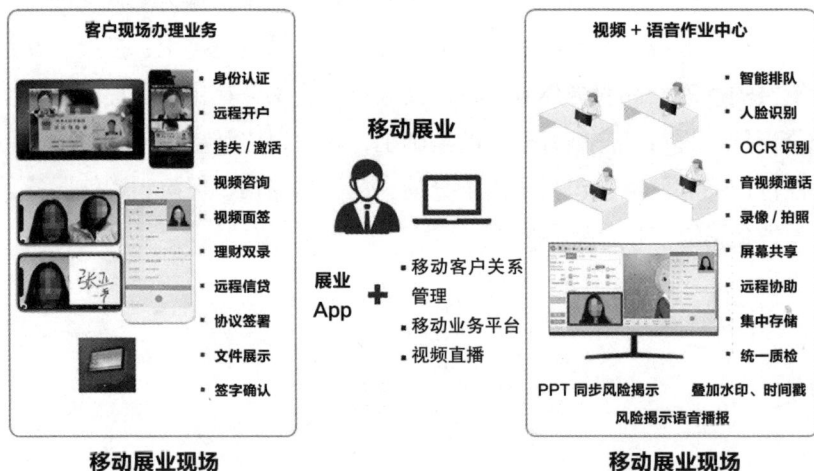

图 5-2　远程银行的服务场景——移动展业

基于项目经验，笔者将对当前远程银行常见的业务场景进行梳理和总结。这些业务场景主要分为信贷类、理财类、账户类、签约类、存款类、业务查询类等类别。

信贷类业务场景

信贷类远程银行业务场景是十分常见的远程银行业务场景，近来，通过远程银行渠道承接信贷类业务，已成为业界广泛推广的业务场景。信贷类远程银行业务场景主要涉及贷款面签、贷款展期申请及面签、贷款还款和贷后巡检。例如，贷款面签远程银行作业通过远程视频银行开展信贷面签，借款人先将合法有效证件（原件）、印章等材料的影像通过手机银行等渠道上传至银行系统，材料审核通过后，借款人方可发起视频呼叫，由远程银行坐席协助，完成后续的身份、信息、意愿核查，签署电子贷款合同，确认贷款合同生效。远程银行在信贷业务上的应用可以大幅缓解柜面审核压力，根据统计，远程银行信贷面签业务全流程耗时 3 ~ 4 分钟，业务成功率超过 90%，单个坐席每日可服务数十人。可见，远程银行能有效提升网点放款效率，帮助银行服务提质增效。

理财类业务场景

理财类远程银行业务场景主要涉及理财账户注销变更、购买意愿确认、理财产品购买及撤单、理财风评等。例如，大额理财或信托、基金等产品购买，通过远程视频银行认购理财、基金或信托等产品的客户在填写认购份额后随即触发视频呼叫流程，远程银行坐席接听视频，完成客户身份信息核查后，通过音视频在线问答的方式以标准话术与客户共同完成理财及其他投资产品的购买意愿宣读，客户需要口头确认认购信息，完成后坐席将在系统内操作，并把最终意愿结果以短信或微信信息的方式推送给客户，由客户手动确认，确认完成后，业务流程结束。认购意愿真实性的确认是理财产品购买中的重要环节，远程银行的这个业务替代环节，既节省了高净值客户的宝贵时间，又可以增强银行风控能力。另外一个常见的业务场景是理财产品购买前的风险评估，目前远程银行的交易场景主要为非首次认购理财产品、风险评级过期，通过远程银行视频完成风险评估测试并提交，坐席审核后便可输出评估结果，完成理财风险评估流程。理财风险评估本身不是销售环节，但它是银行销售理财产品的前置条件，具有高频率、增值性低但重要性强的特点。通过远程银行的风险评估环节，银行的人力资源压力可以获得极大程度的释放，其可以将更多时间、精力用于收入类业务，为网点增收。对客户而言，远程银行的引入将使其获得足不出户、敏捷高效的业务办理体验，节省时间和经济成本。

账户类业务场景

账户类远程银行业务场景主要涉及对公法人开户面审、客户信息维护查询、卡密码修改、账户状态变更、I 或 II 类账户申请。例如，在对公法人开户业务场景中，传统作业是企业客户携带其身份证及企业经营证件到营业网点面签审核完成开户，部分大型企业开户可以由银行人员上门完成面签，传统作业方式给企业及银行都带来了较大的人力成本与经营成本。远程银行有效地解决了业务痛点，在对公开户预先填单申请阶段，企业客户可线上提交企业信息及复印影像材料，在远程对公法人面签环节，远程银行坐席通过音视频沟通、影像传输等方式与企业客户对接人核实相关文件。远程视频银行模式下，对公开户面审的流程持续约 3 分钟，企业法定代表人仅需要在法定代表人及企业证件拍照上传的关键时点出现即可，这大大压缩企业客户和企业法定代表人的时间成本和其他成本，远程银行的应用具有较重大的意义。

签约类业务场景及其他业务场景

1. 签约类业务场景

签约类远程银行业务场景主要涉及手机银行或短信签约、其他业务类签约。例如，远程银行坐席可以和客户以一问一答的方式完成手机银行协议签约，客户在问答的同时，远程银行坐席也会在线上代替客户录入手机银行签约信息，包括姓名、手机号等信息，银行将根据签约录入的信息向客户发送验证短信，客户验证完成、绑定手机号后再确认远程银行推送的其他签约信息，便可以完成业务办理。比起在其他渠道（网上银行、官网等）进行签约，通过远程银行进行电子签约更加快捷、简单、便利，可以为年龄较大、残疾群体的金融服务需求提供切实保障。

2. 其他业务场景

远程银行的其他业务场景还包括以下内容。

（1）存款类远程银行业务场景主要涉及转账机转账限额设置。

（2）业务查询类远程银行业务场景主要涉及持有理财产品或客户信息查询、还款记录查询。

科技塑造数据驱动的经营创新点

多数银行领导层已经意识到科技将是远程银行重塑银行业务流程和业务模式变革的核心驱动力，也是塑造数据驱动的经营能力的支柱。领先的远程银行已经在积极进行数字化创新，提升运营效益和效率，加速远程银行实现服务差异化和营销价值化，打造智能化服务新形态。远程银行采用新技术来突破风险业务瓶颈，实现线上线下多渠道融合，让其从银行成本中心向价值中心转型。当前远程银行常见的新技术应用场景如下。

1. 智能远程银行客服微平台

远程银行通过建立原子化的客户服务微平台，嵌入 App、自助终端等多个渠道，为零售对公多条线、线上线下多渠道提供一致的客户服务，建立多层次、分场景的客户服务体系。

2. 数据分析技术提升客户服务

远程银行立足于自身渠道获取的客户信息优势，通过采集海量客户信息，建立远程银行渠道的数据分析应用技术平台，应用于业务分析、话务量预测、文本挖掘等领域，并根据客户的基本属性、账务信息、行为轨迹、资产偏好等进行特征分析，建立客户价值评分模型，对重点客户进行筛选、挖掘，细化客户标签，实现更精细化的客户分层分类，进行差异化经营，针对不同的客群制订相应的经营策略以及进行精确营销。

3. 人脸识别及声纹识别提升识别率

在远程银行的在线客服渠道应用人脸识别技术，提高客户识别率，服务效率和客户体验显著提升。在电话客户服务渠道，银行可以通过声纹技术建立多维度客服端身份识别体系，并将服务方式从串行改为并行，这能极大提升客户体验、话务效率和识别精确度。

4. 人机结合的智能语音服务，客户服务机器人释放人力

银行可以采用自动语言识别、自然语言处理等技术，将智能语音机器人

和交互式语音应答（Interactive Voice Response，IVR）结合，从而实现客户快速自助办理业务，缓解高峰业务压力。常见智能语音机器人包括远程银行智能客服机器人、任务型机器人、问答机器人、电话导航机器人等。将人机语音交互应用于工作量大、内容单一的简单交互场景，将为线上经营带来新的突破，其适用的场景包括财富产品到期提醒、账单分期、逾期催收等，有效释放人力到高价值场景。

5. 智能分析和质检、营销

采用智能技术规范对远程银行客户的服务用语，提升外呼营销话术。

基于数据和科技能力打造远程银行的核心竞争力，其重点领域应包括：通过建立客户行为和画像分析模型精确了解远程银行目标客户；从精确营销到数字化客户群体经营，实现远程银行客户营销从点到面的提升；通过数字化技术打造远程银行的极致客户体验；布局远程资源，整合线上线下的应用场景，将远程银行服务融合到更广泛的银行场景生态圈，丰富远程银行的服务场景。

6. 运用音视频平台和 AI 技术

AI 技术可以提供全景录像、音视频通信、音视频管理、集群服务、光学字符阅读器（Optical Character Reader，OCR）和生物识别等技术来支持业务场景。这些业务场景包括贷前尽调、远程开户、虚拟营业厅、直播培训、视频会议、信贷面签、智能双录、智能质检、虚拟客服、金融核身等。

在业务流程中引入音视频平台和 AI 技术，对业务前端进行改造，能更加高效地实现远程服务的目标，如贷前尽调、贷款面签、对公开户等；以音视频通信为基础，建设远程视频银行，支持信用卡激活、借记卡密码修改等业务场景；结合音视频平台与 AI 技术，打造虚拟客服，为客户提供 24 小时在线服务。另外，为满足风险合规需求，基于音视频平台和 AI 技术打造智能双录、智能质检等应用；基于音视频平台，开发视频会议、内部培训等应用方案，一个平台同时支撑内外部应用。此外，借助音视频平台和 AI 技术，银行还可以在远程银行中有效地打造直播、线上理财课堂、视频营销等新型服务途径，开启银行新媒体私域运营的新旅程。

完善远程渠道体系，支撑价值实现

完善远程渠道规范运营的管理体系

远程银行的管理要求和传统的客服中心并不一样，银行需要从组织架构、营销体系建设、人员体系规划、财务管理和内部服务定价管理等方面构建更加完善的管理体系，确保远程银行的规范运作和未来的发展。

1. 组织架构

作为银行的价值中心，远程银行从传统的客服呼叫中心转型为银行的一级部门或利润中心，需要在部门职责设计上重新考虑管理和运营分类，明确区分专业条线服务与一般条线通用服务的原则，从而利于远程银行专业团队的培养、发展和专业化。在组织架构上，若有多个场点，一般设一个总中心场点，负责与各业务甲方协调工作，统筹资源、全局调度；在远程银行内设立独立的质量合规、规划、培训管理、信息技术和内勤等管理职位，管理一线班组长与坐席业务。

2. 营销体系建设

不同于传统的客服中心，远程银行需要强化营销体系的建设，在远程营销客户经营体系方案、精准营销名单需求、远程营销业务流程建立及优化方案、远程营销运营管理建设方案、远程营销风险防控方案、远程营销业务管理流程优化方案、成本利润核算建议方案等方面形成具体的举措或方案；同时，还需要建立远程银行专业化营销质量管理体系，通过人工质检与智能质检 KPI 设立，平衡流程管理、客户满意度管理、质量管理与运营管理。

3. 人员体系规划

银行加快推进远程银行的转型，还需要提供符合其业务发展的人力资源管理办法和建议，并按照专业化运营管理形式规划各岗位及业务职能，组织架构规划，提出远程银行的招聘建议与管理办法建议，建立针对远程银行的培训管理体系、绩效评估体系，建立激励机制、员工职业生涯规划、财务管理制度、成本利润分配体系等。

其中，综合性的远程服务体系的建设落地需要适配的人力资源体系与管理制度应该包括以下部分：

（1）按照专业化运营管理形式搭建组织架构；

（2）根据业务属性的差异性设置不同的序列，规划各岗位的业务职能、任职资格并建立职业生涯规划地图；

（3）根据任职资格标准评价团队及员工的能力现状，据此提出招聘建议与管理办法，以及建立培训管理体系；

（4）根据岗位属性的不同搭建差异化绩效评估体系以及激励机制。

4. 财务管理和内部服务定价管理

本着"准市场化运作、订单式管理"的原则，银行需要建立远程银行的财务管理制度和精细化成本核算机制，加强业务处理的成本管理。远程银行的业务条线和总行管理层应制订中、长期的成本管控目标，通过提升管理能力、专业能力以及完善流程等方法控制业务处理成本，这些措施包括内部服务订单定价方法：业务单价由总行财务团队核定；人事费用预算根据各地的薪酬额度并结合当地社保水平核定；办公保障费用根据各地正常运营需要的相关标准核定；服务费用的计费方式根据不同的模式进行选择。

5. 运营管理流程优化机制

银行应该建立长效的远程银行服务流程，持续提升和改善经营机制和提升团队管理能力，通常需要持续优化的流程包括电话营销或呼出服务处理流程、投诉处理流程、应急处理流程、远程营销团队与各业务部门之间的沟通流程、数据分析与优化管理流程、数据报表管理流程等。

6. 风险管理

探索建立符合远程银行后台服务中心的风险管理模式，全面、有效防范风险事件，降低风险损失，维护中心的声誉。远程银行应建立风险报告制度，远程银行运营风险管理应遵循"提早识别、全面防控、及时消除"的原则，处理风险事件必须快速响应、彻底排查、及时上报、妥善处理、落实整改。

7. 绩效管理

绩效管理常见的提升点涉及远程银行营销团队的绩效体系，包括绩效管理制度范围以及相关的数据核算、远程理财经理绩效管理、远程营销后台管理岗位绩效管理等。针对不同的远程银行服务类型，如外呼催收、营销、呼入客户等，银行需要细化不同类型的服务评价指标体系，包括过程类指标（外呼通数、名单执行率、催收账户滚动率、客群输送及 AUM 提升）、质量类指标（质检合格率）、结果类指标（成功情况统计等）。

远程银行是继直销银行、互联网银行后的又一数字化银行的全新运营模式，体现了当前中国银行业客户服务和运营模式的发展新思路，具有全时、全域、全场景的优势，是推动实现银行"无接触式金融服务"的重要举措。

建立面向价值创造的远程渠道服务

基于中国银行业协会的统计，截至 2023 年 6 月，已经有 23 家银行的远程银行中心正式挂牌，11 家客服中心计划建设远程银行。作为一级部门，远程银行起初为"客户服务"的成本中心，其信念为"以客户为中心"，努力创造最佳服务体验，其业务范围包括业务咨询、业务查询、交易办理、投诉受理、风险排查和其他增值服务，后转变为"客户经营"的渠道中心，通过网络、多媒体等平台，为客户提供远程综合金融服务的创新服务模式，又转变为"客户运营"的准利润中心，搭建前、中、后台一体化管理体系，该管理体系中包括运营管理、人员管理、风险内控管理和考核管理等。

远程银行的高阶规划将涵盖运营管理关键模块，从运营管理、人员管理、风险内控管理、考核管理等角度规划远程银行运营管理框架。

在管理机制创新方面，笔者也注意到领先的远程银行也在不断寻求创新和突破。例如，远程银行建立内部服务计价机制，图 5-3 列举了国内不同金融机构内部服务计价和成本分摊的机制，如采用市场化运作机制，参考市场定价与远程银行部门签订内部服务协议，按照业务量或者人员进行计价，或者进行公司化运作，按照实际运营成本进行定价。另外，常见的计价方法还包括按照管理会计的方法进行成本分摊，内部并无实质性的费用结算，实行内部服务计价或成本分摊，有利于倒逼银行优化流程设计。例如，有些银行分行网点出于风控考虑，对特定业务要求多道授权，由此产生的后台工作量较大。但实际是否真的需要设置多道授权，风控效用是否达到，还有待商榷。

交通银行	服务计价	· **市场化运作机制**：签订内部服务协议，按业务量或按人员计价 · 成本按业务分支机构、业务板块两大维度进行分摊
工商银行	成本分摊	· 未向分行或业务部门分摊成本，仅与总行分摊成本 · 运营管理费用计入分行财务账
农业银行	模拟利润核算	· 信用卡业务实际收益归开卡行，账上划拨信用卡中心 · 客服中心相关管理成本分摊至信用卡中心
中银商务	服务计价	· **公司化运作**：签订内部服务协议，对口部门包括中国银行卡中心、中国银行总行网络金融部，以及集团内客户，如中银保险、中宏保险、中银三星人寿（集团客户的服务协议不通过总行，由公司直接和客户签订） · 按**实际营运成本**（包括人员成本、场地成本和系统成本）定服务单价，按业务量结算，总行对利润无太大要求
建设银行	成本分摊	· 内部无实质费用结算 · 外包集中作业按字符计价，目前仅外包费用向分行分摊，其余计入总行成本
招银金服	服务计价	· 招银金服直接与总行和各分行签订年度服务协议，非常规业务（如针对特定活动开展的外呼营销）则按项目签订临时服务协议 · 按**人力成本**（含办公行政费用）进行年度预算，不含租金、物业以及水电气费用（驻场式外包）

服务计价	模拟利润核算	成本分摊	非独立核算
有实质费用结算	无实质费用结算	后台向业务部门或 分行分摊营运成本	无独立的财务部门 和账簿体系

图 5-3　远程银行的内部服务计价机制

远程渠道如何通过数据分析提升客户价值

远程银行中心的定位为经营中心、价值中心与客户体验中心。管理层意识到，在依靠集中标准化获得初步的集约化成效之后，未来远程银行中心的发展必须依托大数据技术，深挖业务潜力，才能进一步提升远程银行的价值、创新远程银行的发展思路。例如，通过深度应用大数据的分析能力，远程银行中心可以有效解决转型中出现的客户特征与需求不清晰这个痛点。大数据分析技术以标签为手段，推动业务对象的"超细分"。在此基础上，通过构建全景的客户画像，大数据分析技术助力远程银行对不同客群分层经营，细分远程银行运营场景，利用精准的服务策略和营销策略，全力推动远程银行中心由被动的"客户服务"向主动的"客户经营"转型。

远程银行的智慧数据战略支撑

远程银行的智慧数据战略的主要目标是客群经营。银行需要洞察客户个性化需求，围绕客户全生命周期管理，建立差异化、定制化交互模式，实现在线服务的"千人千面"，努力为客户提供极致服务体验；加强客户分层分群管理，通过客户画像来分析客户偏好、客户资产和行为习惯，丰富远程金融服务产品体系。新金融时代，远程银行中心都在积极尝试更有效地采集并应用客户数据，特别是大量的长尾客群数据或者低资产客群数据，探索全新的客户关系管理与经营模式。伴随着大数据应用的讨论、创新，个性化技术成了重要落地点。各家银行数据仓库的海量客户数据为进一步精准、快速地分析客户行为提供了坚实的数据基础。利用大数据分析和挖掘工具，精准分析客户的基础信息、服务渠道和行为轨迹，可以提炼出远程银行客户的信息全貌和画像，进而形成可直接应用于远程银行客户经营的动态标签库。

远程银行可以整合不同渠道的海量数据，通过建模描绘客户画像，建立多维度的客户行为及特征标签体系，输出策略，提供贴心服务并实现客户精准维护，利用远程方式支持获客、活客、留客。通过建模描绘客户画像的目标是通过标签体系化建设以及封闭性的分类方式，对客户实现精准分层分级管理。远程银行中心通过客户分层模型，可以建立匹配远程银行目标客群的不同层级客户的个性化、可定制化的运营管理方案，实现客户流量的业务经营从零散化、粗放化向标准化、精准化转变。运营层面，一方面，可以基于服务数据分析挖掘客户偏好，优化流程、话术及策略，促进智能机器人等产品的迭代，提高交互能力和人机协同效率；另一方面，通过分析运行指标和客户行为数据，可以有效提升现场管理水平，这些数据与指标成为人员调度和运营管理的重要依据。另外，大数据分析还可以广泛应用于风险隐患识别、客户分层和价值挖掘等多个方面。建设数据中枢，促进远程银行各项决策向以数据为主导的智慧型模式发展，常见的运营场景如下。

打造极致客户体验。银行通过客户画像和行为分析，实现界面功能展示的"千人千面"，并通过数据分析客户偏好、客户资产和行为偏好，自动推荐适合客户的产品，从手机银行上百项功能中直接定位到客户所需的业务功能，并识别客户意图，这能极大提升客户体验。

搭建运营场景。各银行当前均力争在远程银行上做到精准的营销投放、多资源整合以及场景应用。一方面，加强线上场景生态建设，丰富获客、活客的渠道和方式；另一方面，加强线下、线上金融服务融合、打通，构建场景生态圈，拓宽服务领域，延伸服务周期。

兼顾客户体验与价值创造，变革产品管理模式。借助大数据应用，远程银行中心可以根据客群属性、渠道及场景特点合理配置资源，打造客群立体式经营方式。通过典型算法，建立呼入式交叉销售及外呼推介等各类业务模型，将客户群体与产品画像进行匹配，向客户推荐合适的产品及组合，实现从"客户服务"到"客户经营"的业务模式变革，促进客服中心从成本中心向利润中心和价值创造中心转变。

案例：远程服务，从客户
服务部门到盈利中心的转变

【案例一】某五大国有银行远程银行：非接触"云服务"模式创新以及客户线上"云运营"模式

近年来，某五大国有银行积极通过远程银行的业务和技术创新，推广非接触式"云服务"模式，以客户为中心，建立"云运营"远程银行服务体系，提升业务关键指标，优化服务品牌形象。其创建举措如下。

1. 坚持客户至上，横向强化智慧协同"云服务"创新，提升客户服务体验

近年来，客户对非接触服务需求和体验要求持续升级，该远程银行主动顺应数字化时代的客户行为变迁，进一步运用新技术提高金融服务供给能力和创新水平，打造智慧协同"云服务"模式。

一是聚焦客户金融需求，拓宽远程银行业务范围，全面覆盖"个人＋对公""境内＋境外""金融＋泛金融"等业务，为客户提供综合金融业务服务。

二是聚焦客户远程服务体验，丰富远程银行服务手段，加快推进人机协同、分层差异化服务等模式的应用，以智能服务提高效率，以人工服务提升温度，以"智"提"质"，为客户提供优质远程金融服务。

三是聚焦客户跨渠道需要，强化远程银行连接枢纽，构建起"线上＋线下＋远程"全渠道、协同式服务网络，推动实现全渠道信息共享、流程互通，为客户提供一点接入、全渠道响应的一站式服务体验。

2. 坚持守正创新，纵向打造线上"云运营"体系，提升远程价值贡献

该远程银行作为银行客户服务的重要入口、客户关系维护的重要平台、众多服务渠道的连接枢纽，对客户和市场拥有强大的感知力，在推动银行业务运营全方位数字化转型、客户运营全流程线上升级中，起着重要作用。打造线上"云运营"体系的步骤如下。

一是在前端强化客户触达，充分依托远程客服、线上平台、新媒体生态等多触点，建立线上全量客户运营维护体系，创新远程客户关怀模式，不断提高远程客户关系管理水平。

二是在中端强化运营支撑，探索构建数字化、智能化、共享化的企业级业务运营中台，推动线上运营数据整合、资源整合，加强客户流量集约管理，助力集团开展精细化客户线上运营。

三是在后端强化共享支持，围绕体验改进、运营优化、风险管理、知识管理等环节，开放共享远程银行专业能力、信息资源、专家团队，为银行业务发展提供云端化、集约化、专业化支持。

3. 远程银行"服务＋营销""智能＋人工"助力中间业务收入等核心指标提升

一是该银行借助"服务＋营销""智能＋人工"等多渠道、多触点，与总行个人金融部、银行卡业务部、结算与现金管理部、私人银行部、贵金属业务部等全行多条线部门广泛合作，探索利用客群维护、精确营销等方式，助力中间业务收入、重点产品渗透、客户贡献度等核心指标有效提升。

二是开展信用卡分期营销，发挥集约化、规模化优势，配合银行卡业务部，统筹开展信用卡分期呼入、呼出营销，充分挖掘人员效能，扩大外呼人员规模，加强外呼人员管理，助力全行信用卡分期手续费等中间业务收入提升。

三是助力私人银行拓户，与私人银行部合作，开展目标客户外呼签约工作，通过短信推送、电话外拨、线下联动等方式，开展精准外呼拓户，通过线上签约、线下网点签约两种方式促进私人银行拓户，增加私人银行签约客户数量。

【案例二】某股份制银行：远程银行的客群经营业务创新[①]

该银行网络经营服务中心围绕数量庞大的长尾客群，建立线上数字化经营体系，形成线上、线下一体化经营体系。

---

① 案例来源：中国银行业协会《中国银行业客服中心与远程银行发展报告（2021）》
听六大行部门高管谈"远程银行未来发展趋势"。

（1）线上数字化经营按照客户类型的不同，制订差异化的经营目标及策略。①基础客户方面：基于数据化驱动方式，聚焦细分客群需求，促进客户活跃、资产达标、AUM 提升等。②双金客户方面：通过一体化的线上经营场景、精细化的策略管理，培养客户黏性、挖掘客户财富潜力。③充分应用金融科技，发挥渠道优势，以平台为支撑，以客户最佳体验为目标，围绕潜力价值客户习惯养成关键时刻开展深度经营工作。

（2）搭建 35 个智能外呼场景辅助线上经营，包括理财到期、卡片到期、金卡提升等场景，覆盖客户经营生命周期的各个环节，外呼触达效果显著好于对标企业。

（3）打造"小 × 理财顾问"订阅号，通过订阅号交互，提高经营效率，聚焦价值经营。在远程客户经营过程中，客户可以通过手机银行 App 上的"小 × 理财顾问"订阅号在线与远程客户经理互动，咨询感兴趣的金融产品，还可以获得客户经理提供的全面财务分析，以及理财产品额度预约，并可以通过在线发送的产品订单实现一键购买。

（4）创设财富配置月报、智能订单、在线财务规划等智能化产品。线上同屏财务规划为客户提供了财务数据和文本语音同屏展示的交互体验，让客户足不出户即可享受专业的资产配置服务。

渠道运营: 破解网点困局,
提升网点竞争力

人们已经尽他们最大的努力工作了。问题在于系统本身,
只有管理者才能够改变系统。

——威廉·爱德华兹·戴明

网点面临巨大挑战，但价值仍在

目前，银行管理层都在重点思考如何破解网点面临的困局。一方面，网点的客流在断崖式地下降。网点在银行运营成本中的占比大，由于租金和人工成本上升，所以网点的投资回报率不断下滑。另一方面，银行认为仍然需要坚守网点，毕竟在广大客户的认知中，网点等同于银行品牌和信誉。另外，银行担心如果裁撤网点，好的地理位置马上就被同业网点填补，银行就会失去一个不可复制的区位优势。

某头部上市城商行在 2022 年的半年报中提出启动网点扩张计划，在两年半内新增加 50% 的网点数量，用于拓宽渠道，促进服务下沉，更好地支持实体经济，近距离地向所在区域提供优质金融服务。在笔者看到的中国银行业的最新统计信息中，虽然四大国有银行在局部地区进行了网点的裁撤，优化了网点整体布局，但近两年全国银行网点总数的净减少却并不显著，未超过 1%，一定程度上反映了银行对于网点是否存在的尴尬处境和战略犹豫。

破解网点的战略困局，激发网点运营活力，实现网点竞争力提升和转型，银行需要从网点规划与布局、网点流程优化、网点组织与人员、网点数字化赋能等多个方面进行全面的思考。笔者认为银行应该重点关注以下关键点。

1. 网点未来的价值定位和转型

在银行数字化转型、业务线上化迁移、网点去现金化的背景下，银行需要积极思考物理网点的新的价值定位。首先，线上化当然不能代表银行未来发展的全部，线上渠道对潜在客群的覆盖范围整体上仍然不全面，对银行全量客群难以实施精细化、网格化的经营；不少银行正在打造"有温度的银行服务"，线上渠道对此目标的贡献是有欠缺的。其次，线上渠道对客群的线下活动轨迹无法追踪，银行仍然存在不少线下流量，例如，银发客群业务、对公开户面签、现金业务办理、社会化公共缴费服务、小微融资服务等。网点在主动深度营销、交叉营销、对线上渠道的信用等级提升、线下场景化营销、特定客群触点和服务等方面仍具有物理渠道的独特价值。数据研究表明，开一个实体店，平均增加网上点击率 37%；新兴品牌新开实体店，平均增加网上点击率 45%；已有品牌新开实体店，平均增加网上点击率 36%；但在一个市场关闭一个实体店，相应市场网上点击率下降 77%。所以线下网点在客户信任度和价值上仍然具有独特的意义，包括在面对面对客户的建议与指导、咨询式销售、解决问题、风险管理等方面对银行有独特价值。

2. 当前银行网点面临的挑战

笔者对当前银行网点面临的主要挑战总结如下。

（1）网点资源如何优化配置，包括网点柜台配置优化、网点机具配置优化、网点人力配置优化、网点营销服务支持配置优化。

（2）资源配置优化后网点如何管理，涉及不同岗位履职标准和流程优化、岗位协同规则和方法制订、厅堂一体化管理、制度体系化建设。

（3）网点存量精细管理和增量提升如何实现，涉及系统平台优化、流程优化、组织与制度优化、体系化市场运营与客户运营策略。

场景化、商圈化是网点渠道转型的策略

虽然网点仍具有独特价值，但银行网点的转型创新势在必行，网点需要在"线上 + 线下 + 远程"的全渠道模式下寻找新的路径，以**"网点场景化、商圈化"**为突破口，结合区域资源禀赋和周边客群特征，通过网点网格化管理和特色客群开发等措施，详细盘点各网点辖区内不同特点客户群体资源，制订针对性的营销策略和实施计划，承接线上产品和服务的落地与客户服务。促进物理网点与线上渠道的互联互通和协同发展，银行需要制订"特色网点经营 + 科技赋能"的网点经营策略，形成"千点千面""一点一策"的网点经营模式，巩固网点价值的同时，形成"线上 + 线下"互为延伸、互为补充的全渠道智慧服务新格局。

在同业实践中，笔者观察到围绕网点场景化、商圈化的生态建设成为发挥物理渠道优势的重要思路。例如，未来基于生活服务功能引入的"城市社区 + 银发客群""写字楼宇 + 白领""大学校区 + 学生"等以目标客群为分类标准的场景化特色网点，基于政务功能而布局在政务办公场所的政银综合服务网点，基于公益功能的普惠性网点，打通农村金融服务痛点和堵点的农村金融服务网点等。另外，银行可依托网点形成场景化特色业务经营，例如商圈便利型网点、适老型网点、社区银行网点、咖啡银行网点、青年子品牌网点等。同时，网点也可更多地以专业运营能力和科技能力塑造网点场景化运营特色。例如，商户网点支行、文创专营支行、科技专营支行，打造"客户引流、客户深耕、价值挖掘"的商圈化综合营销运营体系，助力线下网点由渠道"护城河"向场景"桥头堡"加速转变，提升网点竞争力。

网点的场景化运营

本书以以下国内外公开的案例来说明部分网点场景化运营的创意。基于笔者的项目经验，当前国内领先的金融机构对网点场景化运营做过很多有意义的探索和实践。

1. 场景化网点：咖啡馆式银行网点

美国 Capital One 咖啡银行采取开放布局的设计，店内设有公共桌和躺椅、任何人都可以预订的会议室、免费无线网络和电源插座，以及免费为所有人提供咨询服务的视频柜员机和自动柜员机（不只针对持卡人），持有 Capital One 银行卡的客户在点单（手磨咖啡和点心等）时，能享受50%的优惠。Capital One 咖啡银行如图 6-1 所示。

图 6-1　Capital One 咖啡银行

2. 场景化网点：Frank by OCBC

新加坡华侨银行（OCBC Bank）凭借其全新的银行概念——Frank by OCBC，一举拿下了 2012 年最佳产品服务创新奖。Frank by OCBC 到底是什么样的银行呢？据悉，Frank by OCBC 是新加坡华侨银行专门为年龄介于18 和 28 岁的学生及年轻上班族量身打造的新概念银行。新加坡华侨银行在几所大学校园内或附近设立了网点，并借鉴苹果体验店的成功模式，将网点打造成一个概念化零售店（各营业部的名称是 store，而非 branch）。客户可自由浏览、触摸和体验各种银行产品，以及咨询和讨论相关问题。在成立初始，该银行就为年轻人量身打造了银行账户、储蓄卡和学费贷款这三款产品，之后，该银行又顺应形势，推出了信用卡项目，并别出心裁地在信用卡上加入100多种精美的设计图案。

概念化的网点布局、创意性的产品设计，加之线上官网与社交媒体的推广营销等，新加坡华侨银行可谓成功突破了"模仿经济"的重围。Frank by OCBC 网点如图6-2所示。

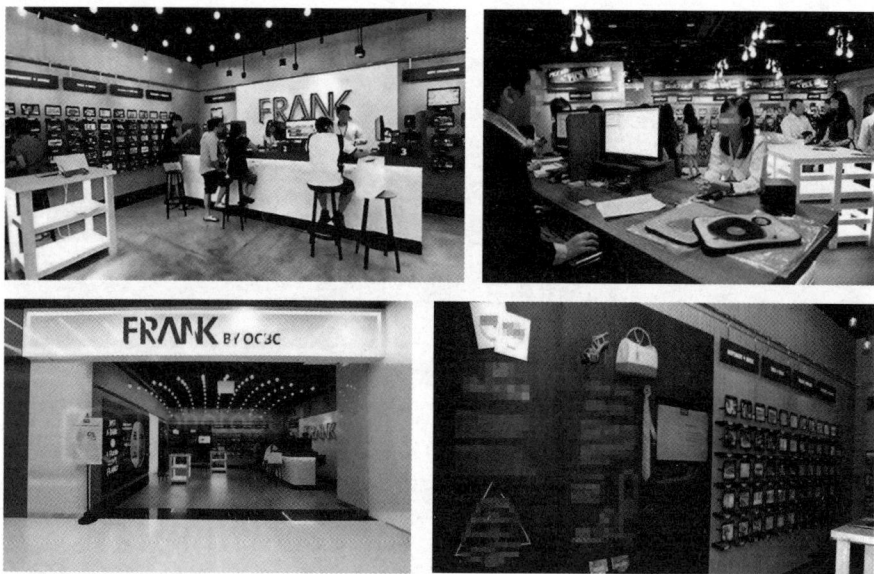

图6-2　Frank by OCBC 网点

3. 场景化网点：银发客群网点

某四大国有银行之一对营业网点进行了适老化改造，梳理了银发客群服务中存在的痛点、难点问题，从服务标识、服务内容、设备设施、服务规范、资产配置、活动方案、金融宣教等方面进行适老化改造。银发客群网点如图6-3所示。

图6-3　银发客群网点

网点的商圈化运营

当前，构建网点商圈是银行网点渠道转型的重要途径之一。网点商圈是指银行为解决网点获客难等痛点，延伸网点服务半径，集中性地将周边一千米范围内的菜市场、餐饮、景区、社区等商圈商户发展为网点的客户，做好日常维护，打造本地流量入口；依靠线下网点服务强黏性优势，通过沉淀交易数据、加强商圈运营、推动综合开发，打造"客户引流、客户深耕、价值挖掘"的综合营销体系，助力线下网点由渠道"护城河"向场景"桥头堡"加速转变。

1. 网点的商圈化运营是银行锁定资金源头、推动资产管理规模扩大的有力抓手

近年来，网点的"获客难""吸储难"等问题越来越突出；同时，客户对在物理网点的体验也提出了更多的要求。

没有良好的体验，银行网点留存客户非常难。因此，银行网点需要从

"存量"经营向"流量"经营转变，从"坐商"到"行商"，强化支付结算能力，将渠道融入客户生活消费场景，从源头把握资金流向，推动可管理资产规模整体扩大。网点商圈就是网点周边交易最活跃的地区，银行只有服务好商圈和商户，才算真正把握了周边市场的主要资金流量入口。

2. 通过"网点商圈、异业联盟"建设，银行提升网点自建场景流量获客能力

作为增强网点流量获客能力的重要转型举措，不少银行的网点融入外部场景，打造异业联盟，开放银行，提供线上导入线下流量等模式。这些转型举措改善了网点客户的痛点，提升了客户满意度，但最根本的流量创造能力、场景获客能力仍未得到提升。由于客户体验等多种因素，线上流量对线下网点引流的贡献有限，线上线下融合潜力仍有待挖掘。在网点智能化程度提升的同时，网点服务的温度体验也在降低。建设网点周边商圈社区，银行则希望进一步提升自身在流量获取、场景运营等方面的主动性，将固有渠道优势转化为场景获客能力，将海量客户基础转化为流量价值，在构建新型线下网点获客体系方面不断探索。

3. 构建"商户引流、客户深耕、价值提升"的网点商圈运营体系

建设网点商圈，提升获客引流效率是基础，提升客流价值创造能力是根本，商户则是破冰突破口。网点商圈场景获客基本逻辑是，以商户收单业务为切入口，拓展周边消费商圈，抢占 B 端商户资金入口，通过结算资金留存，形成稳定的活期存款流入；同时，网点还通过做好商户日常维护，扩大商户交易规模并提升资金留存率、提高整体 AUM。网点还可以通过常态化商圈运营拓展（例如，提供教育、财富管理、公共服务、租房等资讯或活动信息，进行活动运营），"黏"住个人客户，完善个人客户与企业商户联动机制，在支付交易、满减立减等各类活动中获客、黏客；通过收单数据分析，推动极速贷、财富管理、资金管理、账户管理等产品交叉销售；依托商户口口相传营销、支付后广告等模式探索客户转推介业务模式，实现对商圈价值的深度挖掘。最终形成"商圈 + 商户 + 客户"的服务体系，即一个商圈连接 B 端多家商户，依托商圈和商户搭建 C 端获客、黏客平台，形成"抓流量、促增量、增黏性、转推介"的营销闭环。

4. 做好网点商圈运营与网点内部经营活动联动，构建特色化、常态化的营销机制

网点商圈运营是将商圈本地化运营与银行网点内部经营活动相结合，体现网点商圈的本地化、特色化、便民化。常见的模式包括制订和运营基于本行卡的当地商圈的日常营销活动；通过特色节日营销活动，进行网点商圈本地化特色营销；通过外拓营销方式，将业务办理从传统物理网点扩展到商圈，实现商圈金融业务开放融入、拓客营销的同时，提升网点和客户经理业绩和知名度；通过网点厅堂营销，引入商圈商户提供的产品和权益，并引导银行客户到商圈商户处消费，实现网点商圈联动。

如何推动厅堂一体化和机制创新

不少银行的网点管理机制呈现出"九龙治水"的情况，银行零售、运营、渠道等多个部门都会参与网点的业务，网点在实际工作中往往要面对多个条线下达任务和考核。银行在推行网点轻型化、一体化等举措过程中，由于管理机制的约束，推行过程困难重重，同时网点员工任务重、压力大、待遇低、岗位吸引力不强，更是严重制约了网点经营活力的维持和提升。银行未来应该在网点管理机构精简化、机制一体化、考核一体化、管理工作整合化等方面采取改善措施，落实网点管理的组织整合和机制统一，统筹管理网点各类事项，包括网点规划布局、功能定位、服务模式、考核评价、队伍管理、设施设备和管理平台等，明确网点竞争力提升的关键领域的考核事项，切实激发网点活力、减轻网点负担。笔者认为当前银行在网点渠道领域进行优化和创新应该采取如下方面的举措。

1. 网点布局优化和差异化管理

银行不用大规模裁撤现有网点，但需要对现有网点的布局进行优化，基于外部和内部数据，建立网点优化评估模型，给网点的布局优化提供参考，合并密度过大的区域的网点，对现有位置不佳的网点进行迁址等。同时，建立网点分类标准以及相应的资源配置策略，制订差异化的柜口资源、机具资源配置标准，将网点营销费用、人员投入、业务范围、设施设备等各类资源配置与网点分类挂钩，并建立相应的网点效率评价机制。

2. 网点的岗位和人员优化

统筹网点岗位体系设计及劳动组合优化，实现网点人员综合化履职，推动网点人员结构优化，进一步释放网点产能潜力，打造高效、敏捷的网点员工团队。业界在推行类似的网点劳动力组合优化或者厅堂一体化等举措，如打通高柜低柜、打通柜内柜外、打通室内室外、打通场内场外、打通核准内控、打通对公对私，推动网点团队岗位一体化、流程一站式、服务营销一体化、绩效管理一体化。通过强化网点岗位和人员的职业生涯管理，建立具有复合型金融服务能力的全能客户经理团队，重塑银行网点一线人员核心角色，激发网点员工士气，加大绩优员工激励力度，加快职业发展速度，强化网点职业认同与归属感。

【案例一】某城商行网点厅堂一体化管理创新

某上市领先城商行推行网点厅堂一体化的背景：网点厅堂服务能力滞后成为网点管理的瓶颈，银行在厅堂管理方面属于典型的条线和部门式管理，柜员属于运营条线，大堂经理和客户经理属于零售条线，服务环境的塑造属于传统业务部门，机器设备属于科技部门，自助设备属于电子银行部门，客户会在进入网点到业务办理完毕离开的整个过程中经历不同的环节，接触不同岗位的人员。如何在这个过程中统一协调好厅堂的人员和资源，做好客户服务和营销，是厅堂一体化的重点工作目标。

1. 厅堂一体化整体思路

该银行推行网点厅堂一体化，打破了传统的条线分割、单兵作战的网点运营模式，"以客户为中心"的一站式厅堂一体化管理模式充分利用营业网点内功能分区、视觉营销、智能设备、动向引导来实现厅堂内联动、交叉营销，通过完善岗位职责、业务流程、激励措施等方面的管理体系，实施多条线联动，共同做好客户服务营销和维护，提升客户单产贡献度。

（1）厅堂岗位一体化。

该银行厅堂岗位一体化是让包括柜员、大堂经理、个人客户经理、对公客户经理、运营主管、网点负责人在内的网点员工相互配合，形成一个有力的协作营销团队，根据岗位特点，制订岗位营销职责。

柜员在办理业务时需要负责产品推荐；客户经理负责存量客户的维护与产品营销；大堂经理负责厅堂服务管理和营销推荐，拉近与客户的距离，与等待中的客户进行必要的互动；运营主管除内部管理职责外也可以参与营销；网点负责人在做好网点全面管理的同时，可以更多地进行外部营销拓展。大型网点除了公司信贷业务外，还需要做好公私联动营销。

（2）厅堂营销流程一体化。

该银行网点运营人员在岗位联动、发现客户需求、"一句话营销"等方面配合大堂人员进行了一系列创新尝试，取得了不错的营销业绩，实现厅堂人员资源调配一体化、服务管理一体化、业绩考核一体化的"三位一体"，运营工作在厅堂一体化进程中发挥了积极的推动作用。

只有柜员与大堂经理和理财经理等岗位紧密联动、协作营销，才能不断提升客户体验，进一步提高客户单产贡献度和客户黏性；同时，网点营销流程一体化还强调大堂迎宾岗的客户分流，大堂服务岗的二次分流和客户营销覆盖，以及更有效地使柜员能激发客户需求、理财经理能促成销售、客户提升和客户的深度挖掘。

（3）网点推动厅堂一体化的优势。

在网点推动厅堂一体化是网点管理机制创新的一种重要实践，通过实施客户识别、服务环节、网点服务、营销管理、人员考核五个一体化，网点进一步强化管理、融合多条线服务、精准营销，最终实现客户体验一体化。网点将通过客户识别一体化，加强全渠道的客户识别；通过服务环节一体化，统一网点形象；通过网点服务一体化，使厅堂职责更加清晰；通过营销管理一体化，实现全生命周期服务；通过人员考核一体化，实现人员综合化管理。

2. 客户识别一体化

客户识别是指在该银行网点认识并理解客户的基础上，通过"需求—产品"对应模型及客户管理策略，将到店客户推送给对应的营销人员，进行跟进，并将合适的服务和产品送达目标客户，最终达成营销目标。在客户识别的过程中，认识客户是让银行知道客户是谁，通过银行卡、身份证、手机号等标识在各渠道触点知道客户是谁；了解客户是为了定义客户标签，通过大数据分析对客户生成标签，描绘客户的兴趣爱好、社会属性、金融特征、互联网行为等；理解客户是知道客户需求，网点可以通过客户标签知道客户在各个阶段的诉求；服务营销客户是将合适的产品和服务送达目标客户，在理解客户的基础上，按照客户分层分类管理策略为客户推送信息及产品。要达成客户识别一体化，银行需要持续完善识别策略、完善客户标签、构建营销模型、执行营销策略。

3. 服务环节一体化

该银行打造网点统一规范的服务形象，为客户提供一致的服务体验，包括外部环境干净整洁，内部环境明亮舒适，标识标牌统一、规范化，信息公示集中、无纸化。

该银行也在积极建立长效管理机制。制订《营业网点服务环境管理办法》，建立由相关的运营管理部牵头、总行各相关部室归口管理的网点服务环境"1+N"长效管理机制。统一管理标准，对标行业，制订《网点服务可视化手册》，统一存量和新建网点的服务环境维护和标识标牌的建设标准。制订并严格执行营业网点服务设施、物品、信息宣传的"准入—维护—退出"的闭环管理流程，通过"现场＋非现场"监测手段，常态化督导网点服务环境提升。

4.网点服务一体化

该银行通过全面梳理，对现有网点事务进行整合优化，对耗时较长的事务规划优化方向，全面梳理运营业务、厅堂管理和营销事务，优化管理模式、管理流程和管理层级，支持线上化、自助化和集约化，建立网点事务梳理清单（见图6-4）和网点零售、公司营销事务清单，作为网点服务一体化的重要指导文件。建立网点事务梳理清单非常必要，这项举措将有利于网点管理者在新的一体化岗位职责下，确保网点的运营业务、厅堂管理和厅堂营销等事务能够有效地开展，统筹网点业务管理、人员管理、优服消保、安全保卫、厅堂营销等相关事务。

事务分类	一级分类	二级分类		三级分类（示例）	
运营业务	业务管理	班前管理	重空管理	晨会管理	订购与入库
		智能设备管理	印章管理	自助设备清装钞	业务印章配置
		现金管理	行政后勤管理	晨会管理	库款交接
		业务办理	其他业务管理	业务授权与监督管理	账户滚动排查
	人员管理	学习培训	岗位调配	学习培训	星级评定
		考核与评定	异常行为排查	运营考核	异常行为排查
厅堂管理	优服消保	动线管理	服务环境	日间网点人员调度	服务环境管理
		优服管理	消保管理	客户之声及投诉管理	消保工作组织
	安全保卫	安保管理	消保管理	安保工作组织	网点布防
		安全检查		营业环境安全检查	设备检查
厅堂营销	厅堂营销	营销统筹	活动／宣传	营销工作统筹	营销产品／业务
		营销／转介		营销宣传	营销活动

图6-4 网点事务梳理清单

该银行通过厅堂服务一体化优化部分作业模式，提高了工作效率，并有效降低了运营成本。网点作业模式变革（见图 6-5）说明，该银行采取平台作业、标准化操作的集中排查方式，执行统一的作业标准，优化流程链条中的作业环节，新增"先管控后排查"机制，有效提升了作业效率，进一步提升风险管控能力，减少网点账户排查工作量，并合理调整了专职人员数量。

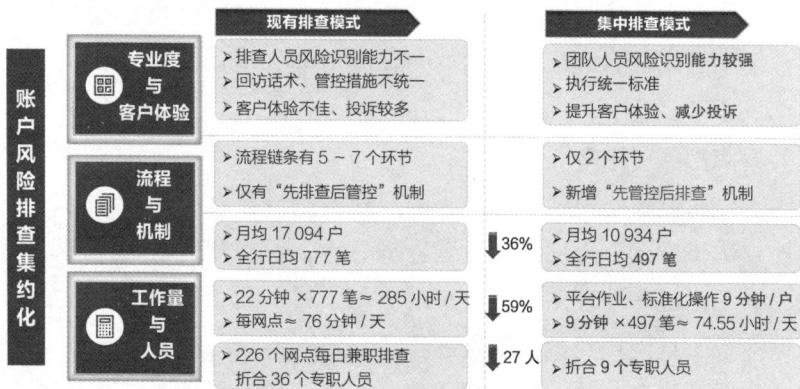

图 6-5　网点作业模式变革

5. 营销管理一体化

该银行通过建立厅堂营销产品标准及全生命周期管理机制，配套智能化、可视化的管理工具，促进网点营销管理一体化，达到厅堂营销产品标准，对营销产品全生命周期的重要环节强调"标准化、普适化、易销型"，并建立统一的管理操作规范。

产品进入厅堂环节：组织岗前培训，对营销话术及标准流程、理财经理素质、营销任务等内容进行培训。

厅堂统筹部门审核环节：上架符合要求的产品，不符合要求的退回业务部门；同时，业务部门组织岗前培训，理财经理开展厅堂营销，业务部门定期盘点，厅堂统筹部门审核。

产品退出环节：厅堂统筹部门通过系统发布产品下架通知，提示理财经理相关产品已下架。

该银行在厅堂推行营销管理一体化的重要工作还包括：对接业务条线及部室，征集厅堂营销需求，同时对照营销产品"标准化、普适化、易销型"的标准进行梳理，形成适宜在厅堂进行直接营销与转介的产品清单；在具

备标准话术和计价 / 分润 / 创利标准的基础上，理财经理根据系统推荐向客户进行"一句话营销"，完成产品销售或转介；在产品推荐环节匹配客户需求，智能推荐产品；在厅堂营销环节，网点理财经理通过标准营销话术机动开展营销，落实标准营销流程，灵活引导客户；完成营销后，通过销售计价和转介分润完成业绩确认。

6. 人员考核一体化

该银行在厅堂一体化的工作中以客户为中心，重新优化设置厅堂组织和岗位，按照厅堂岗位设置的原则，取消运营主管、零售主管、大堂经理、综合柜员、理财经理（旧）等多层级岗位，新设营业主管岗以及理财经理（新）岗，一级支行暂时保留结算监督员。银行厅堂相关岗位及其主要职责如下。

（1）营业主管：负责厅堂人员及事务的统筹管理。

（2）理财经理：承担运营业务、厅堂服务和营销服务三大类职责。

（3）财富经理：专职营销，服务高端客户。

这是该银行根据网点事务梳理结果，重新划分的岗位职责。其中，营业主管作为厅堂人员及事务的统筹管理人员，其主要职责包括以下三个方面。①人员管理：负责统筹人员调配、优化配置与考核培养，包括设计并实施动线管理、人员排班与岗位联动、组织培训以及行为管理等。②网点管理：负责组织分解并落实网点运营业务、厅堂管理及营销发展任务，并进行跟踪、评估与指导。③风险管理：负责组织落实网点业务风险排查和问题整改，负责账户风险、履职检查、违规违纪等风险控制工作。

新设立的理财经理岗位职责分为运营业务、厅堂服务及营销服务三个方面。在岗位分级管理（见习、初级、中级及高级）中，不同等级的职责范围一致，但主要职责侧重不同。其中，营销服务被赋予了新的内容，具体如下。①负责公司零售产品及信贷产品的营销与转介。②负责网点客户资源的开发、管理及维护。③负责开展厅堂营销宣传活动及参与外拓营销，结合相关产品，协助营业主管制订厅堂营销方案，做好柜面或厅堂营销及转介；做好 AUM 30 万元以下客户的维护与营销，并合规销售产品；参与线上、厅堂等微沙龙活动。

同时，该银行按照分级管理原则，对理财经理岗位实施等级评定，区分考核维度侧重方向，形成差异化、阶梯式团队成长模式。

7. 网点动线管理

在该银行厅堂一体化方案中，营业网点通过优化厅堂动线管理，可以提高厅堂客户服务效率，减少厅堂人员工作时间损耗，提升客户体验。该银行的网点遵循"分区、分类、分工"的三分原则，按照以下客户动线进行厅堂管理：24小时自助服务区、咨询引导区、智能服务区、等候互动区、现金及非现金服务区、理财销售区。

该银行在厅堂一体化中完善网点动线管理的三分原则。

（1）分区。

①根据业务需求，确定网点现有功能分区是否完整；②根据物理布局，结合客户动线，优化网点功能分区。在执行过程中的总体要求是功能区域要集中，并且要避免客户动线交叉。

该银行通过合理分区解决网点区域功能分散、客户动线严重交叉的问题，以此减少厅堂人力的占用，利用更少的人员开展更多的厅堂服务与营销工作，已建成的存量网点可基于现有物理布局进行分区优化。网点主要从以下两个方面判断厅堂是否需要进行分区调整。一是判断动线是否交叉或过长，即判断"到店—咨询—业务预处理—等候—业务办理—离店"的常规客户动线是否存在交叉或动线过长的情况。常见问题包括：a.客户动线过长或严重交叉，客户在业务咨询、业务预处理、等候和业务办理等关键环节中，需多次走动才可完成不同环节预设目标；b.动线设计造成员工服务工作量增加，厅堂服务人员需要不断往返走动进行客户咨询、指引和关怀等工作。二是判断区域功能是否集中，即判断厅堂区域的设置是否存在同一区域需要多人值守的情况，判断分散的功能区域是否有整合空间。常见问题包括：a.厅堂智能机具未集中摆放，导致需要额外占用人员进行智能机具指引；b.厅堂各功能区域分散，导致在客户需求变动时，需要不断安排人员到不同区域服务。

（2）分类。

该银行结合客户动线的走向及区域的划分，将厅堂区域进行站位分类及服务分工，分为咨询引导区、智能服务区及等候互动区等。在分类过程中，要结合业务耗时、是否需要授权、是否需要人员指导等情况进行业务细分，同时咨询引导人员需要根据业务细分，第一时间做好分流引导。

（3）分工。

根据网点业务类型，该银行对业务渠道（柜面及智能设备）进行业务细分，实现业务效率最高、人员效能最优。在分工过程中，银行各网点需要做好补位机制，避免咨询引导区空岗。营业网点明确厅堂服务人员对各区域的管理职能，一般情况下，将厅堂各功能区域划分为 5 个区域站位。具体区域站位如图 6-6 所示，分别为咨询引导区、智能服务区、等候互动区、现金及非现金服务区、理财销售区。

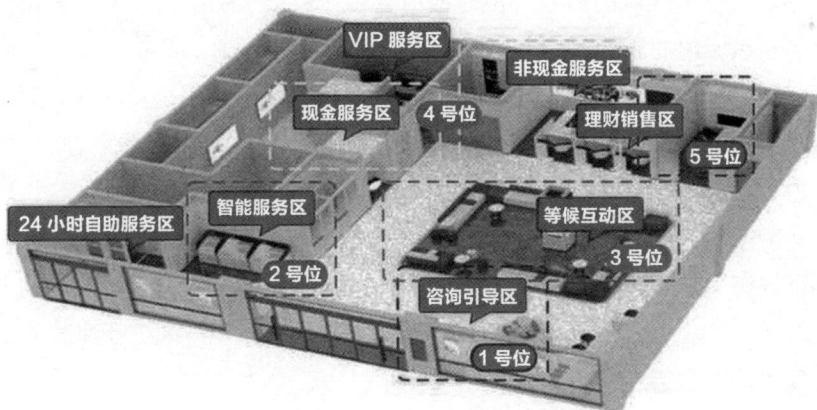

图 6-6　网点区域站位

针对厅堂五大服务区域，营业网点应配备厅堂服务人员负责维护。具体站位及分工说明如图 6-7 所示。

区域站位	区域说明	区域分工
1 号位	咨询引导区	咨询引导区定点定人，值守人员主要负责客户的咨询接待、引导分流及识别营销等工作，是整个厅堂不可缺岗的点位
2 号位	智能服务区	智能服务区值守人员主要负责客户在智能机具办理业务时的指导与授权工作，同时兼顾客户营销
3 号位	等候互动区	等候互动区值守人员主要负责等候互动区客户的二次分流、客户营销、客户关怀、厅堂微沙龙等工作，兼顾现金及非现金服务区呼叫时的协助工作，同时也可对其他区域进行临时性补位
4 号位	现金及非现金服务区	现金及非现金服务区值守人员主要负责临柜客户的规范化服务，包括业务处理、客户识别、营销转介等工作
5 号位	理财销售区	理财销售区值守人员主要负责客户的营销接待及产品购买服务，同时为客户提供综合性金融服务

图 6-7　网点区域站位及分工说明

在网点五大区域分工的基础上，该银行还进一步完善了在不同场景下的协同补位机制，在网点建立应对不同客流情况的灵活处理方式。具体情况及处理方式如下。

（1）完善补位模式：在明确厅堂五大服务区域站位后，营业网点需结合厅堂客流量高峰和低谷设置补位模式，厅堂站位补位模式应随着厅堂客流的阶段性变化及时调整。

（2）正常客流下的固定作业：各区域均有专人负责，在整个厅堂服务过程当中，上一个区域的值守人员有效引导客户至下一个区域，各区域负责人员以各自区域内的职责标准开展服务。

（3）高峰客流量下的动态补位：结合各区域客流情况，及时对各区域进行人员补充，在有增设窗口的硬件及有人员的条件下，理财经理可临时增设柜台办理业务。

（4）低谷客流量下的区域兼顾：在厅堂客流量较小甚至无客户时，仍然要保证咨询引导区有专人值守。其他区域可不设固定人员值守，客户有需求时再及时呼叫厅堂人员复位，富余的厅堂人员可执行存量客户维护等其他工作。

8. 培养厅堂全能客户经理

该银行在推进厅堂一体化过程中，意识到培养全能客户经理的重要性，全能客户经理除了需要处理柜面交易外，还需要具备各种销售和提供咨询服务的能力。到2019年，美国已经有55%的银行采用全能客户经理模式，大部分采用全能客户经理模式的银行运营良好。全能客户经理承担柜员、大堂经理的职能，也可以胜任理财经理、客户经理的工作，能够提供业务咨询和产品咨询、产品销售、贷款申请、开户结户等业务支持，能提供客户在银行网点所需的大多数服务。

全能客户经理是直接影响客户对网点印象的第一人，是客户业务办理的责任人。该银行希望，客户在谈到自己的网点时，首先联想到的是一个具体的友好而专业的人，同样，客户在银行眼里也不应该只是一个资产管理规模值或一个存款数字。全能客户经理是未来银行网点创造价值的关键所在，其销售和财务咨询能力至关重要。

该银行管理层意识到应该对员工总体数量进行控制，银行需要培养一支全能客户经理队伍，实现一岗多能，既能为客户提供有价值的咨询服务，也能为复杂的交易提供服务支持。对客户来说，网点的"首问负责制"或"客户经理制"为其提供了便利，其无须为了不同的业务而与不同的银行工作人员沟通，无须和不同的银行工作人员复述同一个业务需求。

【案例二】某银行推行厅堂劳动力组合一体化创新

某银行推行网点劳动力组合：该银行根据网点现有服务能力与总行对全辖区服务能力数据分析结果，通过"固定柜口＋弹性柜口"模式促进网点"减柜增人"政策落地；总行根据全辖区实际对客服务时间分析制订全辖区基准服务时间，根据这一指标结合各行实际对客服务时间测得在不改变客户结构与员工结构的情况下的标准服务窗口数值。

基本思路：该银行以柜口对客服务时长为核心指标，出台营业网点柜口配置标准（见图6-8）及柜面操作人员配置标准，建立"固定柜口＋弹性柜口"的柜口配置模式，提升柜口精细化管理水平，使柜口人员获得更高的自由度。

指标：网点单日对客服务时长 ＝Σ（单个客户服务完结时点 − 单个客户叫号时点）− 当天无效叫号占用时间

时长：应设柜口数 ＝ 网点单日对客服务时长（小时）/ 柜口基准时长（5.2小时）

柜口配置标准	
测算值	网点日均柜口实际配置
应设柜口数 <1	1 个固定柜口或 1 个弹性柜口
1 ≤应设柜口数 <2	1 个固定柜口或 1 个固定柜口 +1 个弹性柜口
2 ≤应设柜口数 <3	2 个固定柜口或 2 个固定柜口 +1 个弹性柜口
3 ≤应设柜口数 <4	3 个固定柜口或 3 个固定柜口 +1 个弹性柜口
…… （以上述原则类推）	…… （以上述原则类推）
备注： 固定柜口指网点营业时间内，除柜面操作人员短暂离开等特殊情况外，均保持对外服务状态的柜口 弹性柜口指结合客流峰谷、客户排队等候情况等灵活选择开闭策略的柜口，一般分时段对外服务	

图 6-8　网点柜口配置标准

在该银行的网点劳动力组合方案中，包含"六个打通"、融合后岗位评估体系、岗位协同机制等主要内容。

1."六个打通"实现岗位权限打通

该银行以"六个打通"为抓手，打破系统权限分工过细、难以交叉融通的壁垒，实现一人多权、一人多能、一人多用，通过岗位权限融合模式，实现团队服务效能总体优化。

（1）**打通高柜低柜**：打破柜员权限壁垒，整合柜员权限，推行综合柜员制度，实现网点内各柜口仅存在一类全综合柜员权限，进而打破柜台间无法交叉办理业务的局限。

（2）**打通柜内柜外**：打破厅堂与柜台服务界限，整合柜员、大堂经理权限，赋予经办人员涵盖柜面服务、智能柜台审核、厅堂管理的综合性服务权限。

（3）**打通室内室外**：打通理财经理、客户经理与服务专员权限，梳理经办人员"不能做"清单，鼓励其在"黑名单"外全面履职。

（4）**打通场内场外**：探索优化移动版职能柜台权限管控模式，由"一名客户经理＋一名大堂经理"组成外拓小分队，提升外拓效率，使网点人人能外拓、时时能出门。

（5）**打通核准内控**：顺应智能服务成为网点主渠道的趋势，进一步整合网点核准内控岗位，适度整合网点内控副职、业务经理、事中核准人员岗位。

（6）**打通对公对私**：整合对公客户经理、对私理财经理队伍，组建综合营销队伍，增强联动营销能力，为客户提供综合化解决方案。

2.完善融合后岗位评估体系

该银行建立"3+1"网点窗口服务效能评估体系，用于评估岗位融合后网点经营效能，针对网点配置与人员配置优化结果，采用以对客服务时长、柜台交易总量、智能柜台迁移率与柜台客户服务数为指标的评估体系，全面评估优化效果。该银行主要按照"A、B、C"三个层次的评估结果来对柜口资源配置进行调整。

（1）**评估结果为 A 的柜口**：要持续发力，保持高效资源配置态势，适当依据客户诉求灵活开设柜口，保证对客服务质量。

（2）**评估结果为 B 的柜口**：要剖析柜口效能不高、不足的根本原因，着力于提高柜面操作人员服务效率和智能柜台迁移率，推动柜口效能提升。

（3）评估结果为 C 的柜口：要针对性地提出并跟进弹性柜口的开闭策略，鼓励网点充分发挥弹性柜口即开即用、人员能进能出的优势，提升客户满意度；在对客服务压力不大的情况下推动柜面操作人员走出柜台，发挥营销优势，通过评估柜面操作人员综合业绩，验证弹性柜口的使用效能。

3. 优化协同机制，实现服务减负

该银行基于"以客户为中心"的服务理念对岗位权限进行了整合，在网点内开展岗位组合创新，配合权限融合，并在网点队伍建设中相应地设计了以结果为导向的团队机制，促进原岗位间的整合作业。要做到这一点，就必须在管理上进行简化，必要业务实现上收和集中对接，这将进一步为一线服务减负增效。该银行**取消事中核准**，归并派驻业务经理和内控副职，拧紧风险内控管理"一股绳"，形成内控合力。同时，该银行**将高柜低柜柜员、大堂经理（含服务专员）整合统一为客户经理**，发挥综合客户服务优势；**探索"带头人"模式**，培育一批管理经验丰富、业务能力突出的人员，发挥厅堂"内管家"作用，协助网点负责人履行厅堂运营管理、资源调度、排班管理、销售抓总的职能；**对公对私营销力量整合**，协同整体营销和客户关系维护，深化客户关系维护合力。该银行还在网点积极推行数字化，依托数字化手段，构建综合服务经理一体化考核评价体系，围绕"精队伍评价、强考核支持"，突出"能者多劳、多劳多得"的激励导向，调动人员履职积极性和主动性，形成网点内生动力。

该银行通过劳动力组合等管理举措，在网点获得的效能提升的主要成效有以下几点。

（1）破解缺人难题。赋予灵活调用柜面操作人员的动能，鼓励厅堂人员按需变换柜台、厅堂与外拓服务角色，缓解柜内外人力分布不均的矛盾，让人员动起来，形成人员柜台间可高可低、柜内外可进可出的新模式。

（2）增强营销凝聚力。加大厅堂服务与客户营销等岗位的客户服务协同力度，利用多形态智能柜台打开网点获客、拓客新入口，以少而精的外拓队伍做强产品销售和客户营销。从服务基层的细小处出发，借助权限的打通，满足柜台与厅堂人员顶班休息和灵活排班的需求，支持网点日间错时上下班，提升网点员工获得感。

（3）为网点人员赋能。以科学全面的计量体系，打破按队伍单独考核的

固有模式，通过建立与员工自身权益密切相关的考核机制，实现多劳多得，促使网点人员从不愿干到主动干，挖掘网点内在潜能。

（4）为网点减负。依托数字化手段，将网点人员从手工记业绩的压力中解放出来，专心履行核心职能；将各级管理者从缺乏数据抓手的困惑中解放出来，提供直观、全面的履职数据，以多维度的分析支持网点业务发展。

"一点一策"差异化管理是网点效能提升的突破点

银行在提升网点综合经营能力时，要避免一刀切策略，需要根据网点各自的实际情况、周边资源禀赋、业务量、管理和业务人员素质等情况，有针对性地提出效能提升方案，加强运营对前台营销服务策略的支持，通过"一点一策"差异化经营策略改进、营销方式创新、产品创新进行网点赋能，提升网点对公、零售、普惠、外汇等多样化服务能力。而且，为确保"一点一策"策略能够在网点切实落地，银行需要采取的关键措施是强化网点数字技术应用，建立网点全要素数字管控平台，加强网点各类交易、服务、投诉、风控等信息数据的采集和分析，加强各类经营要素的数字化、可视化、智慧化管理。银行应主动提升网点资源共享，深化网点资源共享与银行生态建设，加强网点资源共享与跨业合作，将社会化公共服务引入网点，输出网点金融服务能力，促进相互引流，带动获客成绩提升与业务发展。同时，银行还需要塑造线下网点的卓越客户体验，以客户为中心优化网点客户服务，融入客户生活场景，紧抓网点客户关系管理和经营，突出物理网点的优势，提升网点综合经营能力。

笔者认为银行建立"一点一策"差异化管理的网点竞争力提升策略需要包括如下内容。

资源盘点：差异化资源分析

网点需要盘点各种资源，包括市场资源，主要是指周边资源，对网点服务范围内的各类资源数量、质量进行评估；潜在资源，主要指网点个人资源，即员工个人的关系资源；连接资源，主要包括网点现有资源，对现有资源的触达渠道、联系频率与投入进行分析。通过这些工作，网点可进行资源全量分析，帮助网点管理人员诊断资源利用能力，同时，在此基础上进行的深度存量分析，主要包括网点存量客户画像特征、交易特征、业务需求分析；通过竞争分析来了解网点周边同业情况，网点服务范围内同业数量、服务定位与资源情况；完成产品分类以确定网点主营产品，进行网点现有产品价值点梳理与产品组合策略制订。银行将通过这些资源盘点并结合网点的客户、同业、核心产品分析等情况综合制订"一点一策"竞争力提升方案。

在同业实践中，我们看到不少银行协助网点进一步深挖周边资源，形成了体系化展业模式和网点差异化运营策略库。例如，某银行通过梳理网点特色客群运营服务策略库，形成了模板化的营销方案，该模板化的营销方案如下。

一区（开发区、产业园区、农业区、社区、校区、自贸区……）、一圈（商圈……）、一会（商会、学会、协会……）、一网（基金服务群、保险服务群、财经资讯群……）、一群（有车群体、房贷群体、务工群体、银发群体……）、一业（餐饮行业、医药行业、运输行业、贸易行业、制造行业……）。

整合分析：制订策略

银行在摸排周边资源、建立网点特色客群运营策略后，需要系统性地开展专项工作来确保策略落地，如网点客户划分、产品定位以及竞争策略制订。

网点客户划分：通过分层分级，基于网点客户基本特征与交易特征分析客户画像；细化行内分级策略，运用数字化工具建立营销序列、员工、客户多标签管理工具；匹配员工能力与业务优势，设计网点分户管户机制，导入多渠道客户关系管理机制；建立客户管理效果评估标准，实行积极的动态调整制度；对临界客户有序实施针对性提升方案。

产品定位：市场界定，基于网点现有产品与存量客户分析，明确各类产品及组合对应的重点客户群体画像，在重点客群领域提炼产品核心话术，根据厅堂、外拓、电话、沙龙等核心场景制订产品组合营销策略与流程。

　　竞争策略制订：银行需要完成网点营销规划、经营数据分析与问题诊断，基于网点资源制订"一点一策"个性化提升改进方案；根据同业竞争情况与客户群体特点制订竞争策略以及全年度营销方案；对网点重点活动设计全流程实施方案；以深耕当地市场为导向，重点规划网点生态建设，整合周边社会及商业资源，进行各类网点跨界合作。

行动策略：落地实施

　　在网点"一点一策"管理举措落地实施过程中，网点还需要制订一体化落地举措内容和实施步骤的相关细节，确保行动策略能够有序、有步骤地实施。

　　1. 一体化落地举措内容

　　（1）目标优化：从"以产品为中心"转型为"以客户为中心"，不断细化客户分类，对不同类型客户实施差异化营销方案；根据存量客户年龄、资产等结构，定向拓展短板客群，尤其重视新生代客户群体的美誉度、忠诚度建设。

　　（2）职责确认：基于客户厅堂业务旅程与岗位综合化背景，各岗位职能固化需持续进行；重视岗位职能在客户旅程中的承接节点。

　　（3）流程梳理：重点业务流程优化、服务流程与客户异议处理流程优化；梳理营销实施流程。

　　（4）考核激励：各岗位核心指标体系规划、附加指标及其权重设计；分支行奖惩机制、竞赛机制、常态考核机制建立。

　　（5）日常管理：基于业务发展和经营管理优化网点全天作业标准流程；各岗位每日标准工作流程细化。

　　（6）队伍培训：队伍人才培养体系建议、流程导入过程方法赋能；外拓、厅堂、电话等多场景客户维护技能提升；明星员工打造。

　　（7）人员优化：基于个人技能优势、资源和所在地优化人员岗位，基于个人能力与意愿，在岗位综合化背景下动态调整考核权重；建立多序列人员评级与晋升通道。

（8）文化建设：经验提取；管理层交流与典型案例学习机制建立；领导力提升。

2. 一体化落地举措实施步骤

（1）现状分析：银行完成调研范围与计划制订，根据发展要求及各区域特点，银行选择调研范围与目标网点、部门，制订调研周期及安排。**调研内容设计：**根据数字化转型要求和重点业务发展情况，制订基于标准调研内容的个性化调整方案。**调研方式选择：**根据实际情况选择多种调研方式协同，对结果采取交叉验证，提升置信水平。**调研成果撰写：**形成对银行的网点竞争力及发展现状报告。

（2）方案设计：客群分析与营销方案，银行深入网点指导客户数据分析和营销策略制订工作，输出年度营销规划方案、客群分类方案、客户关系管理方案。网点经营流程优化方案：根据调研诊断结果，制订端到端网点流量客户识别、分流、服务流程优化，打造网点静态与动态营销触点系统。岗位塑形方案：通过行动学习形式开展多个专题工作坊，制订各岗位工作职能与细化流程，激活员工内生工作激情与动力。数字化应用方案：提升数字化工具应用意识和能力，导入网点数字化工具与交叉营销流程，提升一体化营销水平。

（3）试点纠偏与分期推广：银行开展试点导入与纠偏，选取适当数量和形态的试点分行，开展方案导入与辅导工作，制订考核与评估制度，激活组织潜能，最大限度暴露各类问题，针对共性与个性问题进行诊断，调整实施方案。

数字化背景下的物理渠道效能提升

在银行数字化转型的背景下，银行物理渠道的数字化是其中的重点工作内容之一。网点数字化运营提升效能主要包含图 6-9 所示的环节，重点在于网点客群全生命周期数字化运营。首先，银行以数据驱动、场景驱动为主要方法，立足于客群全生命周期经营，以战略性视角经营客群，实现全触点客户洞察，完成客户标签建立，绘制网点生态图谱，形成网点生态客群标签。其次，银行在网点层建立特色客群批量获客场景，如 C 类客户渗透式场景、B 类客户链条式场景、G 类客户互联式场景，以及网点他场景和自场景共享、共通、共赢。再次，在各项场景下网点零售和运营团队完成客群批量名单和客户群组的搭建，通过总、分行联动，并和网点协同，计划与落地总行营销活动、分行营销活动，支行营销活动，以及网点客户拜访计划，指导网点开展客群营销活动。此外，银行还需要规划和设计网点特色化的营销物料和产品权益，如话术模板准备、产生活动资源池等。网点策划客户运营活动时，还应该考虑渠道选择（以线上还是线下为主）、渠道协同等渠道策略。最后，在整个网点客群运营策略落地过程中，银行需要进行过程监控、产能分析，来评估网点客群全生命周期数字化运营的营销效果，并提出反馈。

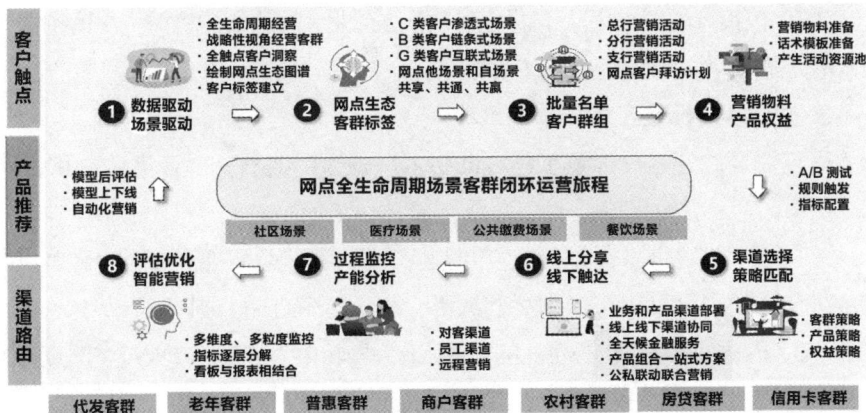

图6-9　网点客群全生命周期数字化运营

即使银行从物理渠道的角度考虑效能提升，也需要从全渠道的视角，考虑对客渠道、员工渠道、远程营销，实现线上线下渠道联动和协同，提升渠道的营销业绩；在网点客群运营策略过程监控和评估方面，采用多维度、多粒度监控，以指标逐层分解、看板与报表相结合等多种方式进行复盘。

笔者认为银行推进数字化网点效能提升专项工作需要着重解决"何处找客户""客户要什么""如何对客交付""对客交付什么"等重要问题。下文以某领先股份制银行为例，说明数字化网点效能提升方案的思路。

如何解决"何处找客户"的问题

该银行聚焦网点营销服务能力提升，绘制网点生态图谱，解决"何处找客户"的问题。

1. 绘制网点生态图谱

（1）该银行与外部数据企业合作，以网点所在地为核心，应用大数据深入分析网点周边生态资源信息，摸清网点周边市场、客户信息、资源分布，清晰勾画周边一千米网点生态图谱。

（2）该银行将图谱信息进行分类，初步圈定网点周边客户群体、挖掘潜在客户资源和营销对象，为网点营销提供"数字大脑"和决策支持。

2. 制订营销和拜访计划

（1）该银行以生态图谱为向导，结合当地情况，聚焦重点营销客户，制订营销计划，匹配适用的产品组合和营销工具，构建客群全息表，并确定阶段性营销计划和责任人，确保网点经营服务目标落地执行。

（2）该银行的网点团队走进社区、探访企业、触达事业机关，深度挖掘各领域市场需求，深入接触客户，对接需求。

3. 做好客户标签工作

网点需要做好客户标签工作，即将客户分为 C 类客户、B 类客户和 G 类客户。

（1）C 类客户是以衣食住行、旅游娱乐、教育医疗为主要需求的个人客户群体，网点的主要目标是围绕高频生活消费场景，当好客户的"生活管家"。

（2）B 类客户是以核心企业的"数字化＋"转型为方向的产业链，网点的主要目标是营造与之共促共荣的生态场景，提供全链条服务。

（3）G 类客户是以解决社会堵点、痛点为出发点，重点对接城市和社区治理等政府项目场景的客户。

如何解决"客户要什么"的问题

该银行聚焦网点营销服务能力提升，加强场景建设和互动，主要目标是解决"客户要什么"的问题。

该银行结合网点生态图谱和场景触点，打造针对性强、渗透性高、灵活度高的网点营销业务场景。

1. C 类客户渗透式场景

围绕消费、投资、保障三大场景，满足长尾客户对快捷理财投资的需求，该银行打造便捷性高、交互性强、参与度深的立体场景，增强网点与商圈、社区人群的业务黏性，构建财富管理生态闭环。

2. B 类客户链条式场景

该银行聚焦供应链企业、民生消费领域商户和周边企业，整合渠道入口，满足企业客户的开户、支付结算、采购、销售、资金管理、投资和融资等经营需求，逐步实现网点和企业客户的全生命周期的合作。

3. G 类客户互联式场景

该银行构建专属服务平台，聚焦社会普遍关注的适老化主题，搭建国家战略行业服务场景。

4. 网点他场景和自场景共享、共通、共赢

该银行以数字货架、扫码体验设备等为载体，将外部场景元素引入网点，对接网点周边商户资源，实现线上商城、商户产品在网点可体验、能购买，有机结合周边场景流量热点与业务产品。

依托客户动线，该银行增设了网点营销触点，推动网点内部全方位无感营销，让客户由被动营销变为主动体验，将单次服务变为复合营销、将单纯等客变为交叉引流，增加产品触达率和渗透率。

如何解决"如何对客交付"的问题

该银行聚焦网点营销服务能力提升，以此为抓手来加强渠道协同和互动，解决"如何对客交付"的问题。

1. 做好业务和产品的渠道部署，确保用户体验的一致性

（1）该银行针对高频次业务，可依托掌银支付、融资、理财平台，研发线上推送营销，提供便捷的基础金融服务。

（2）针对复杂类业务，银行可通过线上采集、自动填写基础信息、自动叫号等功能，节约线下业务办理时间，同时，大力推动线下弹屏营销，将营销提示和话术嵌套在交易中。

（3）针对跨场景业务，银行通过在线支付和缴费功能，加强与大流量生活场景化平台、学校、物业、商场、超市、餐饮业、便利店、菜市场的合作对接，为客户提供全方位的金融和消费服务。

2. 加强线上线下渠道互动、实现跨渠道赋能

该银行应用掌银、App 等线上渠道，针对网点周边商户开展属地化营销，在网点周边商户开展信用卡优惠活动，以消费返利、优惠券引流等方式向客户推送优惠权益，把线下实物礼品变为线上优惠券，在客户端形成"线上下载－线下激活－线下使用－二次返利"的交叉引流机制，增强网点与线上互动，提供综合营销机会，提高客户多渠道的沉淀率，扩大营销服务覆盖率。

3. 打通不同渠道和系统壁垒，提供全天候金融服务

该银行应用多渠道协同平台，对接远程交互系统，实现网点设备、网络与后台数据的互联互通，构建线下、线上、远程"三位一体"的服务模式，打通全渠道客户信息、产品信息的传递通道，加强后台专家团队与网点服务的实时对接，推动线下网点和线上资源优势互补，以功能协同和信息协同推进线上线下一体化建设，以团队协同和服务协同为客户提供"你需要，我就在"的专业化专属服务。

如何解决"对客交付什么"的问题

该银行聚焦网点营销服务能力的提升，提供一站式解决方案，解决"对客交付什么"的问题。

1. 加强一站式解决方案的产品服务创新

（1）银行对目标人群和场景加快产品研发响应速度和组合进度，梳理产品清单，强化公司联动营销，将网点基础服务功能与金融产品进行对接，打造账户管理与理财类产品的互通，形成功能迭代、互通互补的产品链条，变营销一个产品为营销一组产品；以特色产品为突破口，缩短产品研发周期，探索对公、普惠、国际等业务智能化服务模式。

（2）银行进一步细化业务场景，制订场景产品组合模板，发布目标客户清单，根据实际场景和客群特点，设计特色产品组合模板，实现个性化产品展示以及推荐的"千人千面"。

（3）通过模块化组建公私联动产品模板，银行实现对公业务带动批量零售，在营销对公开户和产品的同时，联动推介代发工资、代收付、信用卡、网银等对私业务，以私人银行、信用卡、贵宾特色服务等对接对公客户的股东、高管、员工等个人客户，促进网点公私联动营销的融合开展。

2. 优化网点基础服务流程

（1）银行网点对业务流程做减法，在依法合规前提下，充分应用生物识别等新技术，构建数据采集新模式，完善厅堂营销服务流程，提升客户服务体验和网点管理水平。

（2）银行网点对客户交流做加法，充分发挥网点"面对面""肩并肩"营销的优势，借助数字货架和扫码体验设备等智能机具，实现产品营销和游戏休闲的高效融合，提升到店客户体验、网点获客能力，以及到店客户转化率。

3. 增加考核评价有效性

（1）银行开始建立金融生态图谱和场景搭建的评价机制，对典型的金融生态图谱和营销场景创新提升的产品销售率、点均获客、线上渠道活跃度、点均效能进行评估。

（2）银行在考核中突出价值和效能评价，将网点效能提升、降本获客指标纳入业务部门和管理绩效考核。

（3）在人员评价方面，银行对发掘需求、搭建场景、推广应用的人员予以考核奖励。

（4）银行强化过程管理评价，积极应用先进的系统和技术手段，加强对网点经营规模、业务量、营销业绩的监测，实现对条线评价数据的精准、高效、灵活抓取。

什么是数字化网点门店的关键点

近年来，不少银行等金融机构都在规划符合自身特点的数字化网点，但如何打造数字化网点门店，每家银行的思路不尽相同。笔者观察到领先银行认为从数字化网点定义、数字资源策略到数据赋能网点客群分析和经营，都需要进行整体化的思考。

1. 用数字定义网点

（1）智能大数据选址。基于客户 App 登录轨迹热点以及周边三千米的社区生态画像，选择最佳的网点位置。

（2）线上线下经营精准服务。通过打造"线上门店 24 小时营业、线下门店精准开门"的双店线上线下融合的生态化经营模式，为客户提供无处不在的服务。

（3）网点私域流量经营。把网点定位为社区影响力中心，采用新媒体直播、企业微信等经营方式，连接客户的生活场景，持续构筑线下私域流量经营闭环。

2. 用数字读懂客户

（1）网点需要精细化地定义客户旅程的各个阶段，持续细化进店客户分群，根据客户生命周期数据情况，选择不同的营销阶段，结合客户从毕业入职到退休养老的生命曲线来形成网点经营的细分客群，聚焦网点场景精细化经营。

（2）基于网点客户喜好标签，为客户准备特色服务，融合网点厅堂服务和空中客户服务模式，借助远程柜面、"iPad+ 机器人"、网点服务预约平台、银行 App 平台等数字化工具，持续提升网点的综合化服务能力，覆盖客户服务和咨询触点，为客户提供全渠道、一站式的综合金融服务。

（3）建立网点客户体验的服务反馈闭环，进行离店 NPS 满意度调查，持续迭代优化。

3. 用数字驱动经营

通过 AI 大数据技术支持网点行长管理决策，通过智能技术培养网点人员的面客技巧和话术，同时基于大数据，帮客户经理形成网点客户地图、作战地图和产品地图，洞察网点最优客户的服务路径。从数字化网点生态圈线下优化到对公网格化营销，从不同的门店场景出发，围绕重点客群，总结提炼一线优秀作战经验，绘制队伍作战地图，不断对网点营销内容进行结构化，洞察最优经营路径。

网点数字化运营视图如图 6-10 所示。

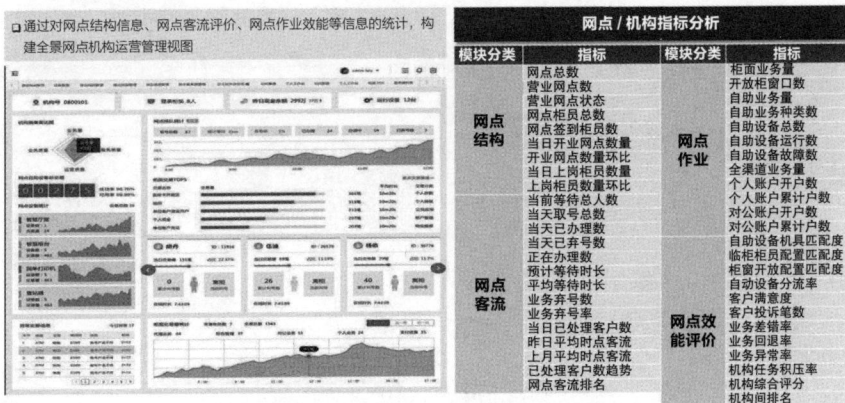

图 6-10　网点数字化运营视图

根据图 6-10，银行纷纷采用数字化手段提升对网点的运营洞察，通过数字化的网点运营平台，提供网点数字化运营视图。分析网点结构，识别网点当前的运营及柜员现状及同期环比；分析网点客流，让管理人员了解网点实时的客流排队、办理时长、客流变化趋势等情况；网点作业则主要用于分析网点柜口、自助设备、全渠道以及业务开展等情况；网点效能评价则主要提供实时的设备、客户、业务、机构等维度的效能信息。通过数据分析的手段，银行可以有效评价网点效益，分析网点低效能的原因，制订解决方案，增强销售能力，改善客户体验。智能网点可改变银行运营方式（减少人员），大幅降低经营面积需求，同时改变与客户的互动方式，让销售目标更精准、销售相关性更强、服务到销售的转化率更高。

4. 智能网点技术

智能网点技术在银行网点的应用目标是：将交易和销售迁移到数字化渠道；客户可以全天候办理业务；提供个性化销售方法以及全渠道、一致性的客户体验，即无论是在网银、App 还是网点等渠道，客户体验应一致；客户随时进入智能网点，其需求都能迅速得到满足；从贷款、信用卡等产品到各种服务，都能够在网点进行办理。

5. 智能网点的形式及布局

不同于传统网点，银行智能网点 30% 的区域被柜员和其他销售和服务辅助功能所占据，70% 的区域用于客户，客户旅程更为简洁、流畅，客户无须四处走动，思考到哪里办理业务。在智能网点，柜员柜台和大部分后台都没有了踪影，取而代之是截然不同的格局。

第 7 章

渠道运营：敏捷洞察客户心声，建立企业级客户体验管理体系

你最不开心的客户是你最大的学习来源。

——比尔·盖茨

如何制订客户体验策略

制订银行等金融机构全公司层级的客户体验策略具有重大的意义，清晰的客户体验策略对跨组织体验设计至关重要。客户体验策略需要阐明金融机构希望客户拥有的体验以及实现该目标的计划、优先级和时间线。整体的客户体验策略比单纯的项目愿景更广泛，它阐明了跨组织的策略，而不是将策略集中在单个项目上。客户体验策略使组织能够明确其客户体验的目标和优先级。客户体验策略可以整合组织内的所有能力，从组织结构到文化、流程设定相关的子目标，制订更详细的计划和路线图，以补充更广泛的金融机构的业务战略。客户体验策略可以在不同的时间制订并重新审视，在整个组织变革时期中不应该只制订一次。在许多情况下，和客户体验相关的策略可能已经存在，但需要将其提升到更高的战略层级，或者该策略缺乏体系化的举措、精细化的管理跟进，需要完善。若金融机构建立客户体验策略和相关体系，这个策略相关的管理举措以及活动应该会被最高管理层持续关注，并验证、精炼和应用该策略到组织的实践坏境中。客户体验策略可以作为一种金融机构组织层面的沟通工具，向整个组织解释组织自身的客户体验的发展方向。它为跨组织的客户体验计划的优先级排序和评估奠定了基础。

客户体验策略有三个核心组成部分（见图7-1），银行等金融机构在这些组成部分上复杂程度不同，因此策略设计可以采取自下而上的方法，从客户视角出发，或者自上而下的方法，从客户体验顶层设计开始。在客户愿景、服务建议和客户体验蓝图上提出相关的策略论述：在客户愿景层，金融机构需要简洁地阐明组织对客户的承诺，并且客户体验愿景应该与金融机构的战略价值定位保持一致；在服务建议层，金融机构主要定义未来提供目标客户体验的主要原则，这些原则是金融机构设计客户服务和体验相关制度、流程和平台的重要指引；在客户体验蓝图层，金融机构则协助企业在组织战略、内外部视角下改善和优化客户体验的具体的业务机会和管理举措。

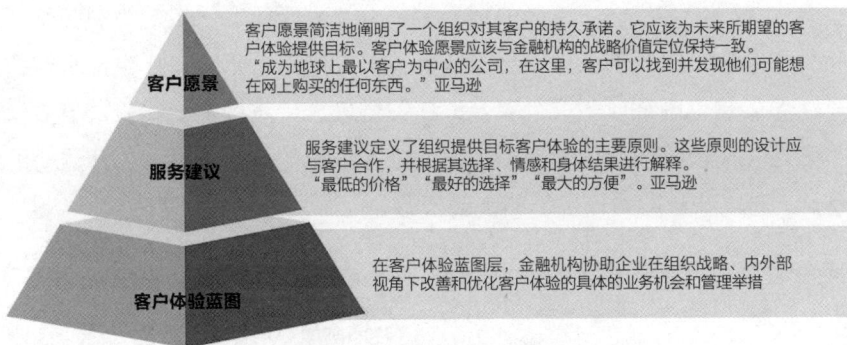

图 7-1 客户体验策略的三个核心组成部分

为支持客户体验策略落地，金融机构需要建立客户体验管理体系，从银行等金融机构的运营或者渠道等中台部门和板块视角切入客户体验管理体系的意义在于运营和渠道团队天然对接银行多渠道、多条线。当然，笔者不是说运营和渠道板块需要主导银行的每一项客户旅程体验改善工作，但其不可避免将涉及多渠道、多条线的协调，银行应该建立一个专职的团队来对接多渠道、多条线，统筹银行的客户体验体系的建设和迭代优化。金融机构的运营团队在统筹这项工作方面具有优势，例如，拥有客观的客户旅程端到端的视角、具有独立的第三者的优势等。

对于不同阶段的客户体验策略，本书总结了组织在客户体验转型的相关阶段及主要特征，客户体验组织转型的不同阶段如图 7-2 所示。处于第 1 阶段的组织"以客户为导向"，强调以客户满意度为主要体验指标来改善组织的服务方式。处于第 2 阶段的组织强调"以旅程为导向"，认为客户服务旅程是影响客户体验结果的主要因素，体验是客户服务过程的结果和产出，此类组织会强调客户旅程的持续优化和质量控制。处于第 3 阶段的组织强调"以客户为中心"，从组织架构和职责等方面围绕客户进行设计和优化，客户是组织变化的主要原因，组织逐步脱离各自为政的架构，客户责任出现在组织架构中。近年来我们看到不少领先银行纷纷建立大零售平台组织、大财富组织，都是以客户为中心来重构组织架构的，以让组织更加靠近客户，更高效地响应客户需求。处于第 4 阶段的组织强调"以体验为导向"，这种类型的组织不仅需要倾听客户，更需要理解客户需求，关注服务需要如何改进才能为客户提供他们真正想要的体验，以客户体验为导向成为服务的一部分，客户体验是客户满意度至关重要的部分。处于第 5 阶段的组织强调"以体验为中心"，组织围绕体验展开业务，关注的是希望客户产生什么样的体验，组织架构也围绕体验进行整合，在关键理念中重视客户体验价值主张、个体表达、潮流感知、体验旅程，通过令人愉悦的体验，展示公开透明的组织基因，把客户体验看作价值的主要来源。

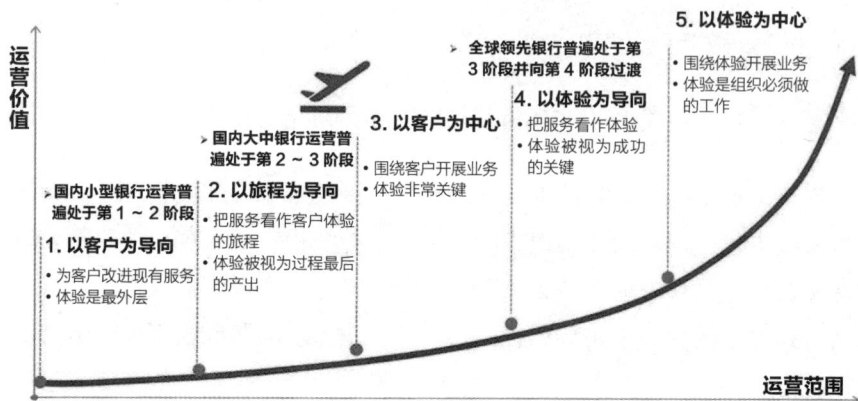

图 7-2　客户体验组织转型的不同阶段

为什么现在需要进行客户体验转型

在 2022 年 8 月的"2022 数字化转型发展高峰论坛"上，中国银行业协会首席信息官高峰先生提出了"客户极致体验、产业数字金融、价值体系重构将成为定义银行数字化转型是否成功的重点方向和领域"的观点。笔者注意到，在新一轮银行数字化转型的浪潮中，客户体验已经被业界提升到一个新的高度。

1. 客户体验新意义

作为金融服务行业，银行一贯强调客户至上，从未忽视过客户体验。回顾银行等金融业的改革发展史，不难发现每一次银行业的大转型都在关注客户体验的提升和其内涵的变化。

过去，受制于科技能力和金融开放力度，银行客户体验以单一线下渠道为主，体验管理的要点体现在资金交易的安全性、业务办理的效率、投诉的解决等依赖人工服务的环节。统一的装修、规范的行服、标准的微笑、礼貌的服务是客户对好银行的比较直观的感受。客户金融需求简单、同业竞争有限，客户体验对业务发展虽有影响，但尚不能成为经营发展中关乎生死存亡的战略课题。而近年来，科技进步和金融机构的壮大使整个金融业格局发生变化，互联网金融机构所塑造的极致方便、快捷的线上客户旅程体验，让客户对传统金融机构提供服务的方式和内容有了新的期望，而空前的客户增量压力，促使银行将更多的资源投入"以体验为中心"的运营模式的塑造，更加关注端到端客户旅程各个关键触点的服务体验。在新的形势下，客户体验管理被银行等金融机构赋予了空前重要的意义。

2. 客户体验新内涵

对银行来说，客户体验在传统意义上是指客户在选择及使用银行产品或服务时，产生的过去购买印象、当前使用感受和对未来产品与服务的期望。而在新的视角下，客户体验把所有交互产生的感知都纳入了研究范围，包括在产品、系统或者服务方面的全场景、全渠道、所有触点上客户和银行的交互，如果要实现客户的卓越体验目标，银行机构需要基于客户需求和喜好提前规划和设计好整个客户旅程的产品或服务体验策略。如在触达客户前提供良好感知、提升品牌美誉度等；触达时在每个触点做到与客户良好互动，为客户服务时做到让客户满意甚至超越客户的预期，最终提升客户对银行的满意度、忠诚度，从而可能额外获得客户的拥护和主动传播；触达后及时收集客户满意度信息。

3. 客户体验新价值

在银行数字化运营的背景下，客户体验是各级银行管理者重点关注的领域。为什么银行需要塑造卓越、极致的客户体验？这个问题由客户体验背后的价值所决定。知名客户体验研究机构 Qualtrics《2020 年客户体验的投资回报》调查表明，客户体验与各项忠诚度指标、重复购买指标、收入提升指标具有正相关性。

（1）客户购买更多产品或服务的可能性与企业的客户评级得分的正相关性系数为 0.91，表明两个变量之间存在很强的正相关性。

（2）客户体验和 NPS 的相关性系数为 0.88，具有很强的正相关性。

这个答案或许并不让人意外，该机构以往的调查也显示出趋同的结果，Qualtrics 在其 2014—2018 年发布的《客户体验的投资回报》证实：客户体验改善与收入提升之间有正相关性。2018 年的客户忠诚度相关性系数为 0.84。2016 年的客户忠诚度相关性系数为 0.86。这说明有效的客户体验管理对企业来说具有正向的投资回报。

在 2022 年 3 月 18 日招商银行发布的 2021 年年报中，该银行领导再次强调了"以客户为中心，为客户创造价值"是该银行不变的初心，"回归初心，我们必须要离客户更近一些"，以及"离客户更近一些，是为了更懂客户"。在实现上述目标的过程中，建立全行客户体验管理体系在当前银行"以客户为中心"的转型背景下显得尤为重要，挑战在于"部门银行的竖井已越来越难以满足客户的综合化服务需求"，客户体验管理不能再由银行相关部门在单条线或者渠道范围内独立进行，因为当银行真正以端到端的视角来审视客户旅程以及影响体验的间接或者直接触点时，客户旅程往往会跨越多渠道、多条线。此外，单渠道并不能全面涵盖银行的客群，例如，线上渠道管理部门（多半是因为这些渠道的客户行为数据容易获得）仅仅优化的是线上渠道客户旅程体验，线上渠道部门往往也无法涵盖银行众多的银发客群。银行领导层应该意识到，如果还是坚持传统的竖井式的客户体验管理方式，将难以实现银行宣称的"以客户为中心"的战略愿景，或者追求"客户最佳体验"的全行战略目标，因此，建设全行层面统一的客户体验管理体系虽然挑战不小，但战略意义重大。

如何做好"以体验为中心"的组织转型准备

以银行为例，启动"以客户为中心"的组织转型，银行需要整体规划，特别是要做好组织和团队层面的准备工作。

搭建客户体验管理团队

1. 建立客户体验管理团队的愿景

建立统一的银行客户体验管理团队，其将负责全行统一的客户体验管理体系的设计、搭建和迭代优化，负责制订全行客户体验愿景，协助银行形成全员共识，使所有部门和渠道的目标保持统一。这个团队需要在考虑银行整体客户服务战略的基础上，负责建立全行客户体验管理的治理机制，并落实到组织、员工。

在顶层设计中，管理层需要思考银行客户在使用产品和服务时有什么样的体验感，思考建立真正"以体验为中心"的组织意味着什么。大多数传统银行并没有做好准备迎接"以体验为中心"的组织模式，因为现有银行架构是在传统时代背景下构建的，以条线或者渠道来设置部门，并以部门的关键绩效指标驱动银行运转；而面向未来，银行需要在所有客户触点上提供卓越的客户体验，需要围绕客户良好的体验进行转型，多关注每个与客户有关的体验时刻，以与客户相关的指标驱动银行运转。

建立银行客户体验管理团队需要完善全行的客户体验职能和确定工作边界，建立与全行各业务条线、渠道部门和科技部门的协调推动机制，并完善与客户体验相关的考核机制。笔者要强调的是，客户体验管理团队与其他部门的敏捷响应和协同工作机制，不应该是简单的协调工作。这个团队应该仔细倾听和考虑各方诉求，平衡各方利益和资源，精心设计、部署和协调工作，演奏一篇银行战略性客户体验管理体系建设的华美交响乐乐章。

全行客户体验管理团队还需要负责建立全行的客户旅程体验全景地图，完成客户体验指标的制订和管理，以及客户体验优先级评估和管理。在顶层设计中，银行还应该思考如何在现有的服务流程、渠道建设、产品或功能建设和优化工作中，植入并强化客户体验维度的要素，并建立相关的协同优化机制。

为什么需要建立客户体验管理团队？第一点是，银行提供卓越的客户体验，需要出色的专业能力进行赋能和提供保障，专业能力包括制订客户体验愿景和战略的能力、客户旅程优化的能力、客户体验研究和洞察的能力、体验设计能力、体验交付能力和体验测量能力。第二点是，银行提供出色客户体验的最大障碍是组织之间的隔阂、数据孤岛和流程割裂，银行如果需要实现客户体验质的提升和优化，就必须跨过这些障碍，实现组织、流程和数据上的协同，组建一个相对独立的客户体验管理团队就显得更为适合。第三点是，客户体验管理团队是一个常态化设立的专业赋能团队，通过常态化的专业培训输出、数字化体验平台的设计和实施等举措，赋能业务条线，支持业务部门的转型。第四点是，银行需要一个专业团队来推动银行整体的客户体验转型计划，因为这是一个涉及全银行各业务条线、职能部门和科技创新团队的变革项目，需要一个专职团队来领导、协调该项工作。例如，新加坡华侨银行在集团设立了专业部门和团队来统筹集团的客户体验优化工作。

2. 完善客户体验管理团队的职责和岗位

客户体验管理团队主要的职责包括体验专业性工作职责（体验愿景和战略制订、客户体验工具开发和实施、客户旅程地图的编制和优化、客户体验数据分析等）、体验赋能性工作职责（分享和传播客户体验分析结果，建立客户之声机制，沟通和协调内部和外部的客户体验转型计划，提供关于客户体验的理念、知识和方法的培训，客户体验文化建设和传播）、体验治理性工作职责（协助客户体验治理架构，监测和检视客户体验的规范和标准、客户体验工作职责体系和客户体验项目）。

客户体验包括三个层面的岗位：高层岗位（首席体验官、首席客户官）、中层岗位（客户体验总监、客户体验经理、客户旅程经理）、基层岗位（客户体验分析师、客户体验设计师等）。其中高层岗位负责总体战略方向、赋能和统筹，中层岗位负责项目和团队的管理和协调，基层岗位主要负责客户体验的具体工作，例如市场研究、对标分析、客户调查和访谈、客户旅程地图编制等。

某些创新型组织设立了首席体验官岗位，这是金融机构在组织方面为客户体验需求提供的战略层次的支持。首席体验官为金融机构提供战略层面的解决方案，其将对组织的整体客户体验负全部责任，提供全面和权威的客户体验观点，并在组织最高级别制订客户体验战略以最大化客户获取、维系和盈利能力。首席体验官还将负责多渠道的客户体验，其将直接向最高决策者汇报，如首席执行官、首席运营官或者总裁。首席体验官还将作为组织高级别的客户体验代言人，传播客户声音和客户需求，使组织更加关注客户。首席体验官还将专注于缩小企业的客户体验感知差距，整合客户体验和员工体验，并更加有力地推动组织层面专项的客户体验转型计划，克服文化转型的障碍，克服跨条线、跨部门、跨职能协作的障碍，以及客户体验改善计划推广的障碍，让客户体验改善计划真正融入组织，并且在各个领域持续、大规模地推进。例如，巴克莱银行设置了客户体验总监职位，激发了整个组织的服务热情，从而为客户创造更好的体验。

建立客户体验卓越中心，优化业务协同

笔者也看到不少领先的金融机构设立了客户体验卓越中心或者专职客户体验管理部门，将其作为规模化客户体验优化的赋能器。建立客户体验卓越中心的组织逻辑是客户体验本身是一个涉及面非常广泛的专业领域，包括客户洞察、体验设计、体验测量、客户旅程等多个领域。随着组织变得越来越复杂，组织发现需要设立专业的客户体验卓越中心来共享内部知识和资源，提高组织内部的效率，推动组织内部的创新和改进。客户体验卓越中心可以更加有效地利用资源，集中稀缺的高技能专家资源，扩大这些资源的覆盖范围，并简化金融机构其他部门获得这些专家资源支持的程序。客户体验卓越中心还可以促进客户体验交付，促进客户旅程优化举措的开发、交付和推广。客户体验卓越中心可以进一步通过专业知识、流程和标准的规范和协同，优化管理和运营成本，简化流程，从而提升效率，提高服务和产品的质

量，实现服务和产品交付客户体验的一致性，有效推进各业务条线、产品和渠道的客户体验管理、监测和优化工作。

客户体验治理的组织架构设计

几乎笔者访谈的每一家银行都会赞成"以客户为中心"是银行的经营理念，但银行是否真正以战略性的全局视角来看待客户体验工作，业界需要从多个维度进行判断。银行客户体验管理体系的较佳实践包括如下内容。在治理层，银行从全行的顶层设计考虑客户体验工作的价值定位、组织保障和资源配置；在银行的战略愿景和论述中，对全行的客户体验战略有更清楚、更明确的阐述；在全行层面建立统一的客户体验愿景和战略目标；建立全行客户体验统筹部门或者团队来协调各业务条线、产品和渠道的客户体验管理、监测和优化工作；建立相关的机制打破以往前、中、后台之间，跨条线、跨部门、跨渠道之间的壁垒，站在银行整体的视角，以客户旅程的视角重塑客户业务和服务旅程。在执行层，建立全行的客户旅程目标库和客户体验指标体系来细化客户体验管理工作，使该项工作渗透银行与客户交互的端到端的客户旅程和关键触点，甚至向前扩展至转化成银行客户前的用户阶段。在系统和数据层，建立全行的客户体验管理数字化平台，提供更具有时效性和更细颗粒度的客户体验洞察，通过数据分析实现客户体验的预测和预警，给客户体验问题管理闭环提供支撑，并运用客户体验数据进行产品反馈、渠道优化和客户服务能力提升等。

银行的客户体验管理需要统一的战略和顶层设计，这将指导银行在多渠道和多触点建立更加统一的客户交付机制，同时让所有员工有统一明确的指引，知晓银行客户体验的工作重点，并促使客户体验工作从被动反应式到积极主动式的转变。业界普遍认同银行经营的目标会在追求更优客户体验的过程中实现，卓越客户体验会再次为银行释放新动能，成为驱动银行发展的新引擎。笔者在过去项目工作中通过研读公开可获得的上市银行年报、披露信息、公开渠道新闻报道以及过往项目中的调研访谈收集的信息，分析银行的使命、战略愿景、战略目标、核心战略举措、企业文化、董事长致辞、行长致辞和管理层讨论和分析等内容中与客户体验相关的内容，了解当前银行治理层对客户体验工作的价值定位、战略论述和管理举措。考虑到上市银行普遍规模较大、信息披露更为规范，此次的调研对象主要聚焦在 A 股和 H 股上市的国内领先商业银行（信息披露截至 2022 年年底），非上市银行主要为在东北、西北、华北、华东、西南、中南六区中资产规模排名前五的头部区域性银行，总体样本包括 6 家国有银行、12 家股份制银行和 54 家区域性银行。

领先银行提升客户体验管理的战略定位

通过对银行年报战略信息[①]和公开渠道发表的战略部署等信息进行采集，笔者发现：此次被调研的 72 家银行中，已有 22 家银行将"以客户为中心"或者"追求卓越、极致客户体验"等关键内容纳入银行的战略发展论述中，分别明确了升级客户服务、强化体验管理的企业级战略目标。分析显示：股份制银行在追求卓越客户服务和体验上表现最为突出，目前已经进行战略植入的有 5 家，占比达 42%；区域性银行也提出了从服务提升入手，打造"以客户为中心"的差异化客户体验，54 家区域性银行中已经在战略层面制订客户体验目标的有 15 家，占比 28%。典型示例包括：建设银行坚持价值创造和体验至上的金融科技战略规划，已经开始了数字化客户体验管理体系的建设，其在 2021 年年报中指出"围绕客户体验和价值创造目标……，推进客户视角的端到端流程统筹优化，建立客户旅程运营监测能力；依托物理渠道客户体验管理系统和体验之声（VOX）用户社区，构建数字化体验管理体系，逐步完善物理渠道体验管理能力，持续提升行内外客户体验"。邮储银行近年在战略层面也加强了客户体验管理，其在 2021 年年报中明确将"以客户为中心"，完善客户服务全生命周期管理，全面提升客户体验作为客户深耕战略的核心内容，同时还在科技赋能战略中对应提出了"大幅提升客户服务体验"的目标要求。

---

① 重点对年报信息中全行战略愿景和 2022 年重要工作部署等部分内容进行解读。

客户体验管理重视程度呈现区域特征

对比国内不同地区的区域性银行，笔者发现沿海省市区域性银行对客户体验度关注度普遍高于内陆省市区域性银行，目前已经将客户体验管理提升至战略层面的区域性银行主要分布在长江三角洲地区。根据各家银行的年报信息和公开发布的战略信息，笔者发现：位于长江三角洲地区的上海农商银行、江苏银行、苏州银行、杭州银行已经开始对客户体验管理进行战略性部署，在其战略发展方向中已明确"打造最佳客户体验银行""追求客户体验友好战略制高点""打造客户温情新体验"等目标。对于内陆省市区域，部分领先银行也在努力通过差异性的客户服务打造良好的品牌形象，提升区域竞争力，如长沙银行、重庆农商银行、贵阳银行等，近年来在积极借鉴优秀同业经验的基础上，又结合自身业务特色和资源禀赋，将客户体验管理提升到新的高度。例如，重庆银行在 2021 年年报中明确了"以客户为中心，全力推进服务提升"的重点任务。河北银行在其 2021 年年报中提出要推动"以客户为中心"的铁三角服务理念[①]落地。长沙银行从 2021 年开始将"客户服务"作为战略布局的一大核心，其在年报中清晰阐述了"坚持一个'客户中心、价值导向'的经营理念，围绕'风险管理'和'客户服务'两大核心"的新战略布局，在 2022 年半年报中，长沙银行已经将"上线客户体验监测平台、推动运营数字化转型"作为管理层的重点讨论内容。

"以客户为中心"已成为大多数银行的经营原则

通过对 72 家国内领先银行的年报信息进行梳理，笔者观察到大部分银行都建立了"以客户为中心"的经营服务理念，并且在近年的业务发展和产品创新中强调了"关注客户需求，升级客户体验"的目标要求，构建卓越的客户体验逐步成为银行实现差异化竞争优势的创新手段。调研显示：6 家国有银行和 12 家股份制银行在 2021 年年报信息中均明确"以客户为中心，以

① 铁三角服务理念指围绕客户需求创新金融产品、改进服务机制，学习借鉴华为"铁三角"模式，建立以交付专家、解决方案专家、产品专家为三角的银行版"铁三角"。

市场为导向"的经营理念，在工作中积极推进服务创新，重点在零售金融、普惠金融、供应链金融等业务板块，以及渠道建设、消费者权益保护等方面追求客户体验的提升。对于 54 家区域性银行，有 40 家银行在年报披露信息中提到坚持"以客户为中心"的发展理念，有 44 家银行在产品设计、渠道拓展、运营目标规划等环节强调了流程优化、效率集约和体验改善。在业务发展上，区域性银行更着重于零售金融和特色普惠"三农"业务板块的相关客户体验的改善和提升。

另外，尽管目前银行普遍秉承"以客户为中心"的原则，但是从树立"以客户为中心"的经营理念，到实际业务发展和产品创新上的执行落实，再到将客户思维、关注客户体验传递至分支机构和客户经理，这过程链条中的影响效应是逐级削弱的。所以，当前这类仅仅通过停留在理念层面的宣导以求实现效益转化的方式亟须改变和调整。银行等金融机构要从全面建立客户体验管理体系的更高维度来找寻将"以客户为中心"理念有效落地的方法，实现与客户的最佳互动。

客户体验管理的组织形式仍在探索与优化

在客户体验管理的组织上，多数银行尚未建立起全行级别的客户体验管理部门，通过对年报信息和公开渠道新闻信息进行梳理，笔者观察到：设立独立一级部门负责客户体验管理职能的仅有 2 家区域性银行，部分银行在二级部门中设立专属客户体验部或专职小组开展客户体验管理工作。年报信息和公开新闻显示：目前国内 6 家国有银行和 12 家股份制银行均未建立统筹全行客户体验管理的一级部门机构，而是在产品研发与创新中心、信用卡中心、渠道管理部等总行部门或独立事业部的工作职能中嵌入了以单个产品、单个业务条线为主的客户体验研究、分析工作。在区域性银行样本中，宁波银行和上海农商银行在客户体验管理的组织架构建设上较为领先，2 家银行目前均已设立了独立的一级部门统筹全行客户体验的管理，均命名为"流程革新与客户体验部"。个别区域性银行也尝试在二级部门中设立专属客户体验部或成立专职小组探索性地开展客户体验管理工作。

基于可以获得的公开信息，笔者进一步发现各家银行在体验管理职能的部门设置上不尽相同，部分银行将客户体验管理职能置于运营管理部，部分银行将其置于渠道部、数字金融部或者网络金融部，而另一部分银行的客户体验管理职能还是主要由零售条线等业务部门来承担。

如何开启客户体验转型之旅

如何开启银行等金融机构的客户体验转型之旅？笔者对银行实施客户体验转型工作的建议是什么？客户体验转型工作是一项系统性工程，目标是通过改变运营模式来整体改变银行的客户体验，新建和重构各项核心的客户体验专业能力，建立新的技术体系，并最终促成整个银行的客户体验的转型、客户体验水平的显著提升以及创新。客户体验转型工作往往涉及银行多个条线、多个部门的客户体验项目和计划，相关部门都需要深度参与，并分步骤逐步实施。

1. 解读银行整体战略

在实施客户体验转型之前，银行需要从银行的发展节奏（合理的银行变革节奏，变革很久以前的项目）、总体发展战略（采取创新发展型战略还是稳健型战略）、业务发展趋势（停滞不前还是业务萎缩，是否面临挑战，客户体验水平是否下降）和银行企业文化（银行是否对客户需求的响应变得整体迟钝）等多个维度进行分析。银行还需要评估外部环境，特别是银行的客户是否忠诚，客户是否会轻易地离开银行，客户是否有机会购买更多的产品或者服务，银行的竞争对手是否提供更卓越的客户体验，竞争对手是否在营销和广告中宣传自己提供的客户体验，竞争对手是否已经在开展客户体验提升的重大变革项目，等等。

2. 设定客户体验转型的短期和长期目标

当银行准备开展客户体验转型项目工作时，客户体验管理团队应该考虑设立一个短期目标和一个长期目标。短期目标客户体验管理团队可以通过速赢机会来快速证明自己，建立信心，便于项目组赢得各方的支持，建立与各利益相关者和管理层的紧密关系。长期目标是争取建立长期的客户体验转型工作，需要建立客户体验转型的长期愿景和战略目标，并与银行的战略目标联系在一起，例如建立差异化的商业模式等，并通过短期项目的成果来说明客户体验提升的投资回报和客户忠诚度的提升。长期目标还包括推动建立企业级的专门委员会来为客户体验提升提供支持，这将有利于银行协调客户体验专项行动计划，审查和审批涉及客户体验的计划和相关决策，评估其必要性和合理性。专门委员会还有利于银行了解各业务条线领导的观点和诉求，便于获得更广泛的支持。银行整体的客户体验愿景是银行希望客户获得的体验，并与银行品牌的价值观保持一致。客户体验愿景用于描述银行期望的客户情感反应，其应该是积极的、真实的、可执行的，并得到银行最高决策层的认可。

3. 定义客户体验转型的治理架构

银行在准备实施客户体验计划时，需要首先对银行的客户体验转型计划的目标和治理架构进行定义，包括客户体验转型计划的具体目标和愿景。例如，客户体验满意度提升 8%；任务主要为执行计划和具体的工作任务；组织和团队应包括相应的岗位和人员的工作团队；客户体验的工作模式包括决策机制、资源分配机制、协助机制、工作流程和激励考核机制，该工作模式是保证整个客户体验管理团队日常运作的基本制度，决定了整个客户体验计划的效率；客户体验计划则包括相关的技术平台和工具，以及计划的投资回报分析。

4. 启动客户之声来开启客户体验转型

在数字化转型的背景下，银行通过建立客户之声机制来研究和洞察客户，并将这些洞察用于决策和行动。客户之声的基本框架包括聆听、分析、分发、行动和监控。设计良好和执行正确的客户之声计划可带来许多好处，协助银行提升与客户、员工、合作伙伴、供应商等相关方的关系。领先的客户之声体系包括以下要素：①能收集和分析非结构化和非经请求的客户反馈；②建立正式的流畅管理流程来推动形成客户体验管理行动闭环；③整合来自生态系统的其他客户声音；④基于不同的角色进行体验报告的分发和汇报；⑤基于数据分析，对员工进行激励和认可；⑥建立场景化的客户之声的采集和分析，可以提供量化的客户之声结果分析；⑦建立集中的客户之声团队等。

5. 整体规划客户体验转型工作

在转型工作启动之前，银行需要规划客户体验计划的整体工作框架，主要的内容包括：①明确客户体验计划的目标和愿景；②制订客户体验计划的整体方案；③建立组织架构和项目团队；④实施客户体验计划；⑤评估与持续实施客户体验计划。由于客户体验计划中银行的各个团队和成员都有各自的优先事项和责任，协调各利益相关方并不容易，所以银行需要尽早分析客户体验计划实施可能会面临的问题和挑战，并思考如何解决问题和应对挑战。

6. 采用敏捷模式来推动客户体验转型

银行开展客户体验转型工作需要采用更加符合数字化特点的模式——敏捷模式。敏捷模式的特点是聚焦客户（更好地满足客户的需求）、快速交付（在客户场景不断切换的情况下，在启动阶段采取的最合适的方式就是找到最关键的切入点，快速形成最小可行性的原型，基于客户测试进行验证和扩展，不断提升决策速度和效率，提高持续交付的效率，缩短交付周期）、持续迭代优化（每次提交的产品和服务不一定是最优的，需要持续不断地进行迭代和优化）、简洁和精益（减少不必要的工作）、沟通和协作、赋能业务。

客户体验本质上是一个需要敏捷工作方法的领域，在触点层面的客户体验持续发生且不断变化，而在客户旅程层面和关系层面的客户体验更加复杂和更具依赖性，这些体验受到多个因素影响（多渠道体验的一致性、最适合渠道特征和场景的渠道体验、客户从一个渠道到另一个渠道的无缝切换、客户体验的个性化旅程编排、多渠道客户体验的协同），要完善和交付这些体验，需要多个部门、多个技术平台持续改进。客户体验改善不是一项一次性的活动，而是一个持续革新的工作，需要敏捷和变革能力，银行要推行客户体验敏捷模式还需要采取更具针对性的策略。

客户体验转型的关键举措

制订合适的客户体验转型策略是转型成功的开始，所以银行需要制订确保转型成功的关键举措，在工作敏捷机制、治理、指标、团队和文化建设等方面提出相关措施。

1. 提升客户洞察的敏捷性

银行的客户洞察应该是一项日常运营工作，提高收集和运用客户洞察信息的速度，便于银行更加快速做出客户体验转型的决策。数字化的客户之声平台可以帮助银行快速了解客户的感受，设计客户体验计划，帮助银行收集、分析和发布客户反馈，并与运营数据结合进行端到端客户旅程分析。提升客户体验的敏捷性还需要业务一线更加敏捷地根据客户体验洞察采取行动。客户之声数据化平台基于洞察发布结果，建立闭环流程，提供预警和提醒功能，并自动发布预警信息，管理客户体验闭环，给前线员工赋能，避免客户体验问题无人跟踪，使问题不能得到充分解决。

2. 建立基于客户旅程的体验治理模式

银行建立更广泛的业务敏捷性，需要建立基于客户旅程的体验治理模式，通过端到端的客户体验视角，绘制和呈现银行的流程和能力的视图，使敏捷团队和其他业务条线或者职能团队围绕客户旅程协同起来，发现客户体验的差距和改进方向。

3. 建立客户体验"北极星"指标

重塑项目管理方式，确保组织的一致性和重点内容的统一，敏捷性组织需要设定一个共同的目标和愿景，即组织的"北极星指标"，其有助于组织快速感知外部环境并抓住机遇，整个组织中的成员可以单独主动根据外部变化，采取行动。精心设计和具有良好沟通能力的"北极星指标"有助于组织提高业务敏捷性，将具有共同目标和愿景的团队和其他利益相关者联系起来，提供一个统一的行动准则，确保资源分配和决策保持一致，促使不同团队有效协作。

4. 建立敏捷机制

银行客户体验敏捷团队常见的机制包括开发运营一体化、微服务、事件等机制，通过机制创新来支持敏捷模式，推动客户体验改进。

5. 建立员工参与的文化

银行需要建立积极主动的文化，建立多个客户体验创新小组，推动银行内部的不断实验，并实现跨流程和跨部门的持续迭代。

6. 构建和赋能敏捷团队

银行应在关键领域建立独立的客户体验敏捷团队，让优秀员工加入独立团队，为团队提供清晰的客户旅程体验视图。

7. 建立快速的体验决策体系

银行需要更加敏捷的组织来支持决策，敏捷组织需要在快速的思维和行动循环中工作，无论是采取设计思维、精益运营、敏捷开发还是其他形式，这种思维、行动和学习的集成和持续迭代，都有助于组织形成以敏捷模式进行客户体验创新和运营的能力，推动敏捷组织坚持信息的完全透明，强调快速、高效和持续的决策制订。

客户体验转型的关键步骤

当银行在计划开展客户体验转型工作时，管理层需要设计工作步骤。笔者观察到实践中银行客户体验转型包括六大步骤。

1. 客户体验现状评估

客户体验现状评估包括评估银行现有的客户体验成熟度现状、客户体验水平现状、总体业务和经营现状、文化现状、人力资源与预算现状、组织结构与流程现状、数字化系统和数据现状。

2. 客户体验转型目标设定

客户体验转型目标不仅包含使银行客户体验本身转型的目标，还会涉及运营模式转型、数字化转型、组织架构转型等目标，以及包括未来状态的客户体验和体验愿景、关键客户体验指标提升目标，银行财务指标提升目标，运营效率提升目标，客户体验成熟度提升目标，数字化成熟度提升目标等。

3. 客户体验转型项目总体规划

明确银行在客户体验转型的差距，基于差距制订工作项目和计划，并对工作事项优先级进行排序，制订工作事项的计划和进度，绘制总体路径图，促使阶段性的项目取得里程碑式的突破。

4. 客户体验转型实施和试点

银行需要选择客户体验的试点，摸索实践模式和经验，快速取得效果，并总结出有效的经验，以便给后续的项目树立标杆，赢得支持。试点的选择可以从一个重点客群的客户旅程体验优化开始，或者从一个产品的体验优化开始，协同多个部门开展客户体验转型工作的实施和部署。

5. 客户体验转型项目推广

规模化是银行客户体验转型项目实施成功的关键，是一个通过量变实现质变的过程。建立客户体验转型的赋能体系和核心能力是推广项目的重要保障，包括客户体验治理架构建立、客户体验团队建设、全面体验核心能力建设、整体运营模式和流程转型、客户体验数字化平台开发和建设。

6. 客户体验转型监测和迭代

利用相关的数字化工具和平台，收集来自各个渠道和触点的数据，分析监测客户体验转型中的各项指标，分析阶段性的效果，判断是否达到预期转型目标，发现存在的问题和寻找产生问题的原因，并进行迭代和优化。

细化客户体验触点，建立多层次的客户旅程管理

建立客户旅程全景地图

客户旅程是银行客户体验管理体系承前启后的重要部分，是银行客户体验战略落地的关键步骤。银行应基于全行的业务条线和组织架构，梳理银行全场景的一级、二级客户旅程以及客户触点，形成客户旅程全景地图。该图横向为客户生命周期的主要环节，纵向为银行的业务条线，为管理层呈现客户旅程的全景地图，有助于其评估客户旅程，了解核心客户痛点与提升客户体验机会点，分析影响客户旅程体验的各种因素，提出相应的优化方案。

建立客户体验指标体系

多层次的客户体验指标是客户体验指标体系（见图 7-3）的"骨骼"。在客户体验指数层面，设定银行的总体满意度指数，用于治理层了解银行在整体客户体验、品牌客户体验度等战略层面的情况；在旅程体验评价层面，银行在零售、对公等各大业务条线，在产品、区域、渠道、客群体验度等经营层，在产品或网点等运营层等多个层次设定客户旅程体验评价指标，包括满意度、NPS 等指标，也包括客观的银行运营类数据指标。在图 7-3 的关键诊断指标中，银行按照影响客户体验的核心因素（服务专业性、流程敏捷性、时间合理性、信息透明度、客户尊重度、个性化理解）对指标进行分类，形成了比较全面的客户体验指标体系。

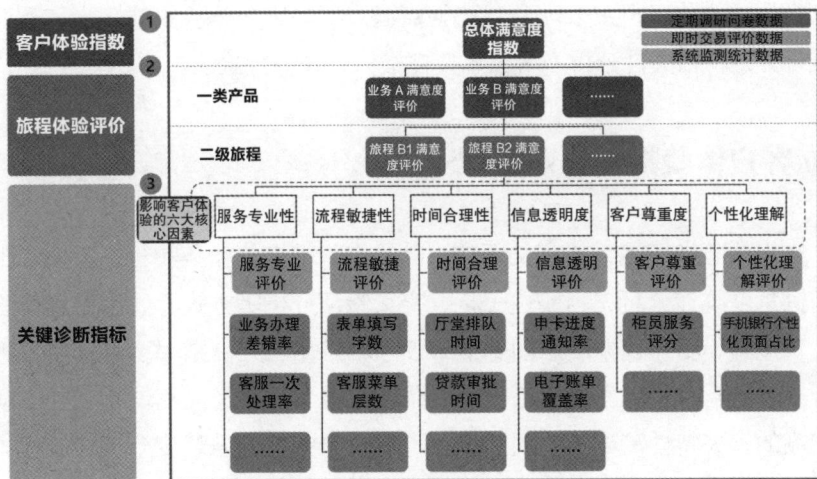

图 7-3　客户体验指标体系

1. 满意度统计分析

通过客户体验指标体系，银行对客户满意度和净推荐值进行分析，可以按总体、业务层级、地区、渠道、客群等维度进行分析，并可按时间序列展示客户体验的变化趋势。

2. 满意度驱动因素分析

除了分析满意度结果之外，对满意度驱动因素进行分析，便于银行更好地了解导致客户满意度高或者低的原因，银行以 10 分的分数占比作为每个驱动因素的标准，例如理财经理容易联系就是客户满意度的一个驱动因素。以触点满意度为因变量，以驱动因素为自变量，进行相关性分析，将相关性系数作为重要性指标，相关性越高，该因素对满意度的影响越大，因素的重要性也就越高。将重要性高、表现差的驱动因素作为重点优化对象。

3. 自身属性统计分析

银行在对产品、渠道、服务类的客户体验指标进行分析时，可以按地区、客群等维度进行，并可按时间序列展示客户体验的变化趋势，以分析相关目标客户体验的真实情况，识别客户体验的例外因素。

4. 主客观数据交叉验证分析

银行的客户体验指标体系还包括主观和客观数据的交叉验证，通过该验证来客观反映银行相关领域的客户体验情况。该银行运用分级打分的方式将运营数据结构化，得出表现分，将触点满意度等客户体验主观因素与运营数据表现分进行相关性分析，得出重要性指标，并进行验证。

建立客户体验指标体系管理

客户体验指标体系的意义还在于其给银行带来的业务和管理价值。银行采用满意度统计分析、相关性分析、交叉验证分析等方式，使用旅程体验热图、气泡图、驱动因素展示图等形式展示客户体验监测结果，将该结果用于银行月度经营分析、季度诊断报告、条线服务考核、产品测试（例如专项贷款产品的相关特性测试）、网点选址、客户服务旅程满意度分析、旅程体验改善、低分触发挽回潜在流失客户等。客户体验分析也可以通过革新客户服务体系，重新设计各个渠道的客户旅程，打造超越期望的客户体验时刻，为打造更加卓越的客户体验奠定坚实的基础。

建立常态化的客户体验
指标监测与支撑体系

银行建立战略性客户体验管理体系还需要建立体验计划、体验监测、体验追踪和体验分析等相应的管理流程，通过事前计划、事中监测、事后复盘，形成对客户体验价值闭环监控的常态机制。

（1）事前计划：由银行客户体验团队牵头，组建包括业务、科技等相关部门敏捷小组；在旅程优化前，召开旅程优化计划会议，通过问卷、专家打分等方式制订投入产出计划。

（2）事中监测：银行客户体验团队可以采用 A/B 测试等方法，对相同属性客户进行分群，监测产出情况，设定投入产出价值预警阈值，例如对投入产出异常、投入产出比例过低等情况设定投入产出价值预警阈值，监控客户旅程改进过程。

（3）事后复盘：银行客户体验团队可以在客户旅程运营一段时间后召开复盘会议，对各项客户体验指标数值进行分析，优化指标体系；各旅程小组定期召开交叉分析会议，总结旅程交叉效应，提升客户整体体验；通过客户体验低分触发环节，实现对低分评价客户的实时反馈，并通过敏捷小组快速传导问题处理机制，提升客户旅程改造能力。

战略性客户体验管理体系的价值还来源于体验反馈的时效性，因此银行需要建设数字化的客户体验管理平台，实现客户体验反馈的敏捷性。数字化的客户体验管理平台将为银行决策层进行业务决策、相关业务部门统筹规划、一线人员贯彻执行提供敏捷反馈，为银行客户体验的持续进步与改善提供常态化、系统化与自动化的数据监测与分析保障。数字化客户体验管理平台的架构涵盖客户之声、指标体系、仪表盘、体验应用、价值分析仪、分析报告和用户管理等功能模块，如图 7-4 所示。其中，客户之声主要用于客户满意度调研、客户即时评价等方面，指标体系则用于协助银行定义客户评价指标、运营指标、价值分析指标，仪表盘则用于协助银行浏览和分析各类指标的主要用户界面。在这类功能模块之下是支持客户体验分析的数据中台模块，包括触发模块，用于体验预警提醒；问卷数据分析，用于问卷数据汇总和分析；价值数据分析，用于体验数据建模和分析。而在底层则是底层数据仓库，用于数据的抽取和汇总，以及客户体验相关主题的数据集市。

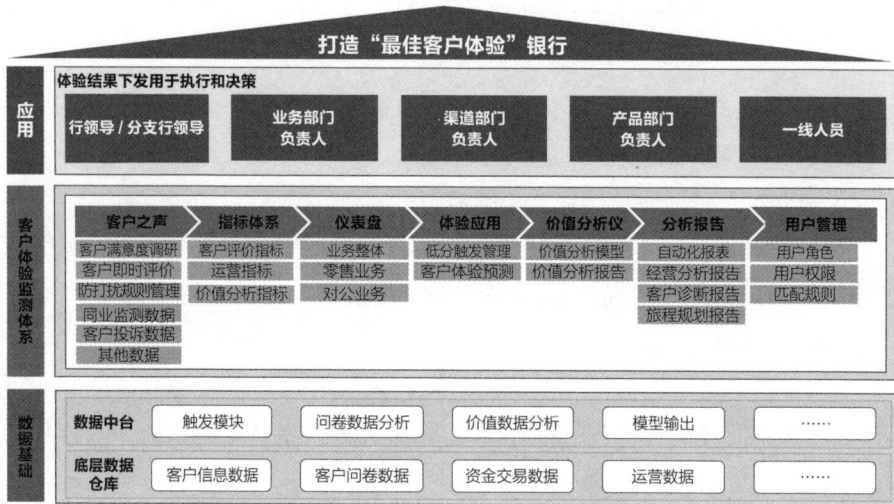

图 7-4　客户体验管理平台功能地图

客户体验管理平台是银行实现"以客户为中心"战略愿景的重要数字化支柱。数字化平台支持从全行客户体验角度出发，借助数字化分析手段和工具，以客户体验的视角，多维度、全场景洞察客户的痛点、感受和需求，从而协助银行创造客户真正需要的价值和体验，解决业务痛点，为全行客户体验的提升提供高效、敏捷的解决方案。

如何让客户体验管理带来真正价值

研读分析国内外领先银行的成功经验并结合笔者的项目经验，笔者列出了客户体验管理方法在银行的部分典型应用场景。客户体验不仅助力银行实现"以客户为中心"的顶层战略思路转型，还赋能银行不同职能部门，重塑客户旅程体验，提升存量客户价值，改善产品设计、优化渠道建设、协助条线部门转型，建立客户体验预警和闭环的管理机制，创造潜力巨大的增长空间。本书列出下列应用场景作为示例。

场景之一：客户旅程优化

端到端的客户旅程优化，是银行从客户的视角，以数据分析为手段，将客户体验改善作为目标的流程梳理与优化方法。作为银行客户体验管理的重要场景，客户旅程优化管理的目标是让银行的整体经营精细化到客户端到端全旅程的各个环节。端到端的客户旅程不仅是客户体验的简单加总，同时也包含银行从设立到达到客户期望所需要的一系列的运营能力。银行的客户旅程管理涉及线上渠道和线下渠道，其中包括物理网点、银行App、微信公众号、微信小程序、短信、远程视频等，不同的渠道，其背后往往涉及不同的牵头部门。线上渠道客户旅程体验优化通常由网络金融部或者远程银行部牵头，而物理网点等线下渠道的客户旅程体验提升则由银行运营管理部等部门来主导，而其他部门如业务部、零售业务部以及信用卡中心也参与其中。

目前银行业的客户旅程及管理存在以下痛点。

（1）银行往往以产品为中心，从产品角度出发考虑客户体验，过度关注产品本身的设计和提升，忽视在服务过程中的客户需求和客户体验。

（2）银行过度关注局部客户体验，忽视端到端整体的客户体验。客户对银行客户旅程的评价往往不局限于个别的触点，而是注重整体业务办理的体验。

（3）线上线下多渠道协同的流程偏长，容易造成客户体验不一致，使线下渠道客户旅程触点难以有效获取体验数据；同时线下渠道客户旅程体验信息采集手段单一，往往使该渠道缺乏足够的数据来进行客户画像和客户偏好分析。

因而，为了切实提升银行端到端客户旅程体验，笔者建议银行采取如下举措来搭建客户旅程优化与客户体验闭环管理机制。

（1）搭建全行的客户旅程目标库。制订业务流程设计的全生命周期管理标准，对接分支行与各业务部室，统筹各业务部室与部门内各中心需求，配合完成客户旅程流程设计工作，定期组织需求评审会，确保需求提出质量。进行同业对标分析、流程穿越及专家体验官的流程优化分析，提供新产品、新业务的流程设计和执行的意见并协助落地。

（2）搭建客户旅程持续管理机制。监控流程执行情况，跟踪流程优化或创新迭代的落地情况，并针对流程风险、效率、成本、体验进行流程评估。对线下渠道、共享渠道的多维度客户体验指标数据进行监测，并搭建数字化客户体验管理平台，通过系统实时监控指标数据的优化成果。

（3）指导客户旅程优化培训。统筹管理运营交付流程和服务流程的规范与标准，提供相关培训和流程工作方法，运用条线提升流程思维，考核分支行的流程规范性，牵头条线内的培训管理，协助其他各部门配合推动分行的培训落实。

通过跨渠道的客户旅程优化和管理，银行可以实现如下价值。

（1）各渠道管理部门相互协作，可以打破银行内部各部门之间的割裂态势；牵头部门引导，将分散于各个部门的意见或者建议收集起来，可以加强银行内部的团队协作能力，打破部门之间的壁垒。

（2）提升共情能力，从原先"以产品为中心"的视角，逐渐转为"以客户为中心"的视角，从客户的角度出发，了解客户需求和产品核心痛点，打造具有竞争优势的产品以及给客户带来一致的客户体验。

（3）通过客户旅程管理，筛选出真正与客户相关的重要改变与革新，推动银行可持续发展。

场景之二：利用低分触发线索和客户体验管理闭环，减少损失和客户流失

在外部环境变动以及行业内部竞争愈发激烈的背景下，如何通过有效的手段快速发现和洞悉客户体验的痛点和问题，有效挽留和关怀客户，减少客户体验投诉带来的损失和客户流失，成了各大银行的核心关注点。目前，越来越多的银行开始搭建客户流失预测模型以及客户体验监测平台，借助低分触发线索，配套相关客户体验闭环处理机制。

通过以下举措，银行可以搭建客户体验监测系统及客户流失预测模型。

（1）产品线分析。将全行整体指标拆分到业务、旅程、触点及驱动因素等环节，并结合 App 埋点数据与运营指标，诊断业务痛点与优化点。

（2）客群线分析。从客群角度定位问题客群与其重点待优化业务，再结合产品线、渠道线进行进一步诊断。

（3）渠道线分析。从线上、线下渠道角度定位存在问题的渠道与原因，包括对分行表现进行系统性梳理，并结合产品、客群线定位痛点。

（4）触发线索管理。每日进行跟踪并提取报表，对亟待处理的紧急问题，实时联系所在支行负责人，督促其处理和回复，并跟踪处理结果和流程；每周推送本周低分触发情况表，公布各支行处理情况，对处理措施得当、取得良好效果的支行进行点名表扬，分享处理心得；在全员月度例会时，分享典型问题和服务改进方案，并在分行服务月刊中分享优秀案例。

（5）有效线索处理。网点主管在收到线索后，需及时致电客户询问客户不满的原因，并向客户致歉，对客户进行安抚。同时，网点可以通过所触发的线索发现自身的问题、低分客户反映的客户经理服务问题，使客户经理重新审视自己与客户的关系，有针对性地改进沟通方式等。另外，与产品相关的因素，可推送至相关总行部门进行产品优化。

及时跟进低分线索可以弥补服务中的缺失，有效预防不满情绪导致的潜在客户流失。对低分案例的反思与针对性的服务提升，有助于避免同类客户不满情绪的产生，从整体上提升客户体验。同时对于产品存在的问题，可以将问题反馈至产品部门，推动产品优化和改进，提升产品设计效率和营收。

场景之三：围绕客户体验制订精细化营销规划

近年来，粗放式的客户管理和营销方式导致银行营销活动的成本收益水平低、新客户拓展量有限、客户质量不高、客户流失率居高不下，严重吞噬行内利润。此外，睡眠客户群体庞大，激活难度大。长期以来，银行聚焦于获取客户和迅速扩大业务规模，而对客户的营销规划缺乏关注。随着资源投入的不断增多，如果不能及时调整业务考核导向，将考核导向聚焦于客户体验营销规划，引导经营单位提升客户价值和盈利贡献，那么长期进行资源投入的经营模式，难以可持续发展。

因此，银行可以采用以下举措，进行营销规划的调整以及营销模式的转型。

1. 营销模式转型

银行的传统营销模式是"以产品为中心"，通过市场开拓获取更多的新客户，从而增加收益。然而，"以产品为中心"的营销模式难以定位客户的真实需求，因此，越来越多的银行通过客户洞察，寻求单一客户价值的提升，从原先的"以产品为中心"的营销模式向"以客户为中心"的营销模式转型，通过对客群分层分类，基于对客户的生命周期关键节点的体验，更加关注客户获取、客户价值提升、客户忠诚度以及客户流失。

2. 以客户为中心的营销规划

营销活动的设计需要基于客户的分层分类，对潜在客户、活跃客户以及睡眠客户进行区分。粗放式的营销活动设计难以满足不同客群的个性化需求，银行应当通过客户画像、客户洞察，挖掘客户的潜在需求，并基于不同的客群以及客户所处的生命周期，以客户体验为导向，有针对性地对营销活动进行规划。

3. 基于客户体验的营销评价

营销评价可以从营销活动设计分析、营销活动监控、客户价值分析以及绩效测算四个维度进行。营销活动设计分析包括对营销活动前期策划方案以及中期执行工作进行分析。营销活动监控是指对活动的成功率以及成功率趋势、活动的执行以及活动的执行度的分析。客户价值分析是指对持有产品变动、客户资产变动以及交易行为变动的分析。另外，在此基础上，银行还应当通过一系列与客户体验相关的指标，对机构及个人进行考核（绩效测算），通过对营销活动的多维度考核，定位客户体验较差的环节，定期生成报表，并推送至总行各业务部门。

"以客户为中心、围绕客户体验"的营销规划和营销模式，更能在当今内外部环境的冲击下，带来差异化的客户体验。营销模式转型、营销规划以及营销评价可以提升获客率、客户活跃度、客户流失挽留率以及客户价值，最终为银行带来可持续收益。

场景之四：洞悉客户体验，提升网点服务

1. 网点服务提升的痛点

网点是银行业务的传统渠道，是全客户经营、全产品营销、全渠道服务的主要阵地，是银行与客户连接的重要纽带，也是客户体验的首要窗口。但在目前金融环境和客户行为发生重大变动的背景下，网点服务提升存在众多痛点，以下列三项为例。

（1）网点规划忽视客户体验：在意识层面仍停留于"银行思维"，在产品、流程设计与开发环节存在忽视客户体验的问题。

（2）工作模式较为粗放：缺少客户旅程管理系统以及对应的客户体验数据理论支撑，对客户体验问题的收集较为被动。

（3）组织架构尚未体现体验职能：缺少"以客户为中心"的组织架构，未明确客户旅程体验的核心职能部门。

2. 如何解决痛点

为积极应对行业竞争加剧、网点线上线下融合转型等挑战，打造客户在银行网点的专业体验，银行网点可以有针对性地多措并举，从根本上解决痛点，提升网点服务效能。解决痛点的基本流程如下。

（1）痛点诊断，发现问题：构建客户体验生态图谱，对银行网点渠道零售客户旅程进行全面诊断，发现影响客户体验提升的问题并进行原因分析。

（2）重点旅程方案设计，数据赋能业务：以端到端的客户旅程为视角，以数据分析为手段，提出银行进行流程改善的新工具，包括旅程地图、监测指标体系框架、动态化数据分析、痛点旅程具体流程及指标设计等。

（3）速赢试点：针对痛点旅程，以试点辅导的方式，从流程步骤、服务

标准、营销策略等方面进行现场辅导，并针对试点前后情况，分析旅程各项指标变化，提升客户在银行的综合贡献度和黏性。

依据以上举措，网点将实现客户体验监测体系与客户服务的融合，以客户旅程的视角来改善银行端到端的业务流程，有效打破银行部门壁垒，达成部门合力共赢，为银行实现服务体系二次升级增加信心。

数字化赋能，助力银行将客户体验做到极致

极致的客户体验包括客户需求响应及时、全渠道体验一致性、正确掌握客户需求。数字化客户体验管理平台是解决客户体验监测的时效性问题，实现客户体验管理的智能化、精细化，实现极致的客户体验的重要手段。在数字化时代，由于客户触点的急剧增加、信息的无限扩张，银行与客户交互越来越多，实际经历的客户旅程会越来越复杂，没有强大的数字化工具和平台，银行是无法更加清楚和全面地看清和分析客户旅程的。

借鉴国际领先企业的客户体验管理方案的经验

国际领先科技创新企业采用数字化手段实现客户体验管理有更早的尝试和更为成熟的经验，笔者重点分析了全球知名的客户体验管理机构近年在数字化客户体验管理平台上的设计理念、管理体系和生态模式创新，总结了部分当前国内金融机构在客户体验管理平台建设上的创新思路。

在 2000 年前后，国外客户体验管理机构[①]初现雏形，它们从简单的在线调查服务开始，逐步发展为提供从应用升级到系统开发，从体验管理方案到多种专项研究，集合体验设计与体验提升于一体的全方位服务。美国 Qualtrics 作为"体验管理"这个软件品类的创造者，致力于为企业提供围绕客户、员工、产品、品牌四个核心维度的客户体验管理服务。通过分析 Qualtrics 等机构的客户体验管理产品的功能，笔者总结了国际领先客户体验管理平台在能力塑造、智能化应用、生态构建、数据安全和隐私

---

① 根据外网新闻报道，国外客户体验管理代表企业包括 Qualtrics、SurveyMonkey、Medallia、Sprinklr 等，它们分别成立于 2002 年、1999 年、2001 年、2009 年，起初都以在线调研、网络调查、信息追踪等服务为基础，后续逐步进行业务扩展和转型，最终定位为专业的"体验管理"提供商。

性等方面的亮点。

亮点 1：打造终极聆听引擎，让企业近距离聆听客户的声音。

坚持客户体验管理从倾听开始，以消除体验盲区为目标，国外客户体验管理平台近年嵌入了全渠道对话分析功能，通过创新工具分析客户在电话、视频中的对话，掌握每一次体验背后的情感、意图。此外，国外客户体验管理平台还会了解客户在平台中心对话之外的客户社交帖子、公开评论，让客户体验管理者不会错过与客户交互的任何细节和感受。

亮点 2：智能分析，智慧预测，洞察分析实现自动化、实时性与前瞻性。

随着客户体验数据导入平台，洞察分析程序会自发启动，从筛选数据开始，同步应用复杂的 AI、机器学习和自然语言处理来实时提醒客户体验管理者正在发生的重点事情。平台通过数据建模对客户行为、满意度、业绩变化、客户流失风险等进行预测，基于结果提供相应的应对策略，保证客户体验管理者走在客户前端。

亮点 3：维护企业的原生态。

国外大多数客户体验管理平台极强的集成功能让客户体验管理提升到新的境界。通过创新式工作流搭建信息数据输送管道，将客户体验管理平台连接到企业现有的运营管理体系，企业员工无须额外学习新的系统，在原来熟悉的办公生态下就能更新客户记录并采取行动，极大保护了企业原有生态和文化。

亮点 4：用开放式体系结构为企业塑造特色。

除了采用自带的标准化管理模式外，大多数客户体验管理平台的核心部分是可以编辑和改动的，这意味着世界各地的开发人员和合作伙伴可以根据不同的企业需求不断添加新的解决方案，创建新连接、新功能。

亮点 5：移动的体验管理，让体验管理随时在掌心操控。

目前国外的客户体验管理产品不仅涵盖 PC 端，还涵盖 App 端和 Pad 端，实现一站式信息同步。使用群体也从董事会高层扩展到一线员工，让每个人都能随时随地关注客户、客户满意度，让客户反馈与应答准确呈现。

亮点 6：注重数据安全治理，提供安全保护罩。

国外优秀的客户体验管理机构十分重视客户数据隐私及安全性，其在安全与合规方面会单独提供专属方案，为平台匹配推动企业业务增长的突破性见解，因而取得多数企业的信任。

国外科技创新企业在客户体验管理平台建设上的创新之处值得银行借鉴。通过调研，笔者发现国内银行等金融机构目前也争先进入客户体验管理的赛道，数字化能力是在这场竞赛中胜出的重要因素。本书基于国内金融机构的需求，总结梳理出了当前国内银行客户体验管理平台的五大核心能力。

深研客户体验管理平台所需的核心能力

1. 规划旅程及指标的能力 - 全客户、全产品、全业务的旅程库及指标体系

（1）旅程库模块：支持覆盖全客户、全产品、全业务的旅程库导入及编辑，涵盖业务、产品、旅程、触点多个层级，客户仅需要按照以上层级梳理目标旅程，一键导入，便能清晰了解全业务旅程脉络。

（2）指标体系模块：依据以上旅程库各层级，以客户为中心，以影响体验因素为架构，逐层深入建立指标体系模板，不仅包含 NPS、客户满意度（Customer Satisfaction，CSAT）、客户费力度（Customer Effort Score，CES）等经典指数，亦涵盖机构运营及业务指标，支持灵活配置，是后续精准测量和挖掘数据的前提条件。

2. 数据采集与处理能力 - 行内外数据的采集与处理

调研问卷模块如下。

（1）创建问卷模块：设置便捷的拖、拉、拽功能，方便客户从专业全面的问卷题库中提取所需问题，题目简单有趣，类型丰富多样，同时系统通过历史数据自动统计回收率较高的问卷中题目的特征，辅助客户轻松创建有效问卷。

（2）投放问卷模块：多维条件筛选目标客群，全渠道定期或实时精准投放，同时根据业务需求，灵活设置问卷投放时机、低分触发条件等规则，确保有效触达客户。

（3）回收问卷模块：智能审核问卷质量，可配置地域、产品种类、机构类型等多样化回收条件，精准控制问卷回收。

（4）多渠道数据管理模块：除了调研问卷数据，通过文本分析、智能语音等技术获取线上线下多渠道客户反馈，同时，支持行为数据导入，提供应用程序接口（Application Program Interface，API），与其他系统对接，实现各类数据的融合。

3.模型－基于业务场景的价值萃取

（1）影响力因子分析模型：以触点满意度为因变量，以驱动因素为自变量，进行相关性分析，相关性系数作为重要性指标，将重要性高、表现差的驱动因素作为重点优化对象。

（2）主、客观数据分析模型：运用分级打分的方式将运营数据结构化，得出表现分，对触点满意度与运营数据表现分进行相关性分析，得出重要性指标，对比分析结果，优化指标体系。

（3）客户体验预测模型：运用机器学习算法，检测不同级别的客户在旅程中的特定事件，并根据检测结果对每个客户进行预测性评分，建立体验成长曲线，并基于评分结果预测收入、成本和忠诚度等分值。

4.看板—动态分析不同层级客户的应用需求

（1）智能 BI 模块：提供不同层级客户的商业智能（Business Intelligence，BI）看板，展示客户旅程心电图、客户情感态度、旅程收益点等信息，为不同层级客户的决策赋能。

（2）定制化报告模块：以客户体验战略规划、客户旅程诊断分析及价值分析为出发点，定制相关报告模板，可以查看客户体验地图、痛点及改进方向建议，全面深刻获取客户体验工作全貌。

5.应用—赋能各类业务场景，展现体验价值

（1）低分触发模块：设置低分规则，识别客户旅程痛点，自动派发工单至相关部门，实时查看工单处理进度，同时支持客户跟进工单流转，沉淀痛点优化结果，形成管理闭环。

（2）客户体验画像模块：建立客户体验画像，记录客户旅程每一触点表现，呈现客户评价，同时提炼一对一个性化策略，支持业务部门改善客户经营效果。

（3）客户体验预测模块：通过客户体验预测模块，绘制客户体验成长曲线，分析客户体验与客户价值、客户流失之间的关系，提供客户价值提升和客户流失挽留策略。

数字化客户体验管理平台相关内容如图 7-5 ~图 7-9 所示。

图 7-5 是面向银行战略层的全条线、全客群、全渠道、全产品、全场景的客户体验概览视图。

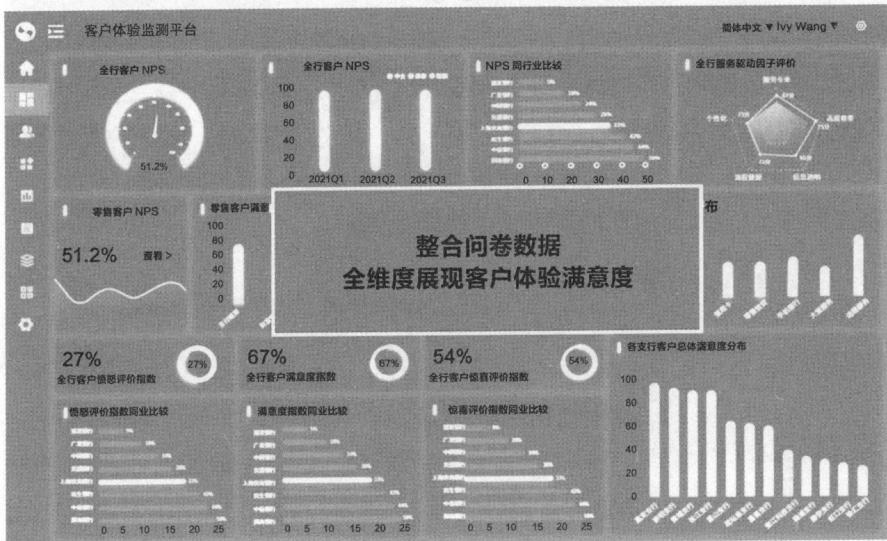

图 7-5　银行战略层 - 全行客户体验总览

图 7-6 的主要使用对象为银行零售条线的领导，便于管理层了解零售条线的产品、客群等维度的客户体验反馈。

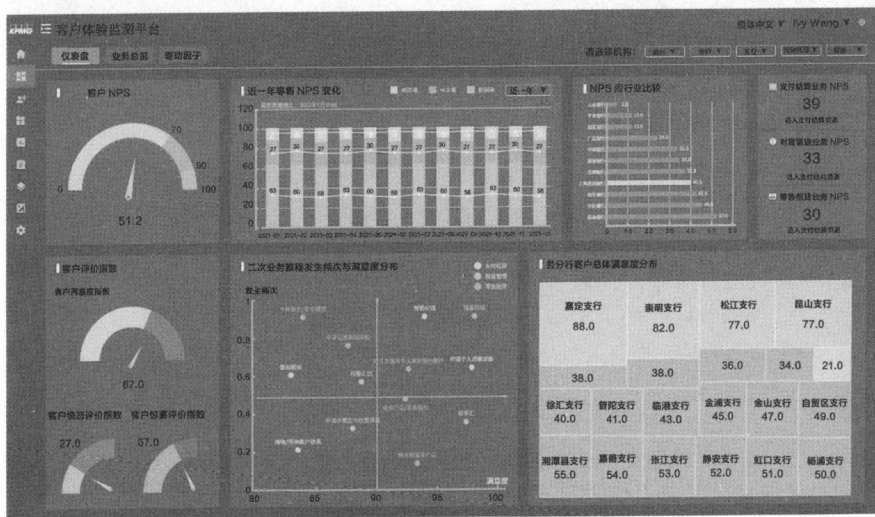

图 7-6　零售总览 - 业务概要仪表盘

图 7-7 面向零售客户体验专业团队，便于其对具体影响客户体验的因素进行驱动因子分析。

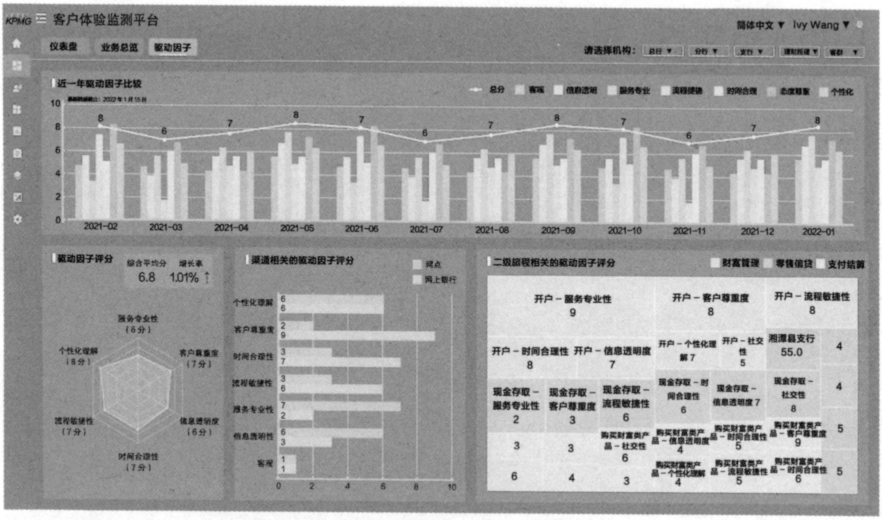

图 7-7　零售总览 – 驱动因子分析

图 7-8 是网点满意度界面，主要面向零售的体验专业团队，便于其对零售条线、网点等渠道维度进行细分客户体验满意度因素分析，涵盖网点位置、品牌宣传、渠道融合、网点人员服务、网点智能机具、网点内部装修等因素。

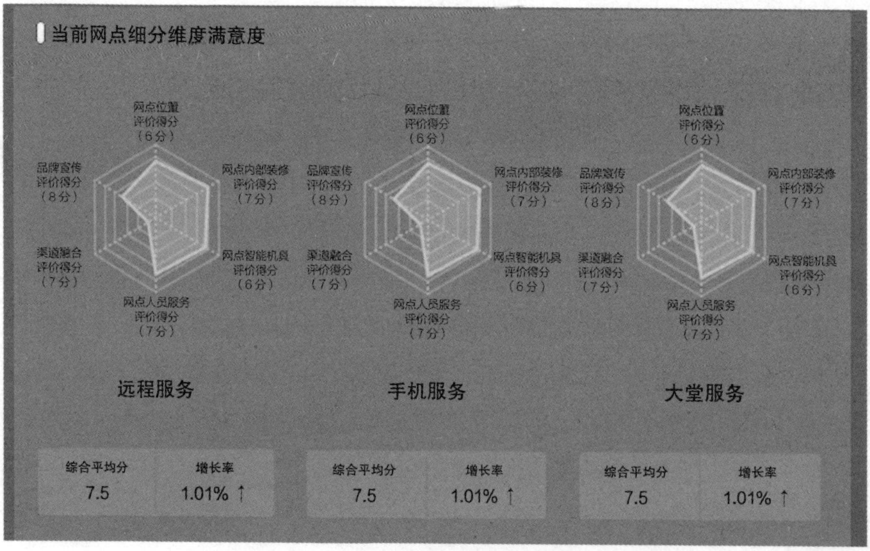

图 7-8　网点满意度分析

图 7-9 通过可视化的方式对客户全旅程触点进行分析，包括多数据来源汇总的客户旅程行为关键节点、渠道，多方汇总的客户期望关键词、客户情感信息等内容，让客户体验专业人员和管理层能够及时获取重点客户旅程的问题、痛点、客户期望和情感等信息，让管理层对客户旅程现状有更加准确、及时的了解，便于其进行分析和判断。

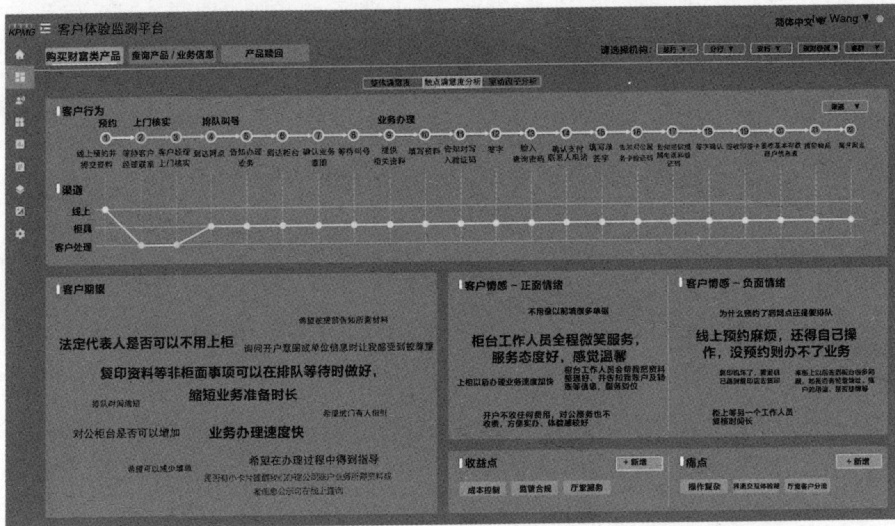

图 7-9　客户旅程触点体验分析（客户期望、客户情感等）

建立客户体验管理系统，打造管理闭环的步骤

银行建立客户体验管理系统，是一个涉及多个部门的管理变革项目，从客户体验战略蓝图绘制到确定重点客户旅程和重点客群，从设计和开放体验管理系统到业务与体验管理团队的融合试点，都需要银行的管理层重点关注，积极指导，才能形成客户体验管理的有效闭环。

第一，绘制客户体验战略蓝图，明确客户体验监测系统定位，制订系统整体规划，诊断客户体验现状，理解各部门的痛点和需求，深刻洞察客户的体验驱动力。对全行客户体验战略达成共识，确定客户体验统筹部门，规划旅程改造蓝图。

针对客户体验管理系统，明确系统定位、系统与其他系统之间的关系，制订系统实施计划和步骤。

第二，确定优先改造旅程和重点客群，实施客户体验管理闭环，并就数据来源和架构形成高阶方案，依从价值创造的效率，确定客户体验优先改造旅程，并务实地认识本行对提升客户体验的需求，明确重点客群、产品及服务等要素。

针对重点旅程，实施"设计旅程—采集数据—可视化展示—驱动优化行动—提升体验"管理闭环，评估旅程体验优化带来的价值。

第三，银行建立科学性、系统性、实时性的客户体验监测系统，为体验持续转型与落地实施提供系统性支持和保障，从自身业务和体验需求出发设计系统功能，根据业务、产品、旅程、触点等层级，将客户体验指标体系结构化，搭建客户体验管理指标库。

同时，银行需要明确客户体验管理系统核心功能，设计系统功能并按照计划实施，初期建议推广落地仪表盘日常浏览、数据分析诊断、文本反馈内容分析及低分触发四大应用场景。

第四，为与系统功能配套，银行还应该设计系统后续的应用与考核方案，深度推广关键应用场景，匹配资源和考核机制，形成自下而上的运营机制。同时，银行还应考虑体验出现问题时，各部门的解决流程和方式，深度推广关键应用场景，明确总、分、支行职能分工，形成体验升级、管理闭环的正向循环。

案例：手机银行用户旅程体验提升

某国有银行手机银行启动专项客户旅程提升项目，从设计客户旅程地图、提升客户旅程满意度、构建客户旅程交互服务体系以及加强客户旅程数据应用四个角度出发，全方位打造线上渠道客户体验闭环。

1. 设计客户旅程地图

（1）该银行基于手机银行不同业务条线和客户群体特征，如从财富管理、代发工资等典型场景，入手设计专属客户旅程地图。

（2）该银行定位客户角色，创建不同客户假设，洞察客户动机，依托心智模型捕捉使用痛点，从客户视角出发，跳出单一触点思维，勾勒出覆盖客户接触产品之前、之中、之后的全周期旅程地图。

（3）该银行以全局视角洞察客户各行为关键节点的数字化匹配程度，串联诊断客户在整个旅程当中的需求和痛点，促进客户价值转化。

2. 提升客户旅程满意度

（1）该银行通过业务层级精简、系统运行通畅保障手机银行客户使用体验，同步强化客户成长体系建设。

（2）针对产品目标客群痛点、断点，注重凸显营销特色亮点，加大垂直内容平台投入，联合聚合类型社区，扩大优质内容曝光度，促使客户在最短时间内获取关键信息，提升对该银行品牌的探索兴趣。

3. 构建客户旅程交互服务体系

（1）该银行深度融合智能助理与手机银行客户业务交易旅程，通过训练迭代智能助理客户意图自动侦测及主动交互模型，及时地捕捉客户各业务旅程流程的直通诉求与产品辅助诉求、潜在流失断点等。

（2）利用智能助理跟踪响应机制，提供从明确客户需求侦测节点规则、自动侦测旅程行为、分析判断客户路径、实时触发智能交互到评估跟踪相应效果的一站式服务。

4. 加强客户旅程数据应用

（1）该银行通过多渠道收集客户属性及行为数据，赋能手机银行客户旅程策略与场景设计。通过对数据分组、排序、过滤等系列操作，该银行分析客户行为价值，挖掘客户偏好，构建客户系统视图及洞察体系。

（2）将客户触点统一连接至集成数据系统，依托数据系统实现标签"千人千面"，在适当节点实现条件自动触发和实时响应，智能化、精准化向客户推送产品，提供引导式旅程服务。

第 8 章

运营模式：从作业集中到能力共享，运营共享 4.0 的建设

> 我们无法左右变革，只能走在变革的前面。
>
> ——彼得·德鲁克

集中运营和共享运营的业务价值及演变

　　集中运营曾被我国多家银行作为运营转型的方向，充当提质增效、为前台减压、促进网点转型的利器。从 2005 年某股份制银行首个集中作业中心成立至今，国有银行、股份制银行、领先城商行及农商行都已完成了集中运营的建设，大规模的集中作业中心有数百人，小规模的集中作业中心有数十人。但在如今业务大规模线上化、自助化的无接触银行发展趋势下，集中运营是否适合当下业务发展模式、如何顺应趋势转型升级成为银行业新的课题。集中运营仍然是现代化运营的基础，银行在渠道联动、精益流程、智能网点、风险防控等方面都离不开强大后台的支持，但建设目标和建设模式均需要重新探索和升华。本书总结了当前金融机构的三种运营管理模式，如图 8-1 所示。第一种模式是分行集中式管理模式，是指部分金融机构的运营以分行这类分支机构来承接，一些地方特色业务明显、体量大的银行，采用这种模式，能更好地为各地差异化业务提供支撑，以及获得更灵活的对当地市场和客户需求的响应。第二种模式是业务板块集中式管理模式，该模式适用于业务板块或事业部业务差异明显的集团机构，对业务部门的需求适应快、执行力强，但该模式的不足在于在不同板块或者事业部的同质化作业流程独立营运，资源未能统筹，存在冗余浪费。第三种模式是大后台集中式管理模式，在集团层面实现统一归口管理，统筹资源并分配工作，充分利用资源，发挥规模效应，控制成本，这种模式的不足之处在于需要考虑如何支持地方特色业务以及存在人员异地调配问题。

分行集中式管理	业务板块集中式管理	大后台集中式管理
总行运营归口部门 分行 A　分行 B　……　分行 C	业务 A　业务 B　……　业务 C 业务 A 后台　业务 B 后台　……　业务 C 后台	业务 A　业务 B　……　业务 C 后台集中运营总中心 分中心 A　分中心 B　……　分中心 C
在分行范围内对同质化的业务流程，上收并集中作业，总行营运归口部门负责对分行作业中心进行指导	按照业务板块或事业部，对业务进行全流程管理	在业务板块实现集中运营的基础上，进一步对同质化业务进行横向打通，实现统一营运
优势 ⊕ ·适合地方特色业务明显的银行 ·适合体量大的银行	·执行力强；业务要求的传达畅通无阻，运营中心根据业务部门要求可立即执行指令	·由总中心统一归口管理，统筹资源并分配工作，充分利用资源，发挥规模效应，控制成本
不足 ⊖ ·上收规则不统一，风控力度不足 ·需要大量人力资源，没有统筹	·跨板块/事业部的同质化作业流程独立运营，资源未统筹，存在冗余浪费 ·以保障服务为主，普遍没有绩效考核	·需要考虑如何支持地方特色业务 ·存在人员的异地调配问题

低　　　　　　　　　集中程度　　　　　　　　　高

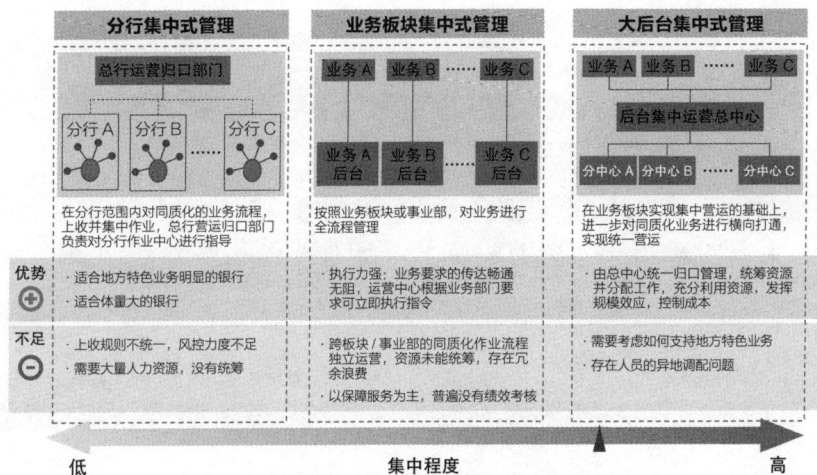

图 8-1　运营管理模式

2020 年 1 月《银行业集中营运规范》行业标准由全国金融标准化技术委员会审查通过，并由中国人民银行正式发布。笔者作为该标准起草单位中唯一一家咨询公司的代表参与了标准的制订。新一代集中运营模式的核心是为多元化作业和运营能力共享两大方面服务。

运营数字化发展趋势

未来的数字化运营模式如图 8-2 所示，支持前台电子银行、手机银行、自助柜面、人工柜台等多渠道的业务流程共享。在服务范围方面，支持银行的公司、零售、国际业务，金融市场业务以及财务、人力等职能部门业务的交付能力共享。在运营中台通过机器人作业中心、标准作业中心、多媒体作业中心、订单作业中心等专业化中心的建立，形成微服务和微能力支持能力的共享和生态能力输出。在共享模式支撑方面，支持标准化和共享化能力输出，支持统筹化和敏捷化的能力部署，支持协同化和定制化的多元需求和渠道互融。

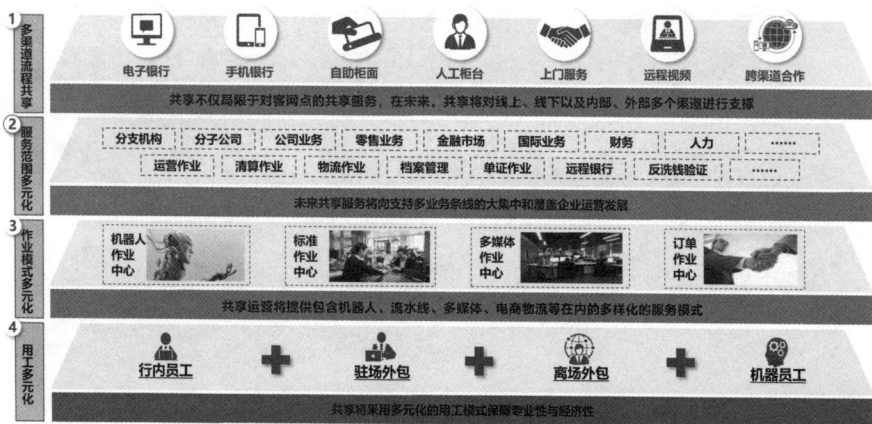

图 8-2　未来的数字化运营模式

业界普遍认为当前的银行运营数字化转型展现出如下趋势。

1. 银行运营数字化转型的目标是以客户体验为先，加速运营和渠道创新

未来金融市场生活中，客户更加追求便捷、高效和个性化的服务。银行运用智能设备、数字媒体和人机交互技术，将传统银行服务模式和创新科技有机结合，在灵活性、敏捷性和客户友好度方面，实现电子银行、手机银行、自助渠道和人工渠道的协同服务，为客户带来"自助、智能、智慧"的全新感受和体验，实现客户通过触控自助完成业务的无纸化办理。

2. 网点综合化管理，以一站式运营数字化服务满足客户多元化需求

银行网点是银行交付产品和服务的综合平台，需要实现业务增长、客户拓展、风险控制、经营业绩等多方面的经营目标。目前，国内商业银行网点存在功能不全、服务范围窄、对公与对私柜员忙闲不均等问题。网点综合化就是在综合利用资源、综合挖掘客户价值的基础上，实现综合网点、综合柜员、综合营销的"一点受理，综合服务"的跨界、跨产品、跨渠道、跨地域等无缝整合式的服务目标，满足客户不断增长的多元化需求。

3. 业务处理模式向后台集中，通过标准化服务释放前台人力资源，支持客户营销和服务

在前台接待客户和受理交易，在后台完成集中作业、集中授权、集中稽核、集中监控、集中配送等业务。银行业务运行处理速度越快，客户基本业务需求就越容易得到满足。通过前、后台业务分离，提升柜面服务质量、效率和客户满意度，释放前台人力资源，突出网点的销售功能。

4. 构建高效统一的响应服务体系，提升运营效率，推动运营数字化转型

实现在全行范围内建立标准、科学的员工支持响应流程和响应质量管理机制，提供统一、完整、权威的规章制度及知识查询功能，统一支持电话和在线问题处理，提供多渠道问题受理方式，完善跨界业务的协调配合机制，以解决银行新业务、新产品、新功能快速发展带来的各种系统运行问题、流程操作问题及特殊复杂问题。

从标准化向多元化转型

当前银行等金融机构集中运营的价值定位正在从标准化向多元化转型，集中运营标准化的价值在于成本集约，集中运营多元化的价值在于业务赋能。集中运营的建设包含渠道、业务场景、技术应用、交付流程与模式、人力资源等多个方面，传统的集中运营主要围绕网点渠道集中会计类业务，业务模式主要以电子影像为基础，作业模式主要以流水线式标准化作业为主。老一代的集中运营建设思维显然已经无法适应当下的渠道、客户体验、业务等方面的发展趋势，多元化的建设思路将是未来集中运营的发展方向。多元化主要体现在渠道多元化、集中范围多元化、作业模式多元化、业务流程多元化、用工多元化等。

1. 渠道多元化

支持开放银行、移动渠道、线上渠道、自助渠道、柜台、内部渠道等线上与线下服务，促使服务连接更加紧密，让客户真正体验到"足不出户、触手可及"的立体化银行服务。

2. 集中范围多元化

纵观当前银行业共享运营服务范围，大概可以分为三个类型：面向会计业务的小集中，支持多业务条线的大集中和覆盖客户运营的全方位集中。调研领先银行实践情况可知，逐步拓展集中范围是必要的发展路径。

3. 作业模式多元化

大后台不仅包含流水线式的工厂作业，也包含多媒体交互的空中营业厅、远程物流交付的实物中心、RPA、人工智能光学字符阅读器（Artificial

Intelligence Optical Character Reader，AIOCR）、智能机器人等多元化运营交付模式。未来集中作业将呈现出混合化、数字化、智能化的趋势。

4. 业务流程多元化

面向不同渠道、不同机构、不同业务、不同客户等提供个性化及多样化的业务流程，通过业务流程实现业务体验及业务竞争优势的提升。

5. 用工多元化

领先银行已经采用了自建、外包和混合的模式来支持银行集团内各个板块的运营交付，实现机械作业系统做、标准作业外包做、复杂作业专人做。

从作业共享向能力共享转型

银行等金融机构传统的集中运营建设主要通过集中作业平台实现部分柜面业务上收，但是业务数字化、无纸化带来了集中业务量不可持续发展的问题，根据笔者对过去相关项目的调研，国内多家银行的集中作业中心的业务量呈现逐年下降趋势，规模效应的经济价值正在下降。未来集中运营可通过不同的集中作业形式打造广义的共享服务能力，从而形成新的价值。

业务的快速发展离不开运营条线的支持，运用银行流程改革基础，进一步增强运营支持能力，将流程和基础运营能力升级为标准化运营共享服务能力，敏捷地支持银行丰富的业务场景。具体来说，运营共享服务能力包括两大方面，运营流程能力和运营基础能力。运营流程能力包括数据处理、影像类文件的处理、审核、数据校验等处理常用的业务流程及不同规则的子流程方面的能力，对全行业务流程的设计与组合提供支撑。运营基础能力包含账户管理、支付结算、核算清算、运营风控、运营数据等方面的能力。通过流程服务和基础服务的共享化与平台化，建立全行端到端的业务流程能力，并对市场进行快速响应。通过整合运营资源，将各个渠道、客户、服务合作平台、产品部门连接起来，银行成为创造价值的聚合体。同时，推动流程服务和基础服务的共享化与平台化，将避免平台、技术等重复建设和资源投入。打造运营共享服务能力不仅是集中运营的转型路径，同时也是传统运营向数字化运营转型的路径之一。

建立银行企业级的运营共享服务，将在提升支持效能、提高服务质量、优化劳动组合、强化科技应用、增强风险防控等方面贡献价值。业界通过国内外咨询项目经验总结出金融机构智能化全球业务运营服务（digital Global Business Service，dGBS）模式，该模式强调运用数字化创新技术，将数据和管理方法融于一体，扩展全球业务运营服务（Global Business Service，GBS）组织提供的产品和服务，并进一步促使 GBS 组织成为前端业务部门的战略商业伙伴。dGBS 带来了新的服务交付模式，强调改善客户体验，并提供数据洞察，重视流程提升的快速迭代，保持金融机构运营组织的敏捷性，帮助金融机构利用新技术降低运营成本，实现金融机构卓越经营的战略目标。

数字化运营将迈入 4.0 时代

　　笔者总结了金融机构运营发展的不同阶段（见图 8-3），将运营发展分为四大阶段。以某领先国有银行为例，在运营 1.0 时代，该银行主要集中处理非实时事项，包括核心业务系统集中交易核算、集中配送、集中稽核、集中运行维护，涵盖 6 类 60 项业务。至 2010 年底，该银行初步形成了以一、二级分行为主体的业务集中运营体系。在运营 2.0 时代，该银行以柜面业务集中处理系统为基础开展前、后台协同作业，实现包括跨行小额借记、票据交换提入、集团账户、监管账户等 11 项产品的前、后台分离以及反洗钱数据集中补录与可疑交易报告确认、印鉴集中建库等 17 项流程改造与优化。在运营 3.0 时代，该银行按照前台标准化、流程简明化、营运集约化的思路，打造"数据处理、支持帮助、信息传递"三个平台，服务"网点柜面、客户自助、中台、子公司及海外机构"四个领域，实现银行集团层级的集约化运营。在运营 4.0 时代，则是以"智能运营"为方向，通过大量使用人工智能，大数据等技术，实现智能运营的服务方式。

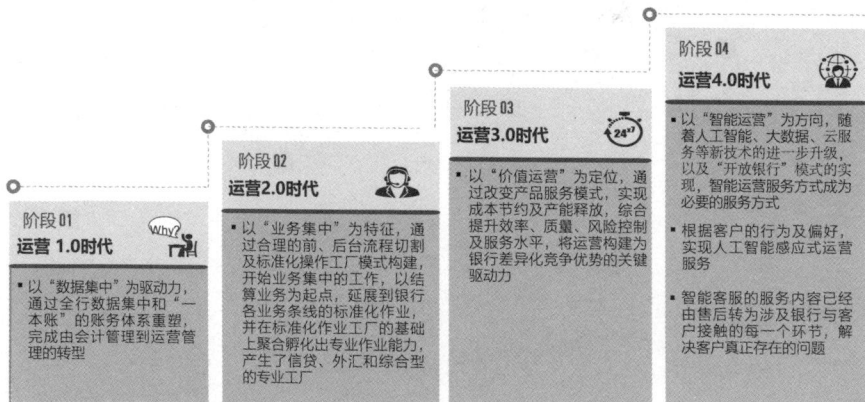

阶段 01
运营 1.0 时代

- 以"数据集中"为驱动力，通过全行数据集中和"一本账"的账户体系重塑，完成由会计管理到运营管理的转型

阶段 02
运营 2.0 时代

- 以"业务集中"为特征，通过合理的前、后台流程切割及标准化操作工厂模式构建，开始对业务集中的工作，以结算业务为起点，延展到银行各业务条线的标准化作业，并在标准化作业工厂的基础上聚合孵化出专业作业能力，产生了信贷、外汇和综合型的专业工厂

阶段 03
运营 3.0 时代

- 以"价值运营"为定位，通过改变产品服务模式，实现成本节约及产能释放，综合提升效率、质量、风险控制及服务水平，将运营构建为银行差异化竞争优势的关键驱动力

阶段 04
运营 4.0 时代

- 以"智能运营"为方向，随着人工智能、大数据、云服务等新技术的进一步升级，以及"开放银行"模式的实现，智能运营服务方式成为必要的服务方式
- 根据客户的行为及偏好，实现人工智能感应式运营服务
- 智能客服的服务内容已经由售后转为涉及银行与客户接触的每一个环节，解决客户真正存在的问题

图 8-3　金融机构运营发展的不同阶段

集中运营和共享服务范围的发展变化

从共享服务范围来看，金融机构集中运营的范围大大超过了财务共享服务中心共享业务的范围，以此实现更优的资源共享和成本集约，以及实现服务质量、风险防控等多个方面的目标。金融机构共享运营的范围包括账户与结算、国际结算与贸易融资、资金清算、支付清算、额度合同抵押物管理、贷款账务处理、资金头寸管理、电子渠道搭建、系统功能优化与改造业务支持、测试组织管理集中、集中服务支持、运营质量管理、运营产品研发等。在国内领先银行的实践中，单独的金融服务中心或者独立法人实体共享服务支持的范围还包括营销外呼、人力资源共享（薪酬处理、人力资源基础信息处理等）、财务共享（凭证录入、发票录入、费用报销等）。

1. 传统和典型的集中作业中心的职能

（1）网点作业：与柜面运营作业进行共享，通过流程优化实现自动化、标准化、精简化，优化远程授权，实现有权人专业化授权，并采用视频授权模式，提高风险控制的能力；通过 OCR、RPA、智能授权技术，提高运营效率，实现机械作业系统做、标准作业外包做、复杂作业专人做；部分已经集中的业务，并没有按照共享作业标准流程设计，也没有按照标准化进行岗位分离，如清算中心的"同城票据提入、提出业务"；"同业、网银账户的开销变业务"按照"运管分离"的原则，部分作业可剥离到共享作业中心，如"运行中心的系统对账、会计核算中心的科目参数编制、督导中心的交易流水前端系统查询与下载"，这部分作业在全行运营定位后，只需调整部门，调整较简单。

（2）资金清算作业：依据运营体系规划和建设，对全行会计清算业务进行管理并进行多类专业清算操作，在风控合规的基础上，实现作业处理自动化、集约化，确保各项资金清算及时、准确、安全，提升全行资金清算质量和效率。

（3）共享服务管理：统筹全行共享运营工作，制订与更新共享服务中心的操作手册、质量管理标准、服务等级协议；负责任务分配管理，监测各类资源作业情况，进行忙闲调度，实现资源利用最大化；负责外包管理服务协议的制订与规范管理；负责运营共享承载力与风险管理；负责共享服务中心与相关部门的协调工作；负责总结、分析、撰写共享运营的有关分析材料。

（4）共享服务作业：通过业务上收、服务外包等手段，对运营业务实现集约化操作，实现人员复用、降低成本；负责运营内部职能中心与柜面业务共享集中业务的具体操作和执行。

（5）风险作业：负责进件、扫描、录入、集中抵押、集中出账等。

（6）实物交付作业：负责实物交付业务的远程集中交付，根据客户选择的交付地点，在总行进行实物交付业务相关单据的集中打印和邮寄。

（7）专业作业：通过梳理各业务部门可共享的产品和环节确定共享范围，如小企业信贷中心的信贷类产品，业务部流动资金贷款、固定资产贷款、项目贷款等产品，零售贷款部的消费贷款、房抵贷产品，国际业务部信用证业务等产品，以及相应的进件、扫描、录入、档案管理等环节；负责进行业务部、零售贷款部、信用卡部、零售业务部、小企业信贷中心、风险管理部、国际业务部等业务条线的清算、对账等专业化程度高、工作相对独立的运营作业的共享；负责人力资源部、财务企划部等职能条线的运营作业共享。

金融机构运营共享环节梳理方法说明如图 8-4 所示。

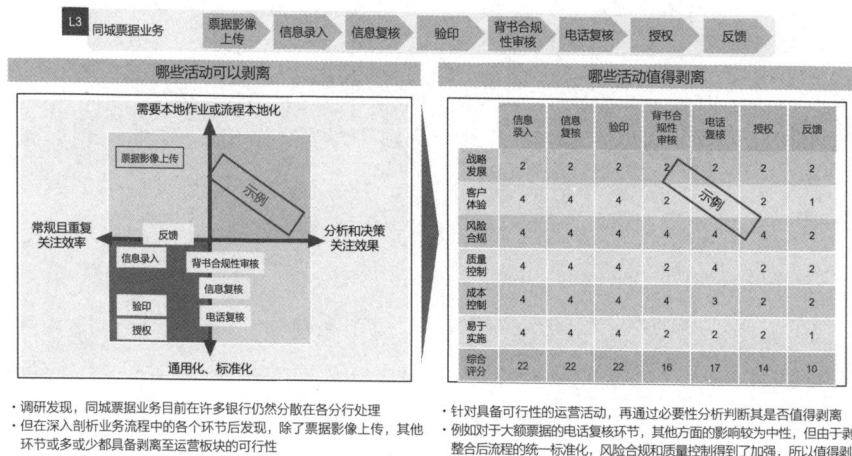

图 8-4　金融机构运营共享环节梳理方法说明

从运营共享环节梳理方法来看，可共享的业务有一些共同特征。例如，从活动可以被剥离到共享范围（可行性）的标准来看，对于那些作业本身通用化、标准化程度高，不需要本地作业或流程本地化（例如当地法规要求，或者个性化太强需要更靠近当地客户或市场的业务作业），并且比较常规且重复的作业，管理层关注这些作业的效率等内容；另外，从活动值得被剥离到共享范围（必要性）的标准来看，是否符合银行战略发展的需要、是否影响客户体验、是否满足风险合规的要求、是否符合质量控制的要求、是否成本可控、是否易于实施等要求都是进行分析的因素。这些因素可作为梳理共享业务范围的原则：标准化作业（业务作业内容是标准化的、可复用的，同一业务不同地域或分支行之间没有特殊处理方式，标准化作业可形成规模效应）；设计单据录入（由于渠道端与共享中心前、后台分离，业务信息主要以数据形式流入共享中心，包括渠道端的原始电子单据数据或经影像采集后变为电子形式的单据数据）；可远程作业（除凭证实物数量核实环节，其余环节通过采集影像、语音和视频等多媒体手段，使业务办理人员可脱离现场、集中远程作业，作业内容包括录入、核实和授权等）。

2. 数字化的金融机构共享服务发展趋势

从共享模式来看，20 世纪 90 年代的共享服务特征是专注于核心服务的内部交付、明显的区域性交付模式、外包或多区域外包、选定供应商、关注交易作业活动等；到 21 世纪初，出现多源外包的趋势，该模式的特征是在全球选择最佳外包地区（例如选择低成本和具有语言优势的印度，或者靠近市场的东欧地区等），近岸外包成为交付模式的关键要素，供应商开始提供细分服务，出现多供应商交付方案、专业中心解决方案；自 2010 年以来，市场上出现了综合服务交付模式，该模式的特征是低价值的活动通常外包，越来越重视分析、判断和专家服务；在 2020 年后，业界观察到数字化赋能的 GBS 中心出现，这种服务模式的特征是强调在数字化技术支撑下的虚拟交付服务，前、中、后台整合为"一站式服务"，大数据驱动预测分析，利用技术实现复杂的增值服务，人员、流程和技术相匹配以提供更好的客户体验。

dGBS 集数字技术、数据和管理方法于一体，以扩展 GBS 组织的产品服务，并进一步促使 GBS 组织成为战略商业伙伴。dGBS 带来了新的服务交付模式，增强了客户体验，提供了数据洞察，并可帮助金融机构利用新技术来实现卓越经营。

（1）金融行业后台运营模式以集中自行运营的共享服务模式居多。

（2）在成熟或已证实的市场环境中，外包服务供应商多用于采购、房产与物业管理以及信息科技领域。

（3）比起其他行业的共享服务最佳实践案例，部分金融行业的后台共享服务中心通常相对不够成熟，原因是金融行业存在着更多的监管及合规要求，也存在着技术和数据隐私保护等限制，其一体化和自动化环节缺乏更加宽松的跨国治理要求。

在国际领先的金融机构中，智慧共享运营已经被赋予了更多的内容，涵盖了更多的业务范围，不仅包括主营业务的后台业务处理，还包括人力资源、IT、采购、房产与物业管理、财务、风险，以及合规与监管的运营部分等，并在全球范围根据实际情况，灵活地采用共享、当地以及混合运营模式来支持运营服务交付，见图 8-5。

八家国外知名金融机构后台集中化运营服务交付模式的分析汇总（1/2）

	流程	德意志银行				瑞银集团				瑞士信贷				花旗银行			
		分散	集中自行运营	集中外包运营	混合运营(a)	分散	集中自行运营	集中外包运营	混合运营(a)	分散	集中自行运营	集中外包运营	混合运营(a)	分散	集中自行运营	集中外包运营	混合运营(a)
	人力资源	✓	✓			✓	✓			✓	✓				✓		
	IT			✓					✓			✓					✓
	采购	✓		✓				✓		✓						✓	
	房产与物业管理			✓					✓			✓				✓	
主营业务	非零售运营	✓	✓			✓				✓	✓			✓	✓		
	零售运营	✓				✓				✓				✓			
	财务	✓				✓				✓							
	风险	✓	☑			✓				✓				✓	☑		
	合规与监管	✓								✓							

关键：☑ 近岸共享服务中心执行的服务
注意：（a）混合运营模式大部分的服务由自行运营和外包运营共同完成
资料来源：某机构研究

非零售运营：包括金融市场、资本、资产管理等
零售运营：包括对公对私账户、卡管理、贷款、私人银行/现金、退休金服务等

	流程	巴克莱银行				高盛集团				西太平洋银行				麦格理集团			
	人力资源		✓				✓			✓				✓	✓		
	IT	✓	✓				✓			✓	✓			✓	✓		✓
	采购	✓	✓				✓					✓		✓		✓	
	房产与物业管理										✓			✓			
主营业务	非零售运营	✓					✓			✓				✓	✓		
	零售运营	✓					✓			✓				✓	✓		
	财务	✓	✓			✓	✓			✓				✓			
	风险	✓	✓	☑		✓				✓				✓			
	合规与监管	✓				✓				✓				✓			

关键：☑ 近岸共享服务中心执行的服务
注意：（a）混合运营模式大部分的服务由自行运营和外包运营共同完成
资料来源：某机构研究

非零售运营：包括金融市场、资本、资产管理等
零售运营：包括对公对私账户、卡管理、贷款、私人银行/现金、退休金服务等

图 8-5　国际金融机构集中共享运营服务交付模式汇总

智能化全球业务运营服务和传统的集中运营服务相比，具有以下特征。

（1）客户服务更加注重端到端的服务体验。

银行运营从以业务操作为主向更加关注客户服务体验改变，通过将金融科技与业务流程相结合，更加关注客户的真实需求，解决客户的核心痛点，重塑客户服务流程，构建线上线下全渠道有机协同的服务模式，为客户提供端到端的服务体验，以客户体验作为衡量数字化运营成熟度的重要标准。

（2）业务处理更加集约化，业务交付更加高效。

银行业务发展过程中，业务处理仍是重头戏，业务处理效能的提升一直是商业银行运营转型的关键环节。银行借助金融科技，将科技和业务处理相结合，缔造一种新的虚拟劳动力，使业务处理更加集约化、业务交付更加高效。

（3）运营风险管控更加智能化。

面对复杂严峻的外部风险形势，银行需要主动进行运营风险管控，在管控范围上要求"全面"，在管控方式上依托"机控"，在管控时效上强调"及时"，不断强化运营风险的场景化、行为化、及时性和全面性，逐步实现运营风险智能化管控。

（4）更加强调敏捷方法的运用，推动客户旅程持续优化和迭代。

在数字化运营转型过程中，银行更倾向于采用敏捷方法推动运营的数字化和智能化转型，定义运营转型的最小变革单元，使运营转型快速落地，敏捷变革，推动客户旅程持续优化和迭代。

案例：某股份制银行集中运营建设

1. 集中运营作业模式

（1）打造全行级集中运营平台。

该股份制银行的集中运营项目建设，融合银行网点轻型化、业务线上化、服务智能化、运营数字化大趋势，突出银行后发优势；以构建"公共运营＋专业运营"的大运营格局为目标，以集中处理、集中控制、集中核算、集中清算的"四集中"为手段，用2到3年时间，通过完善组织架构、整合运营资源、重构运营流程等方式，打造全行级集中运营平台，全面增强运营管理对业务发展的支撑作用。

（2）建立倒金字塔运营体系。

该银行着力构建"公共运营＋专业运营"的大运营格局，将全行大部分运营业务集中到总行统一处理，全面建立起"总行大运营、分行小运营、支行主受理"的三层倒金字塔运营体系，进一步发挥"服务更好、效率更高、成本更低、风险可控"的运营支撑作用。

（3）配置运营中心人员。

①网点、支行、分行受理岗：负责交易受理、资料扫描上传、交易发起等业务。

②分行支付或分行授权岗：负责权证类业务出入库管理、库房管理、银行承兑汇票签发解付、挂失类交易、商业或银行承兑汇票贴现、转贴现类交易复核授权。

③分行监察室或分行资金授权岗：主要负责事故事项类交易复核、支付类交易分行资金授权。

④信息物理系统碎片岗或中心支付录入岗：负责全行数据加工处理。

⑤中心验印岗：负责全行业务集中验印，验印模型包含自动验印，人工1验、2验、3验。

（4）采用专业运营模式。

为适应业务条线对运营服务的支撑需要，该银行以大运营建设为契机，构建全行级资金清算总枢纽。

①专业运营团队主要承担总行级经营业务大后台及全行级资金清算总枢纽职责，负责总行级经营业务的集中后台处理、对外资金清算及对账、核心系统及重要外围系统参数的集中维护。

②专业运营团队作为总、分行支付清算等业务的统一受理平台，实现业务系统与账务处理的电子化流转和无缝衔接。

③通过设立专业的运营支持团队集中处理相关业务，重构业务处理流程，建设运营清算与核算服务职能对总行机关业务的快速响应机制。

2. 智慧化运营关键举措

该银行智慧化运营的关键举措包括智能化、数字化、流程化、线上化。

（1）智能化。

该银行通过流程模块化、动态化进行思路设计与数据代填，通过自动匹配、参数设定等技术手段，实现各类业务职能化校验与审批流转，规范业务处理标准，减少操作失误，快速建立符合业务管理和风险防控要求的全流程。

（2）数字化。

该银行将专业运营各类业务流程的管理信息转换为数字化的管理内容，包括接入数量、接入频度等；所服务的不同层级、不同频道、不同业务产品的接入数据可变为数字化分析的依据，能够为专业运营服务资源的合理调配与规划提供客观依据。

（3）流程化。

该银行将跨部门、跨体系、非可控的实物交接环节转变为可控的数据交接环节；将跨条线、非标注的人员办公交互变为严密的线上协同、逐级审批；在标准化流程的控制下，形成有明确制约关系和前置条件的管控关系，逐步从流程作业走向流程管理。

（4）线上化。

该银行积极推动流程由线下转向线上，由实物传递转向数据传递，由单一渠道转向多渠道，由支持 PC 端转向支持包括移动端在内的多种终端，由信息割裂转向信息共享。

如何定义智能化的运营模式

运营智能化转型，需要组织形态和服务模式的创新

当前，银行等金融机构的智能化共享运营的发展趋势和特征在如下几个方面发生变化，呈现出多方面的创新。

1. 顶层设计中的组织形态

银行需要考虑的因素包括运营板块的顶层组织形态，是一级部门、准事业部、事业部，还是独立的法人实体。此外，银行还需要考虑运营板块新的价值定位，独立的品牌辨识度，运营服务中心品牌形象设计和宣传策略，用工形式、成本、风险控制等。

银行将分析数字化运营组织形式的变革要求，如是否需要成立独立的一级部门、独立的事业部，或者子公司。银行在顶层设计方案里面需要针对银行的特点进行相关的分析和建议，相关的因素包括支持数字化运营资源优化配置、集约化、快速响应客户需求、专业化能力沉淀、成本控制、灵活用工，以最大限度实现标准化和风险控制。在金融机构数字化、智能化转型背景下，笔者总结了金融机构共享运营演变的不同阶段（见图8-6），从碎片化、一般规模化、一体化到战略智能化，从以效率为导向转变为以结果为导向。传统以效率为导向的金融机构运营中心强调成本的优化，采用自动化等数字劳动力来提升服务交付的效率，降低成本，以端到端客户旅程优化的方式来优化内部流程，并初步提供一些数据分析能力协助银行管理层进一步分析内部运营效率，识别运营改善机会。以结果为导向的运营中心以更具战略性的视野来规划未来的发展，综合考虑数字劳动力等科技创新以及人才战略来支撑未来的服务交付模式，采用云端、社交和通信来促进运营中心和内、外部的协同和沟通，运营直接面向外部客户，所以运营关注外部和内部的客户体验，强调银行运营后台、中台和前台部门的功能整合，以实现商业运营

的无缝衔接。另外，对运营的考核不再仅凭单纯的内部视角的指标，而是纳入了业务绩效、人才发展等具有综合性的指标，以和商业成果直接挂钩。银行需要提前规划运营组织的顶层设计，以利于运营从传统的后台作业中心转型为服务输出、能力输出的价值中心。

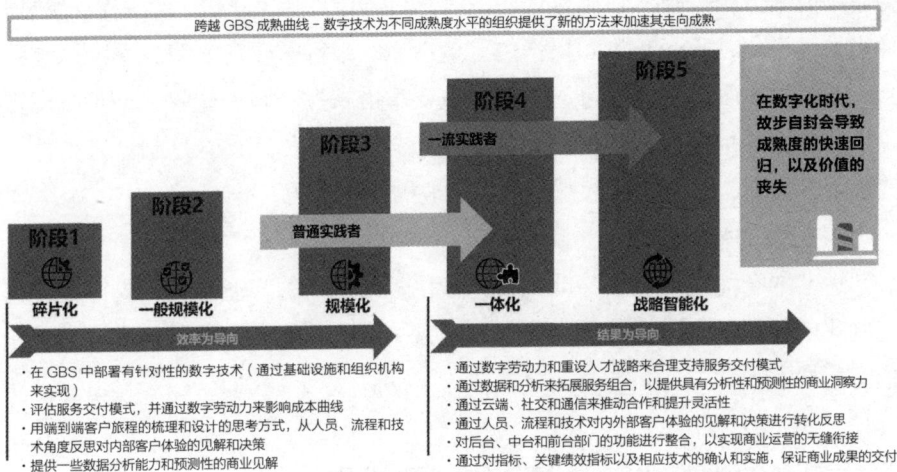

图 8-6 金融机构共享运营演变阶段

在顶层设计中，金融机构的运营战略强调客户导向的价值观，承接数字化生态银行的战略，规划运营向开放与金融生态协同的管理诉求转型，通过运营管理的去中心化支持"无边界银行"的重要举措，资源向一线团队倾斜，以运营业务中台能力赋能替代传统的管控和服务处理。

2. 以 API 服务或产品为导向，快速响应市场变化的敏捷运营服务交付模式

银行等金融机构可以建立灵活的组织形式来实现 API 服务或产品的交付、提升员工的主人翁意识、打破部门独立或条线独立运营模式、建立跨条线或部门的敏捷交付模式、促进服务资源的共享化和云端化。

传统金融机构例如银行的运营强调流程、授权、制度、风险厌恶，而数字化的银行或者银行的创新更多的是实验、创新和以客户为中心，试行"从敏捷性产品研发到交付模式""基于智能交付平台的运营逻辑集中"等组织敏捷化转型的举措，建立和实施面向 API 服务或产品的交付、面向金融生态圈合作机构的组织架构和运营赋能形式。

3. 以客户为中心的端到端客户旅程流程管理

银行等金融机构从产品开发到市场推广的端到端流程管理，以客户体验和客户满意度为关键指标。制作客户旅程地图是一个数据收集、整合的过程，数据来源复杂，整合过程烦琐，既具有挑战性，又非常有价值。银行需要通过情绪分析等技术在旅程地图的制作过程中将原本孤立甚至主观的数据转化为可视化、易于测量和操作的定量指标。银行需要在实践中不断总结经验，并培养更多团队。银行通过四个重要举措来提升客户体验：一是梳理完整的客户旅程地图；二是建立完善的指标监控评估体系；三是制订客户体验快速闭环机制；四是组建深挖创意并落地执行的团队。

4. 运营的智能技术

运营的智能技术包括移动化、无纸化、线上化的智能技术，支持大规模定制化的智能技术，支持社会化银行运营的智能技术，支持运营资源云端化的智能技术。

运营服务的中台化、微服务化、智能化

1. 运营服务的中台化

银行等金融机构运营服务的中台化借鉴了互联网金融企业的做法，这些做法具有天然的敏捷性，强调创新、快速反应、以客户为中心。例如，阿里巴巴通过强大的中台能力封装，对前端业务单元进行赋能，通过低成本试错进行快速创新，敏捷应对市场和环境的变化，快速扩大规模和实现业务的迅速增长；建立统一且不断迭代的中台能力资源池，按需调用业务条线，快速搭建应用场景，有效降低系统重复建设及业务成本，提升业务快速响应市场需求的能力；实现全集团各个事业部的资源整合，形成跨事业部的协同效应；划分不同业务单元进行统一管理，各业务条线系统瘦身明显，为客户提供稳定可靠的产品与服务体验，进一步带来新的业务增量。阿里巴巴组建"大中台，小前台"的组织机制，并基于此，通过整合和组件化方式形成"业务 + 数据"双中台架构（见图 8-7）来实现敏捷。

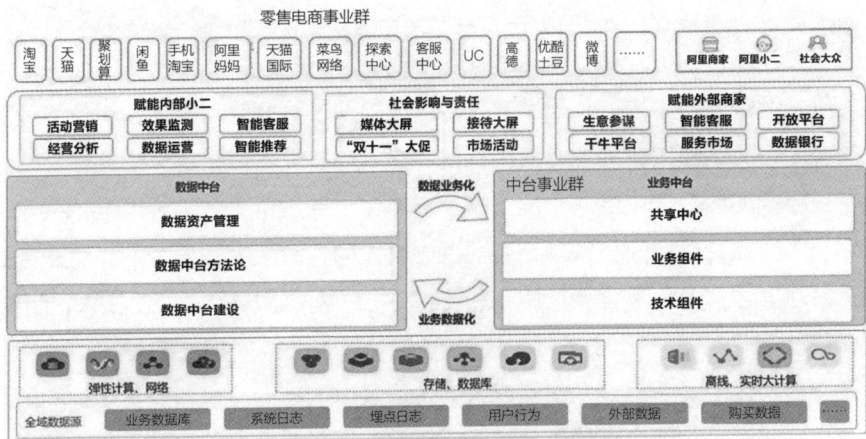

图 8-7 阿里巴巴的双中台架构

银行等金融机构基于"大中台"的战略目标打造业务中台与数据中台，并致力于实现"业务数据化 + 数据业务化"，将客户中心、商品中心和订单中心等整合为业务中台的核心，即"共享中心"；并通过业务中台与技术组件的辅助，明确数据中台建设的目标与方法论，整合数据中心、搜索中心及与数据相关的产品，进行数据资产管理；以"小前台"为导向，通过组件化方式改造，中台直接向前台各业务条线提供组件化或调用式的共享模块。

2. 运营服务的微服务化

金融机构运营中台架构如图 8-8 所示。

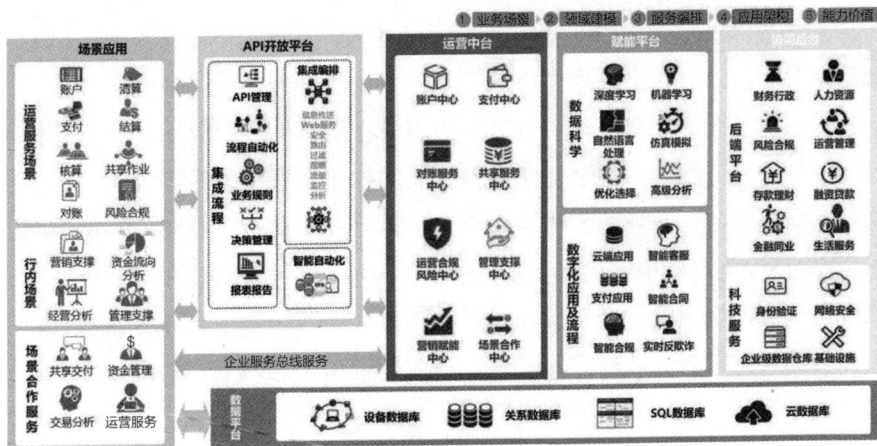

图 8-8 金融机构运营中台架构

　　银行等金融机构以微服务化的方式构建共享运营中台架构，运营中台的规划需要关注未来如何对业务应用进行支撑赋能，解决运营支持业务的服务需求不规范，运营服务零散、不标准，开发上线周期长等问题。为此，银行等金融机构通过构建运营中台的业务应用框架，深入分析业务应用场景的共性，从运营中台服务的深度和广度两个视角推进一体化业务运行平台的规划设计工作，确保一体化业务运行平台的规划有高度、有方向，有效支撑未来的中台服务的试点落地。运营中台包含账户中心、支付中心、对账服务中心、营销赋能中心等，往前端对接 API 开放平台，通过对 API 开放平台的集成编排、集成流程和智能自动化的灵活组合，使其成为支持场景下的某产品或者业务端到端的运营流程，或者运营中台直接对接场景应用端，提供单个运营中台服务微能力，例如，向外部场景合作生态的账户进行能力输出等。中台化和微服务化的共享运营架构具有如下优势。

　　（1）提升银行运营效能：打破银行内部壁垒，将共性需求与能力进行沉淀与积累，提升银行整体运营和快速响应的效能。

　　（2）减少重复开发：提炼业务场景中具有共性的部分，形成可复用的模块组件，减少同质化开发，实现降本增效、快速复用。

　　（3）形成多项资产沉淀：将运营数据、流程与技术进行沉淀与积累，充分发挥数据价值，进而支持业务的决策和优化。

　　（4）支持业务创新：面对快速变化的业务需求和数字化发展趋势，运营中台需要持续迭代自身运营能力，进而更好地支持业务创新。

　　（5）完善业务运行中心共享运营原子能力，高度提炼业务流程，形成原子服务组件，以组件化方式支持业务及产品的设计与落地（见图 8-9）。银行应从扫描、数据处理等传统运营原子服务，到营销客群分析、渠道分析等运营中台的原子服务，通过运营中台构建的抽象示意图分析传统应用模式的缺点及构建中台化服务的优势，为未来一体化业务运行平台建设提供思路。图 8-10 所示为运营中台运营微服务的设计框架。构建运营中台微服务架构，银行需要梳理相关的业务场景和子场景，拆分业务场景中的业务需求，将相关业务需求进行合并和标准化处理。在业务需求的基础上，银行再提炼出专业领域的标准化功能应用，在提取了功能应用的共性特征后，将具有共性的功能合并到统一的运营模块或者子模块，完成领域建模的关键步骤。在运营中台建立后，基于业务场景和运营流程，以服务编排的形式快速形成对特定场景服务和业务流程的服务支撑。运营中台以微服务架构来应对快速变化的业务场景，对后台运营能力有越来越高的要求。

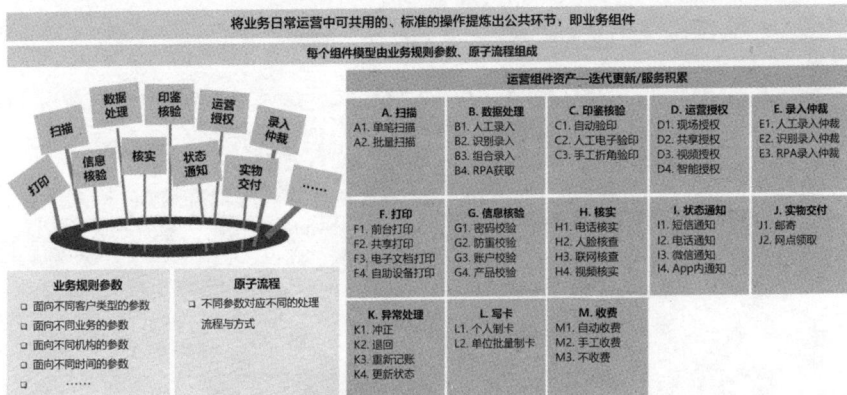

图 8-9　金融机构运营中台运营原子服务

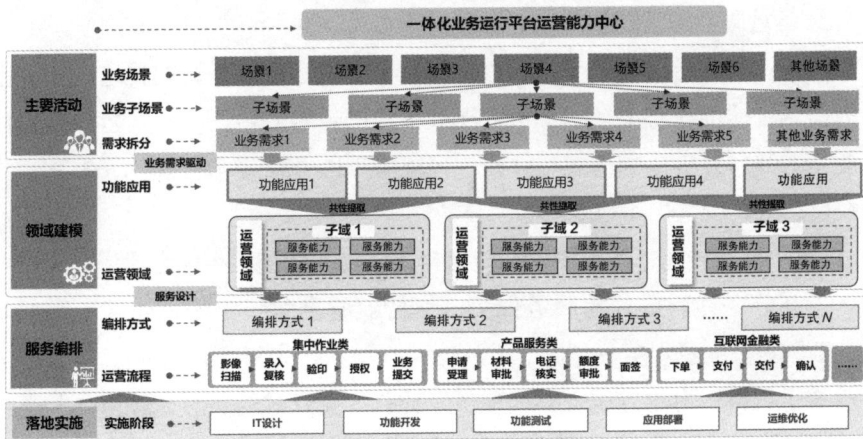

图 8-10　金融机构运营中台运营微服务设计框架

银行等金融机构未来共享服务的架构在前端将支持多渠道流程共享，在服务端支持服务内容范围的多元化，不仅包括传统的柜面业务上收部分，还包括客户营销、数据分析、渠道赋能等业务支撑类工作。在作业端，支持多业务条线、多能力中心的作业模式；并且支持多种用工形式，包括行内员工、驻场外包、离场外包、机器员工等多种形式（见图 8-11）。同时，在内部管理和资源整合上，银行通过标准化和共享化的方式支持多种资源的协同、高效交付，又通过统筹化和敏捷化的方式促进运营服务的快速迭代，快速响应前端业务部门的要求。银行还可以通过协同化、定制化的方式聚集和利用行外、行内的资源和能力，满足多元化的需求，实现渠道的协同互融。

图 8-11　金融机构共享运营服务支持多元化的用工形式

3. 运营服务的智能化

笔者观察到当前银行等金融机构在积极探索运营服务智能化过程中，创新的领域包括推动线上、线下流程无缝衔接的技术应用，支持运营风险管控智能化的数据分析模型的应用，账户风险管理的解决方案智能化，推动运营流程自动化、线上化和智能化等。

（1）推动线上、线下流程无缝衔接，优化业务流程和后台操作模式。

①充分发挥后台专业服务优势，支持业务全面线上化，如网上预约本票、汇票签票业务。

②手机银行为业务线上办理提供专业化、交互式的实时在线协作和落地办结服务。

③票据系统实现到期电子汇票自动提示付款、线上化自动签票等功能，提升业务处理的自动化程度。

④创新线下实体网点收费模式，使用动态二维码技术，实时生成收款码，客户可通过手机扫码等方式进行线上支付。

⑤优化柜面业务处理及与客户的交付模式，提供"一站式"极致服务。

（2）智慧运营和完善运营风险管控模式。

①完善智能设备操作流程，加强交易风险控制，将人脸识别嵌入智能柜

台和便携式发卡机业务流程，对业务办理人身份进行确认，确保客户身份信息的真实性、准确性、合规性。

②在便携式发卡机业务流程中加入人脸活体检测，防止通过照片进行人脸识别，提升对外拓开卡和电子银行签约等业务的风险控制。

③在印控仪用印流程中，充分应用 OCR 识别，对凭证模板主动识别，自动定位进行用印，控制印章使用风险。

④对企业银行账户风险进行管控，在企业银行账户开立时，充分利用外部工商、税务等数据，交互验证客户提供的开户信息，检查客户的工商经营状态是否正常，检查客户是否被列入工商严重违法失信企业名单。

⑤账户存续期间，引入后台大数据验证机制，通过工商数据定期标记状态异常或严重失信客户账户。定期检查客户相应的工商登记信息是否发生主要信息变更，如定期检查统一社会信用代码、客户名称、法定代表人或单位负责人姓名，若这些信息不一致，由银行通知客户，并在发出通知后对账户采取相应控制措施。

（3）个人银行账户风险管控。

①利用行内外数据实现个人Ⅱ、Ⅲ类账户开户信息的交叉验证，通过对Ⅱ、Ⅲ类账户的开户信息进行扫描监控，判断客户信息要素是否齐全，核实个人银行账户开户信息真实性。

②通过引入反欺诈模型，主动对以下典型异常行为实行跟踪和阻断处理，确保非面对面渠道Ⅱ、Ⅲ类个人银行账户的可靠性：年龄段（如多为 50～70 岁）过分集中；身份证号码或手机号码过度集中在部分地区，手机号码呈现连号或集中在同一号段；用户使用同一身份（包括同一姓名、同一身份证号码、同一绑定账户或同一手机号码等情况）开立多个Ⅱ、Ⅲ类账户；留存开户信息不合理，留存的联系地址明显与身份证归属地不一致；开户行为偏离度大，如在异常时间段、异常网络地址、异常地理地址等申请开立Ⅱ、Ⅲ类账户；开户频率异常增高、数量激增，新增开户时间间隔较短或呈现一定规律，以及电子渠道账户验证申请数量在短时间内激增，远超过正常业务量等。

（4）金融科技运营，打造智慧运营后台。

①线上远程智能集中授权，全行网点对私业务工作日、周末及节假日全时段总行集中授权，平均每笔授权审核时长在 1 分钟之内。智能授权占比达

到 40%，实现真正意义上的人工智能审核授权。

②用智慧运营新模式为柜面减负，释放出更多柜面人力，为客户提供更好的厅堂服务，真正想客户所想，真正把客户服务好；同时进一步强化智能化风险控制，实现减负和防控风险并重。

③实现对公流程线上化、集中化。运用金融科技手段，创新线上、线下融合的微信预约开户模式，综合应用 OCR 识别＋大数据连线工商信息＋RPA 校验久悬等技术，实现系统自动读取证件信息、自动调取工商信息、自动登录银行账户管理系统进行账户登记备案、自动查询企业久悬账户信息，客户在微信预约、扫描资料后，即可到网点完成开户手续。

④新增基本户银行账户管理系统自动登记功能，通过从外部引入第三方数据，实现存量账户客户信息定期自动对比。

⑤前、后台直通式、自动化作业，利用金融科技整合前、后台作业系统，有效对接业务系统，实现前台电子化信息采集，与客户逐步向自助或线上化迁移这种变化趋势相适应。构建"标准化接入、智能化处理、专业化服务、全流程管控"的集约型运营后台体系，强化机控措施，增加系统信息交互功能，提高业务处理效率。

⑥运营流程效能全面突破提升，实施凭证整合和印章上收，将个人业务凭证梳理整合，扩大电子印章业务覆盖范围，减少手工用印，全面上收柜面会计印章。

⑦完成柜面业务无纸化项目，简化柜员操作，不断提高客户体验。完成交易无纸化改造，新增电子回单业务品种，完善回单打印内容，优化业务签约模式，大幅提升回单机使用效率。

⑧探索人工智能技术在集中授权业务中的运用，并用其逐步替代人工授权，试点远程智慧全能银行。在单位账户的开立和签约方面，通过 OCR、RPA 等技术，实现客户一次性识别、资料一次性提交、柜员一次性审核、双方一次性交割。持续优化柜面流程，实现线上线下无缝对接，提升客户旅程端到端的质量与效率，增强客户体验，为网点减负，强化智能化风险控制，提升运营竞争优势。

展望未来的集团企业
智能运营

智能化全球业务运营服务集数字技术、数据和管理方法于一体，以扩展 GBS 组织的产品服务，并可进一步促使 GBS 组织成为战略商业伙伴。dGBS 带来了新的一体化的服务交付模式（见图 8-12），强调了数字化创新技术的运用，提出数字方法（旅程分析、创新工厂、流程挖掘和敏捷方法）的应用，增强了客户体验，提供了基于数据分析的业务洞察，并帮助组织利用新技术来实现卓越经营。典型的成果/产出包括运营效率提升、核心业务流程自动化、客户体验改善、运营成本降低、产品/服务的上市速度加快、及时的数据驱动见解、加速/改进决策过程。

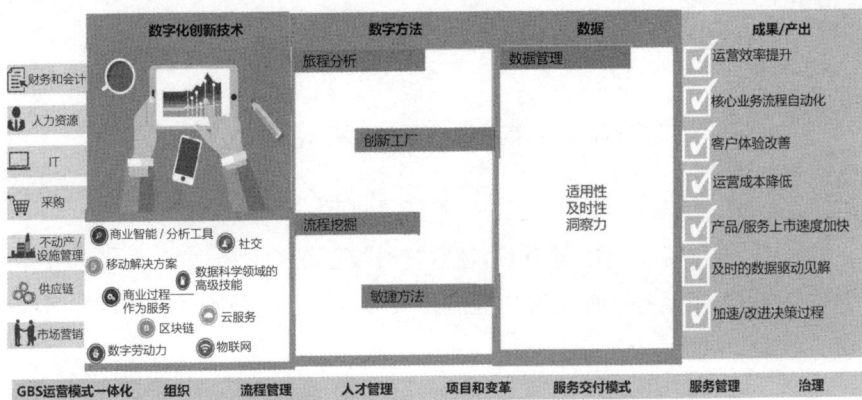

图 8-12　金融机构智慧运营模式 dGBS

【案例一】某国内综合性金融集团的金融服务中心

1. 建立独立法人实体，支持集团多元化金融服务

国内领先的金融控股集团已经成立了独立的法人组织，作为共享运

营服务平台为整个集团提供运营支持服务（见图8-13）。该金融服务中心总部位于上海，设有上海、深圳、成都、内江、合肥作业区（见图8-14），共有员工近1.5万人。目前该金融服务中心的业务涉及保险、年金、银行、证券、投资等金融领域，涵盖呼叫中心、数据处理、核保核赔、流程改造、HR服务、银行后台管理、财务结算、信息技术支持等方面，采用了以客户为中心、一站式、标准化的服务共享模式。

图8-13 某金融集团大运营后台模式

该金融集团的金融服务中心的服务范围如下。

（1）科技服务，包括常规IT运营和科技创新类服务。

（2）运营类服务，包括客户服务、录入服务、电子签章、催收服务和财务服务等。

（3）远程营销，包括远程贷款（通过电话、网络等渠道为客户提供贷款产品的远程咨询、受理服务）和远程理财（通过电话和网络等渠道获取新客户、引导存量客户投资等）。

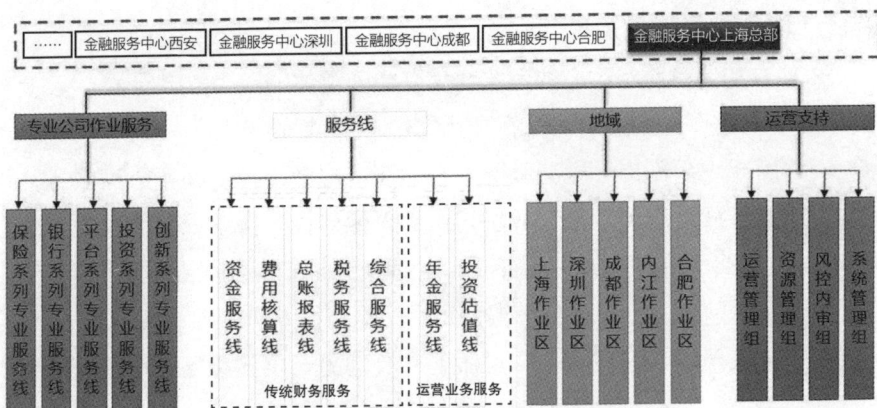

图 8-14　某金融集团大运营组织架构

2. 建立不同属性的团队

利用专业团队和共享团队的协同优势，独立的金融服务中心可组建不同属性的团队，适应不同的业务类型。不同属性团队的分类如下。

（1）客户接触团队：其是直接与企业终端客户接触的作业部门；职责包括电话中心作业和机构柜台作业，为客户提供咨询、信息查询变更、投保、报案、投诉等服务，支持企业金融产品的交叉销售。

（2）共享作业团队：其是各类业务共享的后台作业部门；职责包括文档作业和会计作业，负责提供资料扫描上传、契约录入，以及费用、收支核算等服务，通过作业的高度标准化和最大限度地共享作业资源，降低作业成本。

（3）专业作业团队：其是需要专业能力介入业务判断的作业部门，如产险服务中心；职责包括核保作业和理赔作业，将分布在各二级机构的专业作业集中起来，实现规模化、标准化和自动化作业，推动核保、理赔作业的深度专业化。

（4）运营管理和控制团队：对各类作业进行运营分析和管理控制；通过预测规划、预算控制、生产计划、过程监控和绩效评估等管理行为，优化后台资源管理，提高成本控制水平。

（5）政策规则制订团队：负责制订与作业相关的政策规则；根据典型案例研究、作业统计分析、业务效益分析和集团战略，制订与作业相关的政策规则，以指导作业和管理行为。

3.独立的金融服务中心的运营优化在集团整体的应用效果显著

（1）有效降低人力成本，节约资源。

一方面减少内部岗：金融服务中心的印章服务组提供印章管理服务，代管客户印章，通过智能芯片、数字防伪、摄像监控、指纹识别等风险防范措施，该中心的印章集中管理平台年用印处理量达1 278万件，减少了内部岗。另一方面减少前台岗：一个县级支公司，保险销售人员100多名，配备了27名后勤管理人员；但在设立了金融服务中心的另一个县级支公司，保险销售人员300多名，后勤管理人员仅2名，减少了前台岗。

（2）集中型的风险管理，扩大应用范围。

该金融服务中心承接保险稽核、反洗钱和反欺诈稽核、IT稽核、投资稽核、远程审计等业务；拥有自己的反洗钱模型开发团队、"三反"模型开发团队；进一步拓宽风险信息监测的应用范围，将应用范围逐步扩大至客户尽职调查、信用评级、集团供应商管理及违规网络营销活动的监测等领域。

（3）为客户提供优质服务。

该金融服务中心为客户提供智能系统＋专属服务的VIP服务，在客户打进电话时，系统会自动判断其是否为VIP客户，客户无须自我介绍，直通专属投资顾问。客户无须等待，空闲专属投资顾问将在10秒内接听电话。此模式结合直通专员的客户经营模式，精准把握客户购买时间点，提升AUM和销量。

【案例二】某国际综合性金融集团的环球运营服务中心

该国际综合性金融集团基于集团"加强全球业务联动"的战略重心，实施全球统一业务模式，重组中、后台功能板块，使之为全球经营活动提供统一的支持与服务。全球布局和国际化经营是该金融集团从设立之初就一直坚持的战略，该金融集团全球化运营战略分为两个阶段。

第一阶段（2008年前）：通过全球并购扩张和上市，该金融集团的业务实现了全球化运营。

第二阶段（2008 年至今）：该金融集团由注重外延式规模增长转向重视集团内生整体质量提升，实施一致的业务模式、落实全球标准，加强全球业务联动，重整全球布局，实现全球业务的稳健发展。全球化运营关键战略举措如下。

（1）加强业务联动。2013 年，在完成组织架构和业务重组后，该金融集团进一步将业务发展重点从实现资源整合和本土化转向立足于有着紧密国际联系的全球共享网络，如推出统一的工商金融业务经营模式，为全球客户提供更快捷、更标准化的服务。

（2）实施全球统一的业务模式。重整全球业务条线，实施一致管理。一方面，该金融集团重整原有业务线，形成零售银行及财富管理、工商金融、环球银行及资本市场、环球私人银行四大业务线。四大业务线提出总体目标，制订统一的战略规划，实施统一的业务模式，统筹管理业务条线员工。另一方面，该金融集团重组了中、后台功能板块，使之为全球经营活动提供统一的支持与服务。

（3）精简全球机构，施行一致管理。2011 年，该金融集团推出四项节流计划，包括：实施一致的业务模式，缩小地区间的业务差别；重整营运流程，减少管理层级，改善决策，让各员工承担更大责任；精简资讯科技运作部门；重整环球部门，出售非策略性业务。

（4）打造全球一体化金融科技。第一，引入人工智能，加强流程的监督管理，提高业务流程和运营管理的自动化、集约化程度，促进电子渠道和物理渠道有机结合，普及敏捷、快速、方便的数字化业务流程，进一步降低运营成本，提升管理和运营效率；第二，推动区域性银行与第三方建立合作，提升服务效率（如无纸化改革、远程业务受理等）；第三，打造全球共享服务平台，集中受理，标准交付。

智能运营的组织架构和能力建设

在金融机构进行面向未来的智能共享运营中心的建设时，组织架构、职责岗位的设置及其核心能力是智能共享运营中心得以快速发展的基础。

1. 集团共享服务中心岗位设置

某金融机构的业务运营中心岗位策略和岗位设置如图 8-15 所示。

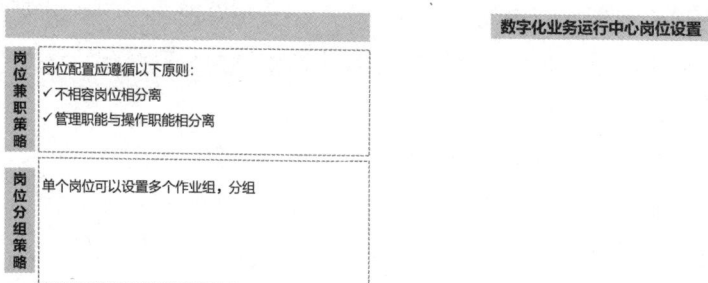

数字化业务运行中心岗位设置

岗位兼职策略	岗位配置应遵循以下原则： ✓ 不相容岗位相分离 ✓ 管理职能与操作职能相分离
岗位分组策略	单个岗位可以设置多个作业组，分组

与业务熟练程度，风险控制类岗位需要较高的风险控制意识与潜在风险识别能力，管理类岗位在结构化思维能力、战略规划能力、数据解读与沟通能力等软性技能上具有更高的要求，共享管理岗位则需要关注现场作业管理的流程优化、质量管理、业务调度和运营支持等职能。

2. 集团共享服务中心人员外包策略

金融机构需要优化共享服务中心的人员外包策略，外包的目的是提供标准的、具有竞争力的优质运营服务，节省人力，为共享服务中心提供优质的客户服务。但决定是否外包需要综合考虑各种因素，如外包的风险（客户资料泄密风险、声誉风险）、外包商的可获得性（满足网点布局的需要、状况良好、能长期经营并承担一定风险）、外包商的服务水平（处理速度快、准确性高）、投入产出比（外包能够提高工作效率）、外包的可行性（业务量大的业务可以外包，实现规模化处理；可以并发的方式工作，分发给不同的岗位；有同业的外包经历）。不建议外包的业务：与核心能力相关的业务（如存款业务等），比较复杂、专业化的、需要经验处理的业务，能形成新的竞争力和竞争优势的业务（如生态银行业务）。

3. 集团共享服务中心人员人力资源测算

集团共享服务中心的人力估算可基于岗位性质选择不同的分析方法，主要采用数据测算法和业务分析法，穿插使用对标评测法。对于不同岗位适用的主要人力估算方法如下。

（1）**数据测算法**。对能够提取到可靠业务量，并能够对单笔业务工作量进行测量的项目，管理人员和业务人员通过经验确定一类标杆业务的日均处理工作量，其他业务与标杆业务之间的关系通过多人评估并取平均的方式进行确定。在业务量和日均处理标准单量确定的基础上，结合合理业务处理时间等因素，确定人员编制。

（2）**业务分析法**。业务分析法是基于业务性质的特点，并结合现有管理人员及业务人员经验，进行分析评估，最终确定人员编制数量的方法。此方法适用于难以进行精确数据测算的项目。

（3）**对标评测法**。对于无法进行数据测算的业务，优先考虑选取相近口径其他企业的业务进行对标，并在此基础上进行估测。此方法较数据测算法得出的结果虽不够精确，但仍具较高的参考价值。

9

运营成本：加速战略性成本转型

知者行之始，行者知之成。

——王阳明

为什么战略性成本新的思路逐渐兴起

2020 年末，某机构委托全球 200 多名来自世界各地的银行的高管对其银行相关业务进行研究，以了解银行是如何有效开展战略性成本转型并取得成效的。该研究探索了成功的战略性成本转型项目的驱动因素和促成因素、未来银行目标运营模式（TOM）和相关成本结构，以及现代环境中银行运营转型的优先级变化的各种可能性。

多年来，战略性成本管理一直是大多数银行的重要议题。这是一个必须随着市场环境、客户需求和利益相关者预期变化而不断革新和发展的过程。战略性成本转型是一个艰难的过程。毕竟，许多成本的低效率是系统性的，源于银行业的复杂性和历史遗留问题。此外，随着银行的成长和发展，增加新的成本往往比减少现有成本更容易。

在 2020 年后，成本议题被提升到一个新的高度。显然，大多数银行都在寻求加速成本转型的方法，并且大部分都获得了显著的成效。这种紧迫性源于全球银行盈利能力的下降。

在当前环境下，如果银行需要将成本收入比降低 10 个百分点或更多，其需要重新设计运营模式，并利用灵活性、复原力和数字转型能力来实现持续的成本优化。成本策略的一个重要焦点是它对客户的影响。降低成本的一个方法是瞄准不能增加客户价值的活动，简化该活动的流程。那些在成本转型计划中大胆且取得成功的银行将会在激烈的竞争中获得成功，那些成本转型计划未保持一致或未抓住重点的银行将处于竞争劣势。

鉴于成本议题的重要性和紧迫性，笔者参与了全球调研项目对世界各地的银行业高管进行全面研究，并获得第一手见解。这份项目调研表明，世界各地的银行迫切需要制订集中的、聪明的战略性成本转型策略，并吸取过去的经验教训，以确保成功转型并实现效益。

不断变化的成本优先级

在全球范围内，降低银行运营成本议题日益重要和具有实际意义。 运营成本优化举措的重要性如图 9-1 所示。由图 9-1 可知，数字化（59%）、减少人员（52%）和历史遗留 IT 转型（50%）对降低成本具有重大影响。

降低运营成本的领域及其在帮助实现未来12个月的降低成本目标中的重要性

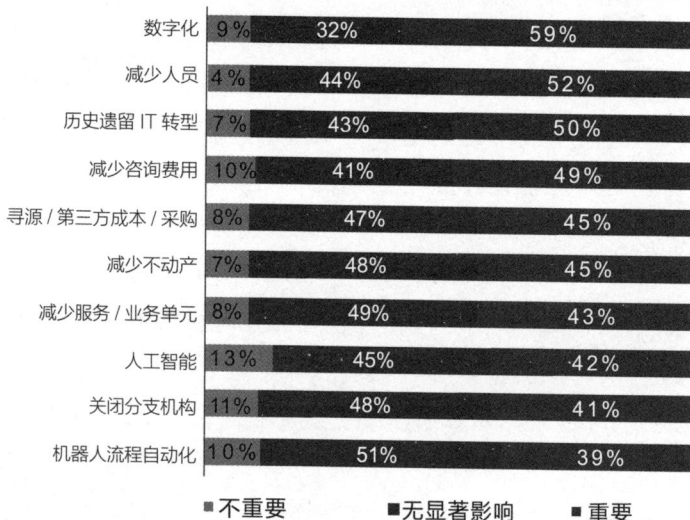

领域	不重要	无显著影响	重要
数字化	9%	32%	59%
减少人员	4%	44%	52%
历史遗留 IT 转型	7%	43%	50%
减少咨询费用	10%	41%	49%
寻源/第三方成本/采购	8%	47%	45%
减少不动产	7%	48%	45%
减少服务/业务单元	8%	49%	43%
人工智能	13%	45%	42%
关闭分支机构	11%	48%	41%
机器人流程自动化	10%	51%	39%

■不重要　■无显著影响　■重要

图 9-1　运营成本优化举措的重要性

这些都是非常重要的领域，并且已经成为银行运营成本优化工作的焦点。数字化是整个银行业普遍优先考虑的问题，也是现代银行业运营模式的核心。最大的收益将出现在中、后台的流程自动化和端到端的数字化方面，这些领域目前通常仍高度依赖人工操作。但这也提供了一条优化员工配置的途径，通过减少劳动密集型的、基于纸张的流程，员工可以专注于以客户为中心的任务。这是银行不断更新换代传统的 IT 平台，以寻求数字化赋能组织的标志。互联网银行模式为以客户为中心的数字化转型提供蓝图设计，使前、中、后台部门保持一致，并成为成本优化潜在的强大驱动力。在前端，各种突发全局性事件的影响之一是显著加快客户向数字渠道迁移，越来越多的客户更愿意在自己方便的时候自行处理银行业务和理财。互联网银行模式不仅可以优化客户体验，还可以在中长期降低成本。

在笔者看来，数字化渠道应该首先考虑客户的需求。从成本的角度来看，它往往不如其他一些手段有效并由于固定成本的存在，减少物理渠道成本在很大程度上仍然具有挑战性。尽管数字化渠道不断吸收客户，但物理渠道仍然存在。此外，银行需持续关注黏性不高的客户，继续通过传统的实体渠道为客户提供服务。

此外，银行应该认识到，还有一些新的成本是银行无法控制的。银行别无选择，只能增加客户（如产品创新）、监管和社会视角所要求的活动。

汲取经验，跨越战略性成本转型的障碍

虽然不少银行已经提高了成本效益率，但是它们也认识到，从历史角度来看，它们仍未达成自己所设定的目标。

成本优化计划在银行业并不是什么新鲜事，一些银行将 15% ～ 20% 的成本用于转型和变革交付。那么，过去的案例预示银行未来的任务是什么？

业界的研究表明，78% 的银行认为，它们的成本优化计划在过去的三年内已经实现了预期回报。

然而，在更精细的层面，大多数银行在报告中表明它们在某些特定领域取得了适度 / 有限的成功，例如数字化关键职能、流程指标与客户评价挂钩、消除非价值赋能活动等领域。

运营成本优化战略现状调研结果如图 9-2 所示。

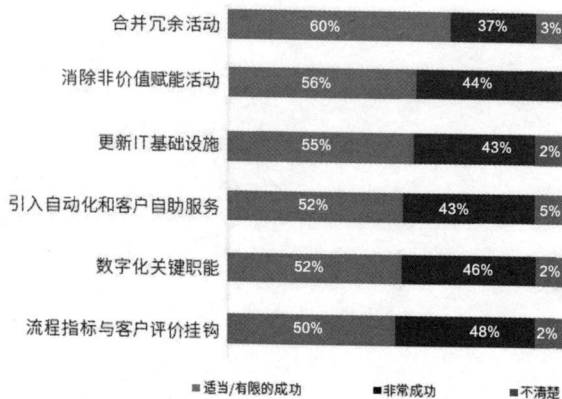

类别	适当/有限的成功	非常成功	不清楚
合并冗余活动	60%	37%	3%
消除非价值赋能活动	56%	44%	
更新IT基础设施	55%	43%	2%
引入自动化和客户自助服务	52%	43%	5%
数字化关键职能	52%	46%	2%
流程指标与客户评价挂钩	50%	48%	2%

■ 适当/有限的成功　■ 非常成功　■ 不清楚

图 9-2　运营成本优化战略现状调研结果

这种有限的成功并不令人惊讶。某机构发布的一份报告指出，金融机构会随着时间的推移而变化。因受到有机增长、收购、经济波动、新的监管要求、商业模式变化以及其他内外部因素的影响，金融机构将变得更加复杂。

银行应清楚地认识到成功和可持续地降低成本的主要障碍，以便能够采取有效措施，消除障碍。银行运营成本优化战略主要障碍的调研结果如图 9-3 所示。

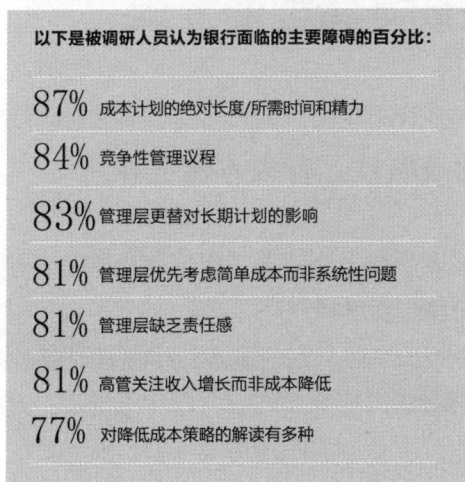

以下是被调研人员认为银行面临的主要障碍的百分比：

87% 成本计划的绝对长度/所需时间和精力

84% 竞争性管理议程

83% 管理层更替对长期计划的影响

81% 管理层优先考虑简单成本而非系统性问题

81% 管理层缺乏责任感

81% 高管关注收入增长而非成本降低

77% 对降低成本策略的解读有多种

图 9-3　银行运营成本优化战略主要障碍的调研结果

很明显，障碍是众多的、复杂的，而且往往是相互联系的。笔者认为，该调研强调了成本转型的关键成功因素，包括对关键成本影响因素的理解和优先级排序。

影响战略性成本转型的要素

制订目标明确的战略性运营成本转型计划

根据笔者的经验，要想取得成功，银行需要通过一些关键项目来降低成本，而不是一系列小型、微型计划。

这些项目可以分为 12 种基本的成本转化杠杆，通过战略、简化和技术等多个角度进行操作。银行优先选择哪些杠杆以及什么时候选择取决于以下因素：

（1）与基准和目标相比的当前（成本）表现；

（2）降本目标及降本投入；

（3）达成降本目标的速度；

（4）与每个成本转化杠杆相关的潜在风险。

将围绕 12 种杠杆组成的明确计划与 3 个重点视角相结合，意味着可以取得重大成果——在相对较短的时间内实现可观的成本降低。运营成本优化战略的主要杠杆如图 9-4 所示。

成本转化杠杆

宏观成本视角	降本杠杆	机会	成本节约(总成本占比)	现金转化速度	每美元节省成本	风险
1.战略	1.1地理位置、市场、产品	减少低绩效客户群和产品领域	尚未确定	慢	尚未确定	
	1.2经营模式和资产负债表	通过优化资产负债表降低资金成本				
2.简化	2.1组织运营模式	降低组织复杂性，包括报告、决策和治理结构	中等	快	低	
	2.2转型优化	围绕变革打造核心组织能力				
	2.3重本管理	通过战略规划与责任分工进行成本管理				
3.技术	3.1数字化与运营效率	推动数字化从前台到中、后台，全面推行企业范围内的自动化	高	中等	高	
	3.2渠道优化	通过数字化转型推动行为改变				
	3.3组织设计与人员	推动全行组织设计的简化，注重跨度和层级，调整薪酬和奖励	低	快	中等	
	3.4技术优化	加快重要环境向云端的迁移，淘汰过时的应用程序并清理数据中心	低	中等	中等	
	3.5资产优化	合理化总部和区域之间的运营模式，将座位与办公桌之比调整为2.5:1	低	慢	TBD	
	3.6采购和供应链管理	通过整合供需矛盾，降低第三方支出	低	快	低	
	3.7税务及法律合规优化	优化税务与法律合规架构	低	中等	低	

注：
成本节约：低（<5%），中等（5%~10%），高（>10%）
现金转化速度：快（<12个月），中等（12~24个月），慢（>24个月）
每美元节省成本：低（<0.50），中等（0.50~1.00），高（>1.00）

图9-4　运营成本优化战略的主要杠杆

有一种利用成本转化杠杆的有效方法，即银行采用"由内而外"的视角，利用内外部数据分析业务。这使银行能够做到以下几点。

（1）在深入了解金融机构运营和绩效的基础上，提出一些强有力的假设，说明哪些杠杆能够产生最大影响。

（2）根据外部和内部经验（包括基准数据），估计每个杠杆和假设的成本降低潜力。

（3）优先考虑哪些成本转化机会，以便进一步分析和验证。

（4）详细说明如何依据自上而下的分析在银行内部选择优先应用杠杆。

（5）为成本转化计划制订商务方案。

随着当前银行内部数据和行业基准数据的可用性以及现代分析工具使用性的增加，银行分析成本转化杠杆并确定其优先顺序变得相对容易，同时也可通过分析产生更多有价值的观点。领先银行将先进的数据分析技术作为加速手段，帮助其快速确定运营成本转型工作的重点。在这种情况下，大多数银行管理者需要认识到他们的数据和分析能力对银行未来成功的重要性（对于那些运营模式预期将发生全新变化的银行来说更是如此）。

在全球银行风险增加及监管转型要求提升的趋势下，转型优化的提出顺应了目前市场发展的趋势。由于目前银行在风险和监管转型方面的支出巨大（在一些国家，大部分转型支出被要求必须用于这一领域），因此在这方面强化成本杠杆，就能实现更高的效益。因此，应考虑不同的运营模式（包括替代采购方案和行业解决方案）以及与监管科技供应商合作等解决方案。根据笔者的经验，更具成本效益的风险和监管转型方法可以成为运营成本转型的重要杠杆。

对当前业务运营的深入了解，再加上对时间、风险、下游依赖性、优先级、客户影响和预期效果等变量的透彻理解，将有助于银行确定实施计划的优先级。更重要的是，在一个全面的降本战略产生巨大影响力的同时，银行要保持提供良好的客户体验。

重新思考目标运营模式以实现利益最大化

82% 的银行表示它们有明确的运营成本优化目标，但是很少有银行将其转化为明确的成本转型战略或全面匹配的目标运营模式。拥有明确的成本转型战略的重要性是显而易见的，91% 的银行表示，它们过去的成本削减举措是成功的，同时也表示它们拥有全面匹配的 TOM。对银行的成本转型战略而言，能够带来效益的目标运营模式是十分重要的。此外，成本优化目标应根据对运营模式的理解进行调整，例如，在银行的某个领域（例如，自动化贷款申请处理）降低 10% 的成本可能被认为是激进的，但在另一个领域（例如，不再购买与大量过时产品相关的系统许可和服务）降低 20% 的成本可能被认为是保守的。一个重要的原则是，追求简化的银行目标运营模式，因为大多数银行复杂的运营模式对成本、风险和战略敏捷性等方面造成了重大影响。

由于经营环境的变化，超过四分之一（28%）的银行预计将进行彻底的变革，重新思考它们的目标运营模式，在大型银行中，36% 的银行将重新思考其目标运营模式。从地区来看，亚太地区的银行（36%）最有可能考虑这一问题，略高于欧洲和美洲的银行（分别为 28% 和 23%）。

运营模式变革的一个明确例子是，在分支行网点网络和电子渠道（如区域联络中心、微信银行、App 银行等线上渠道）之间整合渠道管理，从而更好地简化运营模式和提升成本效益。打破渠道孤岛，创建一个单一的、集成的分销功能，除了能降低成本，还能带来许多其他好处。例如，为客户提供一致的体验等。

　　另一个运营模式变革的例子是"空心化"，即精简组织及其流程。实现空心化的最有效的方法就是进行合作。例如，要建立一个数字化抵押贷款方案，需要与数字化抵押贷款发起人进行合作，而不是对传统的纸质抵押业务进行数字化。

认识到成本管理文化和驱动因素的重要性

　　强大的成本管理文化、长期投入时间和资源的能力、执行问责制和降低成本的关键绩效指标（KPI）被认为是战略性成本转型非常重要的"软"驱动因素。

　　然而，根据统计，只有58%的银行认为自己拥有强大的成本管理文化。值得注意的是，在那些采用了成本转型举措带来了预期回报的银行中，这一比例为72%。

1. 创造正确的文化

　　如何创造一种强大的文化？很简单，必须从顶端开始。一般牵头人是银行集团的首席财务官、分管运营的行领导或财务和运营职能部门人员——有董事长、行长或首席执行官非常明确的支持。如果首席财务官和团队想要获得业务的认可，董事长、行长或首席执行官的支持是至关重要的。必须让所有银行高管都参与进来，让每个成员都致力于推动各自领域的成本优化，并对进展负责。

　　90%的受访者表示，董事会让领导层对降低成本的进展负责是非常重要或至关重要的；而91%的受访者表示，浓厚的成本管理文化是关键。

　　银行等金融机构的高管和资深管理人员必须充分投入成本转型战略落地工作中，成本转型的实施情况是他们获得薪酬和奖励的标准之一。但更重要的是，不同个人的激励机制不能冲突或相互对立。例如，如果有更有效的替代选择，就不应该激励产品和渠道业务人员通过昂贵的渠道来追求业务增长，相关的激励措施应该都指向同一个成本优化的方向。

2. 具有持续改进的心态

　　战略性运营成本优化不应该被消极地视为限制活动、创新和客户导向的事情。相反，它应该被看作是持续改进的一部分，是对如何能把事情做得更好和更有效的不断思考。它也应该被视为对客户的持续关注，关注对客户来说真正重要的东西，以及交付如何更高效。银行需要将业绩改善转变成一项持续的工作，而不是期间的、附加的活动。银行应该专注于不断优化运营成本管理的方案和举措，将其作为银行总体成本战略的一部分。

3. 监管和衡量至关重要

在其他驱动因素中，银行对自己的评价中，关注较少的一个因素是 KPI。只有 56% 的银行表示，它们能够有效或非常有效地在整个组织中定期分享降低成本的 KPI 和进展。事实上，在大型银行中，这一比例为 47%。然而，人们普遍认识到运营成本转型的监管和衡量是至关重要的，因为有效的报告可以成为加强运营成本文化建设的杠杆。如果利益相关者能够看到成本转型取得的进展，这将激励和鼓励他们保持工作热情；如果进展不顺利，报告上的数据可能会促使其产生加倍努力的动力。很明显，报告赋予了运营成本转型真实感，因此需将其嵌入组织文化。

结语

　　数字化运营是业界近年来的一个热点话题，笔者基于过往项目经验以及与业界特别是金融行业专业人士的沟通交流，认为数字化运营体系建设是一个涵盖金融机构前、中、后台的体系化工程。本书总结了笔者对这个课题的思考，涵盖客户运营、渠道运营、业务运营等领域，希望能够帮助金融业管理层和业务团队更新过往的认知，更加全面地了解数字化运营体系的相关内容，用数字化运营的思维帮助金融机构实现高质量增长，创造价值。